A paixão da igualdade
uma genealogia do indivíduo moral na França

A paixão da igualdade
uma genealogia do indivíduo moral na França

Vinicius de Figueiredo

© Relicário Edições
© Vinicius de Figueiredo

CIP —Brasil Catalogação-na-Fonte | Sindicato Nacional dos Editores de Livro, RJ

F475p
    Figueiredo, Vinicius de

    A paixão da igualdade: uma genealogia do indivíduo moral na França / Vinicius de Figueiredo. - Belo Horizonte : Relicário, 2021.
    280 p. : il. ; 14,5 x 21 cm.

    Inclui bibliografia e índice.
    ISBN: 978-65-89889-05-2

    1. Filosofia. 2. Democracia. 3. França. 4. Moral. I. Título.

2021-2048   CDD 100
                   CDU 1

CONSELHO EDITORIAL
Eduardo Horta Nassif Veras (UFTM), Ernani Chaves (UFPA), Guilherme Paoliello (UFOP), Gustavo Silveira Ribeiro (UFMG), Luiz Rohden (UNISINOS), Marco Aurélio Werle (USP), Markus Schäffauer (UNIVERSITÄT HAMBURG), Patrícia Lavelle (PUC-RIO), Pedro Süssekind (UFF), Ricardo Barbosa (UERJ), Romero Freitas (UFOP), Virginia Figueiredo (UFMG)

COORDENAÇÃO EDITORIAL Maíra Nassif Passos
ASSISTENTE EDITORIAL Márcia Romano
PROJETO GRÁFICO (MIOLO) E DIAGRAMAÇÃO Ana C. Bahia
CAPA Rodrigo Sommer
IMAGEM DA CAPA Luís Nascimento
REVISÃO Lucas Morais

RELICÁRIO EDIÇÕES
Rua Machado, 155, casa 1, Colégio Batista | Belo Horizonte, MG, 31110-080
contato@relicarioedicoes.com | www.relicarioedicoes.com
@relicarioedicoes   /relicario.edicoes

A Eduardo de Carvalho

"Não é o mundo que se revela volúvel, *mobile quale la donna*, apenas nós mudamos as regras de nosso jogo e, com elas, nossa forma de vida, isto é, nós mudamos."
Bento Prado Jr.

"Será possível que até as coisas precisem de seu duplo?"
Hilda Hilst

9   apresentação
    O indivíduo livre e igual

29 CAPÍTULO I
    Corneille, Descartes e a moral de relevo

79 CAPÍTULO II
    Pascal e o indivíduo nivelado

119 CAPÍTULO III
    As virtudes da superfície

165 CAPÍTULO IV
    A inversão do dualismo: Rousseau e Diderot

229 conclusão

243 referências

263 sobre o autor

265 **Imagens**

apresentação

O indivíduo livre e igual

I

É comum se deparar com a ideia de que democracias parlamentares têm de assegurar certo grau de igualdade e de liberdade entre seus membros para se legitimarem. Não fosse assim, por um lado, não garantiriam aos cidadãos privacidade, liberdade de crença, diversidade de comportamentos ou iniciativa econômica, nem, de outro lado, promoveriam justiça social, enfraquecendo o sentimento de pertença a um mundo comum. Há quem sustente que isso já existiu, mas deixou de existir; outros, que nunca existiu; e há também quem pense que, até agora, está tudo bem. Seja qual for o partido nesta disputa, todos parecem estar de acordo com o fato de que, sendo ou não objetivas, essas ideias deveriam operar como princípios norteadores de uma sociedade pluralista e democrática. No entanto, como foi que chegamos a essa combinação entre igualdade e liberdade que, de tão familiar, põe em xeque nossa identidade como sujeitos toda vez que se vê ameaçada?

Apesar de sua presumida evidência, a articulação entre liberdade e igualdade é mais complicada do que parece. Sua reunião em um mesmo indivíduo, que seria, ao mesmo tempo, livre e igual a seus semelhantes, esconde tensões significativas. Como, por exemplo, alguém poderia ser livre em um contexto no qual prevalecem desigualdades aberrantes? Em contrapartida, o que resta da liberdade se os indivíduos não puderem singularizar-se e diferenciar-se uns dos outros?

Essas questões formam o pano de fundo deste livro. O fato de liberdade e igualdade serem ideias correlatas que se implicam mutuamente não impediu que existissem assimetrias entre elas. Isso passa pela ênfase que foi dada a um ou outro polo da correlação, formando equilíbrios distintos na transição da idade clássica para o mundo moderno. Quais arranjos essa coabitação entre liberdade e igualdade admitiu? Mais: visto que o significado dessas noções não permaneceu idêntico, mas foi diferindo ao longo do tempo, como a lógica de suas mutações semânticas se relaciona com os arranjos que foram se sucedendo?

II

Responder a essas questões passa por discutir as relações existentes entre processo social e esquemas discursivos. Algum contexto é bem-vindo. Seria inútil esperar por um grande impacto das cogitações de um frade dominicano do século XIII em seus contemporâneos, mesmo sendo Tomás de Aquino, a não ser sobre seus irmãos de batina. Nos séculos XVII e XVIII, as circunstâncias eram diversas. Johannes Gutenberg já havia inventado a imprensa moderna, e cortes e centros urbanos estavam menos distantes (estavam, por assim dizer, muito mais sincronizados), de modo que ideias e bens materiais circulavam intensamente. É sabido que a proliferação de panfletos políticos influiu de modo decisivo na precipitação dos acontecimentos na década de 1640 na Inglaterra, quando o Parlamento e Carlos I entraram em rota de colisão. O mesmo vale para a França durante a Fronda: no período em que transcorrem os conflitos (1648-1653), são publicados, em média, 5.500 libelos por ano (Carrier, 1989). Nas esferas mais especializadas da cultura, assiste-se a uma significativa ampliação do circuito formado por autores e público.

Assim, apesar de o analfabetismo ser a regra, a existência de uma camada cada vez mais ampla de homens e mulheres com acesso à cultura escrita assegurava rápida difusão a um grande número de textos. O teatro e os romances formavam tendências, definiam o gosto, tornando-se matéria e forma de indivíduos que se percebiam a si mesmos como fazendo parte de experiências inéditas. A irrupção da querela entre antigos e modernos na segunda metade do século XVII na França, envolvendo personagens ligadas à monarquia, moralistas, poetas e cortesãos, atesta que o debate sobre o significado do presente, da tradição e da história começava a extrapolar círculos estritamente eruditos. Pierre Bayle (1647-1706) passou a publicar, a partir de 1684, as *Nouvelles de la république des lettres*, movido pela constatação de que "um grande número de curiosos [...] permanece na escassez" de informações literárias e filosóficas – o que, como já se observou, inscreve seu projeto numa autêntica "democratização" do saber (Gros, 2002, p. 133). Essa tendência consolidou-se no curso do século XVIII, quando, por meio da visitação de salões de arte e cafés literários, assim como pela participação em jornais e edições de toda sorte, surge, em especial na Inglaterra e na França, a figura do intelectual moderno.

No âmbito dos iluminismos em via de constituição, as ideias eram cogitadas por um público culto bem menos institucionalizado do que o universo acadêmico dos dias de hoje. Em 1711, Joseph Addison (1672-1719) comenta que, graças ao diário criado por ele e Richard Steele (1672-1729), o *The spectator*, a filosofia saíra das bibliotecas e das universidades para ganhar os clubes, assembleias e cafés. Antes disso, na França, o teatro de Pierre Corneille (1606-1684) não apenas havia começado a lapidar o verso francês, depurando-o dos espanholismos em voga, como havia iniciado a difusão de valores morais específicos, fornecendo um retrato de época a seu público. A partir da metade do século XVII, a abadia de Port-Royal se tornou um verdadeiro polo de atração de notáveis, assim como de difusão de um contradiscurso à retórica edificante propalada pela monarquia de Luís XIV. O circuito das ciências e das artes ampliou-se no século seguinte. O rococó francês, estilo pictórico difundido na primeira metade do século XVIII, tinha uma clientela de prestígio, que incluía desde Mme. de Pompadour e Frederico II da Prússia até banqueiros como Pierre Crozat, abarcando também comerciantes e burgueses parisienses. Do lado inglês, o romance e o ensaísmo se tornaram "populares" em meados do século. O mesmo vale para o *Dicionário histórico e crítico* (1697) de Bayle, que, assim como a *Enciclopédia* de Diderot e d'Alembert, um pouco adiante, se tornaria item indispensável a quem quisesse apresentar-se como indivíduo instruído e à altura de seu tempo. Ao longo do período, filosofia, artes e literatura formaram uma parte significativa do processo em que dogmas teológicos, ideais poéticos, convicções morais e políticas se entremesclaram e se modificaram, fornecendo aos agentes substância para elaborarem a compreensão de si e dos outros. O "indivíduo moral moderno" é, em boa parte, o resultado dessas formulações, cuja história está ligada aos deslocamentos semânticos por que passaram, entre os séculos XVII e XVIII, noções como "liberdade", "igualdade" ou "virtude".

III

Nesse terreno atravessado por transformações demográficas, técnicas, sociais e políticas, como inserir cortes e delimitar o espaço no qual transcorre a constituição (não linear) do indivíduo moderno? Haveria uma base, algo que se prestasse ao papel de unidade heurística, que, como um marco zero, ajudasse a mensurar sua história? Assumi, aqui, a seguinte hipótese: o solo comum e originário, a partir do qual os caminhos que conduziriam ao indivíduo moderno se diversificam, corresponde ao que Albert Hirschman (1977) designou como o "declínio do herói" clássico. A quem, exatamente, corresponde essa figura, cujo declínio prepara o surgimento do indivíduo moral moderno? O herói clássico é o indivíduo de relevo, que circula na cultura letrada até a primeira metade do século XVII. Três exemplos – um dramaturgo, um pintor e um filósofo – permitem tornar esse tipo mais palpável. Ensaiemos um primeiro voo de reconhecimento.

Em suas primeiras tragédias, Corneille (1606-1684) adota um mesmo recurso para enquadrar a ação: a estrutura do dilema. Personagens como Medeia (*Médée*, 1635), Rodrigo e Ximena (*Le Cid*, 1637), Horácio (*Horácio*, 1640), Emília e Augusto (*Cinna ou la clémence d'Auguste*, 1642) ou Severo e Paulina (*Polieuto*, 1642) encontram-se diante de uma aporia cuja solução exige deles uma reflexão e uma atitude exemplares. Ao examinarmos essas obras mais de perto, percebemos que esses protagonistas praticam uma retórica concernindo as próprias paixões, no curso da qual umas são empregadas para anular ou relativizar as outras. Os monólogos, frequentes nas primeiras tragédias de Corneille, informam a audiência dessa dinâmica retórica por meio da qual as paixões, ao serem objeto de um depuramento reflexivo, se submetem à direção do espírito. O herói é aquele que se mostra capaz de superar o conflito, tornando-se, com isso, memorável ou "digno de glória". É assim que se distingue entre seus pares.

O esquema dramático dos quadros de Nicolas Poussin (1594-1665) segue uma regra análoga. A serenidade de suas figuras decorre da convicção de que o indivíduo pode formar uma compreensão do meio e da ação na qual ele se inscreve, o que atesta sua tomada de posição diante dos eventos em andamento na cena. Mesmo onde irrompe a violência das paixões (por ex., *O julgamento de Salomão*, de 1649), o homem se revela capaz de se confrontar com seu destino. Como observou J. Thuillier (2014, p. 87), as personagens de Poussin crescem na desordem mais extrema; a relação dos homens com a *physis* é mais moral do que psicológica. De modo semelhante ao que se passa nas tragédias iniciais de Corneille, as contingências da vida engendram na subjetividade do indivíduo o imperativo de fabricar uma unidade moral cuja expressão bem-acabada corresponde à afirmação de si sobre as paixões e o meio, concorrendo para sua integração (ver Fig. 1)[1]. Diversamente do que ocorre na pintura de Charles Le Brun (1619-1690), que integra um momento ulterior, os quadros de Poussin jamais se reduzem a uma coleção de paixões não ordenadas pelas personagens. Em Poussin, as paixões são rearranjadas por meio da expressão da unidade produzida pela reflexão do espírito (Allen, 2004, p. 139).

A filiação de René Descartes (1596-1650) a esse partido pode parecer surpreendente. Sua definição da alma como substância pensante promove a reflexão do sujeito à condição de princípio do conhecimento, abrindo, desse modo, o horizonte sob o qual irá se

---

1. Ao final do livro estão localizadas as reproduções das pinturas discutidas ao longo deste trabalho.

desenvolver a filosofia moderna, da qual ele é usualmente proclamado o fundador. No âmbito prático, contudo, as posições sustentadas por Descartes só se tornam compreensíveis se deixarmos momentaneamente de lado nosso entendimento atual do que sejam a virtude e a liberdade. A subjetividade que ordena o mundo moral, aos olhos de Descartes, cristaliza-se no indivíduo, compreendido não como uma realidade dada de antemão, mas como o resultado da ação que a vontade exerce sobre as paixões. O ponto de partida não é a unidade da substância pensante, mas o dualismo substancial composto pelo espírito e pelo corpo; o indivíduo não possui significado moral antes do recorrente diálogo de sua razão com suas paixões, conforme avaliações realizadas por um agente que, fabricado nesse processo, se subjetiva graças à construção sempre aberta de sua biografia (Guenancia, 1983 e 2000). Visto com mais atenção, o homem virtuoso cogitado por Descartes é muito mais próximo do herói clássico do que do seu sucedâneo moderno, isto é, o indivíduo capaz de vislumbrar normas universais cuja validade independe da singularização que o agente realiza por sua conta e risco. Daí por que seja cabível alinhar Descartes a Corneille e Poussin como representantes de uma moral heroica muito diversa da nossa. Sua característica principal reside no fato de que a ação se enraíza na reflexão pessoal do agente, cujo valor depende da atenção permanente a suas paixões e à contingência do mundo. A exemplaridade do sujeito moral clássico explica-se pelo fato de que ele encarna, em sua pessoa, uma norma de conduta que nem ele, nem ninguém, pode antecipar. O valor moral depende do êxito em tornar-se princípio da ordem do mundo a partir de si mesmo. O indivíduo virtuoso é aquele que se posiciona no centro da *compositio*.

IV

Esse marco zero será posto em xeque no curso do século XVII, e há bons motivos para crer que esse questionamento, a partir do qual se descortina o horizonte moderno, assumiu configurações diversificadas. Hoje é comum falar do Esclarecimento no plural, tendo em vista as diferenças existentes, no século XVIII, entre partidos e doutrinas que circularam no período (ver, por exemplo, Himmelfarb, 2007). Penso que as diferenças que singularizam esses "esclarecimentos" remontam ao momento em que se assistiu ao declínio do herói clássico. Foi em meados do século XVII que começaram a se deslocar as "placas tectônicas", cujo movimento preparou o advento da modernidade.

Mas, como há mais de uma maneira de tornar-se moderno, convém nos atentarmos às diferenças. E elas aparecem tão logo observemos o que se passou na história política do período. No curso do século XVII, as iniciativas absolutistas há pouco mencionadas produziram efeitos divergentes, se não opostos, em ambos os lados do Canal da Mancha. Na Inglaterra, a centralização do poder político tentada pelos Stuart e acentuada a partir do reinado de Jaime I, deu origem às guerras civis que culminaram com a execução de Carlos I e a proclamação da república em 1649. Esse desfecho revolveu o terreno sobre o qual iria transcorrer a Restauração e o advento da monarquia constitucional, com a Revolução Gloriosa (1688/1689). No plano das ideias, assiste-se, desde a década de 1640, a um intenso debate sobre o poder, a representação parlamentar, a soberania e as formas de governo, produzindo uma contribuição decisiva à formação do léxico político moderno. No plano mais distendido, a limitação do poder monárquico, iniciada com as guerras civis e consolidada com o estabelecimento da monarquia constitucional no fim do século XVII, favoreceu o mapeamento poético, moral e político das formas incipientes da liberdade individual moderna, características do século XVIII britânico.

A história na França foi muito diversa. A Fronda (1648-1653), que opôs Parlamento e aristocracia à realeza em um conflito sangrento, terminou com a subordinação definitiva da nobreza guerreira à monarquia dos Bourbon, assegurando o apogeu de Luís XIV. Seria paradoxal se, no curso do reinado mais longo e centralizador da história europeia (1661-1715) e que representou a forma mais bem-acabada do absolutismo monárquico, nos deparássemos com concepções sobre o ser livre e igual aos seus semelhantes baseadas no enaltecimento das liberdades individuais, como na Inglaterra.

Por isso a conjectura de que, a partir dos acontecimentos ocorridos na metade do século XVII, o nivelamento entre os indivíduos (um fenômeno essencialmente moderno, como cuidou de salientar Tocqueville por meio do uso ampliado do termo "democracia") foi adquirindo significados distintos. Uma comparação ajuda a medir as discrepâncias. Da metade da década de 1640 em diante, um grupo formado por pequenos proprietários e comerciantes londrinos, que depois teve penetração entre militares na luta contra a coroa, assumiu de bom grado uma alcunha que, de início, possuía um significado pejorativo: a de "niveladores" (*levellers*). A seus olhos, "nivelar" ou "ser nivelado" não representava algo negativo. Pelo contrário. Suas reivindicações iam no sentido de dotar os ingleses de liberdade religiosa, instrução e decisão nos assuntos políticos por meio de representantes nomeados regularmente por um colegiado eleitoral ampliado. Na França, mais ou menos no mesmo período, Blaise Pascal (1623-1662) também insistia que os homens são iguais – mas não por conta de serem livres. A igualdade entre os homens apontada por Pascal ligava-se ao fato de que todos se irmanam na miséria causada pelo pecado original.

Como veremos, essa oposição quanto ao significado do indivíduo nivelado não é pontual. Ela sugere que, grosso modo, duas visões diferentes sobre a natureza do indivíduo moderno terminaram por prevalecer na França e na Inglaterra. Thomas Hobbes (1588-1679), John Lilburne (1614-1657), James Harrington (1611-1677) e John Locke (1632-1704), a despeito de tudo que os separa, subscreveriam não exatamente a figura do "livre proprietário", como argumenta um estudo que se tornou clássico (Macpherson, 2004),[2] mas, mais modestamente, a

---

2. Para as críticas exegéticas e metodológicas a Macpherson, ver Skinner (2018, p. 241 ss.). É significativo que, recentemente, o modelo de Macpherson tenha reconquistado prestígio na França, sobretudo a partir de um artigo em que E. Balibar (2004) reporta-se à teoria do individualismo possessivo para apresentar, por contraste, Jean-Jacques Rousseau e Karl Marx: ambos seriam opositores de primeira hora da concepção do

valorização das competências individuais na construção da vida em sociedade. Mesmo Hobbes, que caracteriza o estado de natureza como a guerra de todos contra todos decorrente da igualdade natural entre os homens, acresce que a saída desse universo beligerante repousa sobre a decisão individual de cada agente em submeter-se a um poder que, logo que seja constituído, funda a ordem civil. O *Leviatã*, como Hobbes não cansou de observar, é uma pessoa artificial, formada a partir da decisão de indivíduos que se encontram, até determinado momento, em um estado de guerra permanente. A submissão ao poder político, fruto de um cálculo, é livremente consentida – é uma autorização que supõe um aprendizado, com base no qual o indivíduo faz a escolha pelo Estado e pela paz. Daí poder-se dizer, observando a devida generalidade, que um teórico do absolutismo (Hobbes), um partidário do republicanismo (Harrington) e o fundador do pensamento liberal (Locke) comungam da crença de que o indivíduo extrai de sua natureza e de sua experiência um ensinamento pessoal que o torna apto a viver em sociedade.

Na França, onde a igualdade foi progressivamente experimentada pela nobreza e pelos notáveis como destituição de suas prerrogativas, prevaleceu uma visão bem diversa. Correspondendo a uma igualização compulsória contrária à dignidade aristocrática, o nivelamento imposto pelo poder monárquico em via de centralização manifestou-se, desde a primeira hora, na direção de uma uniformização das condutas.[3] Como deixou claro o processo intentado contra o "libertino" Théophile de Viau (1590-1626) em 1623, até mesmo o livre pensamento legado

---

indivíduo como *livre proprietário*. Na linha aberta por E. Balibar, os autores P. Crétois (2014) e C. Spector (2017) argumentam que, com a alternativa que Rousseau delineia ao modelo lockeano, se desenha a polêmica entre Estado-social e liberalismo.

3. O povo, ao contrário da nobreza, percebeu esse fenômeno positivamente. Michelet (1987, I, p. 43) já chamava a atenção para o fato de que a submissão dos nobres a certa uniformidade jurídica, tributária e administrativa aumentou o prestígio popular de Luís XIV: "A justiça real foi abençoada por seu rigor." Nessa direção, ver também Georges Lefebvre (1989, p. 43): "[...] arrancando a administração local das mãos da aristocracia, [a realeza] combatia o particularismo e dedicava-se a reunir todos os franceses sob uma mesma lei."

pelo humanismo renascentista passou a ser considerado como uma ameaça aos costumes. Premidos pela censura, os libertinos eruditos, praticantes do livre exame das crenças e do gênero satírico – "gênero de 'humor' em que a 'rebelião' e a errância (no sentido de livre vagabundagem do pensamento) fazem quase a regra" (Donville, 2002, p. 15) –, passam a adotar estratégias de dissimulação ou simplesmente se resignam ao silêncio (Paganini, 2010). O recrudescimento do absolutismo reforçou essa tendência, impondo aos membros dos círculos letrados – muitos dos quais de origem nobre ou ligados à nobreza – o isolamento altivo ou a indiferença em relação às coisas públicas, dando livre curso à onipotência dos homens de Estado (ver Pintard, 1983, p. 560; Charles-Daubert, 1985).

Concomitantemente a esta quase estigmatização do livre pensar, o nivelamento, efetuado de cima para baixo na França, associou-se à convicção de que diferenças individuais são moralmente irrelevantes. O centro de irradiação dessa ideia – que, como apontou em seu estudo Paul Bénichou (1948), subverte o ideal de grandeza clássica – será a abadia de Port-Royal. Tendo Blaise Pascal à frente, autores ligados à abadia situada nas proximidades de Paris difundem a ideia de que os indivíduos se irmanam na condição da miséria. Com isso, diferenças individuais veem-se destituídas de qualquer alcance moral. E agora, dado que os indivíduos passam a ser vistos como moralmente semelhantes, um mesmo discurso poderá abarcá-los a todos, investigando a substância comum que subjaz a suas singularidades. A dissolução da ética aristocrática, fundada que era sobre as prerrogativas da distinção, faz entrever, com isso, o horizonte antropológico sob o qual irão abrigar-se alguns dos principais escritores e artistas da segunda metade do século XVII. E a ideia de que o mundo prático é uma construção enraizada na trajetória singularizadora do indivíduo – a concepção heroica clássica – dá lugar à convicção de que, moralmente falando, todos dispomos de uma mesma condição, abarcada pela humanidade fundada na queda.

Ao contrário do que se passa na Inglaterra, portanto, onde cede lugar a uma concepção renovada do indivíduo enquadrada pela

Reforma e pela derrota do absolutismo, na França a dissolução da moral do relevo dá vez à afirmação de duas concepções distintas, mas solidárias, decorrentes do declínio do herói clássico. Ambas avaliam o nivelamento dos indivíduos como um fenômeno negativo. Os libertinos, convictos de sua superioridade moral, verão na igualização dos indivíduos um fenômeno artificial, associado a uma situação política específica (o absolutismo), que lhes impõe recuar para o cultivo privado dos prazeres do corpo e do espírito. Muitos dentre eles, convictos da mediocridade da "tola multidão", passam a evitar qualquer publicidade, vendo-se constrangidos a ampliar "o retiro e a solidão" (Donville, 2002, p. 15). Já os autores ligados a Port-Royal, na direção oposta, insistirão na ideia de que o nivelamento corresponde à anulação real das distinções morais individuais. Apesar da perseguição sem trégua de que foram vítimas os jansenistas, que culminou na destruição da abadia em 1709 por ordem expressa de Luís XIV, a convicção de que os indivíduos são iguais de direito – todos, sem exceção, miseráveis do ponto de vista moral – continuará fazendo seu trabalho sobre os corpos e as mentes. O que faz conjecturar que a "sociedade de iguais", cuja aparição Rosanvallon estudou na Revolução de 1789, tenha sido experimentada pela primeira vez no plano das ideias por meio de uma experiência social ligada ao absolutismo da segunda metade do século XVII. O axioma antropológico, conforme o qual as distinções factuais entre os indivíduos são irrelevantes do ponto de vista moral, seria, então, retomado e reinterpretado por escritores e artistas das Luzes. Se a hipótese for boa, o legado de Port-Royal se mostrará um ingrediente decisivo para a consolidação da ideia moderna de igualdade na França – o que desenha um caminho para a modernidade diverso da mão inglesa.[4]

Podem-se adiantar, ao modo de um sumário, as linhas gerais dessa evolução cujos momentos principais serão examinados aqui.

---

4. Nas anotações preparatórias que fez entre 1853 e 1855 para *O Antigo Regime e a Revolução*, Tocqueville (OC, 2004, III, p. 343) compara a Revolução Inglesa de 1640 com a Revolução Francesa de 1789 nos termos da contraposição seguida aqui: "Embora ambas tenham visado a liberdade e a igualdade, há entre elas essa imensa diferença, que

Em Pascal, a humanidade é atravessada pela falta; a humanidade é o efeito da ruptura do homem consigo mesmo. Descrever o ser humano corresponderá a assinalar a distância entre sua vocação original, edênica, e sua condição mundana, atual, sublinhando a diferença entre o que o homem é, aqui e agora, e o que deixou de ser, por conta do pecado original. Por intermédio do exame de alguns casos, veremos que esse esquema dualista penetrou amplamente na cultura francesa da segunda metade do século XVII. A "novela galante" de Mme. de La Fayette (1634-1693) e a tragédia de Jean Racine (1639-1699), por exemplo, incorporam o dualismo presente em Pascal; por esse motivo, afastam-se das formas genuínas do realismo literário. Se o realista quer transmitir a impressão de que imita a realidade como ela é, o dualista, em contrapartida, depara-se com uma mediação incontornável: para dizer o que somos, tem de reportar-se ao que não somos. Como será discutido adiante, esse tipo de desvio ou de reflexão casa-se mal com formas de representação de tipo "realista" ou "empirista" – e isso por motivos que também possuem implicações para o ser livre e igual. No esquema realista ou empirista, a igualdade entre indivíduos admite uma margem para a individualização moral dos agentes, o que possibilita tomá-los como objeto de uma descrição singularizadora. No esquema dualista, a igualdade de todos em Adão faz com que os indivíduos sejam igualmente marcados pela queda, anulando a realidade moral das diferenciações mundanas. Todos estão implicados no pecado original; sua salvação ou danação dependerá de uma escolha que os transcende. Marcas individualizadoras tornam-se, por isso, insignificantes, e o drama humano passa a ter como centro essa contrariedade entre o que fomos e o que somos, vivenciada por cada indivíduo como um drama coletivo.

a revolução da Inglaterra foi feita quase unicamente em vista da liberdade, enquanto a da França foi feita principalmente em vista da igualdade."

V

Eis, em linhas gerais, as razões preliminares que apoiam a hipótese de que o indivíduo nivelado, antípoda por excelência da personalidade aristocrática ligada à exigência de distinção, admitiu (ao menos) duas interpretações diversas, a inglesa e a francesa. Ter em mente essa diferença é indispensável quando se quer desenrolar os fios que tecem a trama do indivíduo moral moderno, pois sua composição reúne elementos oriundos de trajetórias diferentes, que terminaram se amalgamando para formar a figura familiar do cidadão das democracias parlamentares modernas. O sujeito livre e igual repousa sobre uma unidade tensionada, que ainda fomenta disputas ideológicas. Ele é o resultado de uma composição híbrida, formada por tradições heterogêneas que nem sempre se combinaram.

No período escolhido para exame aqui, as diferenças entre essas duas interpretações, inglesa e francesa, que aparecem em meados do século XVII, são reiteradas e aprofundadas na primeira metade do século seguinte, quando ganham dicções poéticas claramente modernas. Da Regência de Philippe d'Orléans (1674-1723), entre 1715-1723, até aproximadamente a metade do século, o indivíduo nivelado torna-se tema privilegiado do rococó. Já na Inglaterra, motiva a pesquisa por um heroísmo renovado, fornecendo ao romance britânico recém-inventado seu principal tema de investigação. A comparação entre a pintura de Antoine Watteau (1684-1721) e os escritos de Daniel Defoe (1660-1731) acena para a divergência de orientações no âmbito poético na primeira metade do século XVIII. Ao invés de enaltecer a virtude baseada na liberdade de agir, Watteau apresenta, em seus quadros, personagens destituídos de espontaneidade, prolongando, à sua maneira, temas caros a Port-Royal, tais como o divertimento, o tédio, a miséria. Sua pintura confere outro tom, menos trágico e mais conformista, menos dualista e mais unidimensional, ao drama desse indivíduo incapaz de produzir diferenças singularizantes. O fundador do rococó será o primeiro a fornecer à paixão francesa da igualdade, característica do Antigo Regime, um tom inequivocamente moderno.

No romance inglês, que surge por volta da mesma época em que Watteau fazia seus quadros, a narrativa destaca e eleva o indivíduo por feitos e realizações decorrentes de sua iniciativa, cálculo, autodisciplina. Ao invés de ater-se à falta moral que, incidindo universalmente sobre cada um dos seres humanos, os tornasse indiscerníveis, a pedagogia do romance inglês busca produzir exemplos palpáveis de superação de nossa condição de pecadores. Para isso, lança mão, no plano formal, de expedientes de singularização que proporcionam mapear os agentes na sua individualidade moral, extração social e performance econômica (ver Watt, 1990; Vasconcelos, 2007). Vai-se ensaiando, com isso, a representação moderna de uma subjetividade singularizada – que reaparecerá aprofundada no retratismo inglês setecentista, com Joshua Reynolds (1723-1792) e, especialmente, Thomas Gainsborough (1727-1788). Avesso a todo recurso alegórico, Gainsborough busca apreender a textura individual de seu modelo, situando-o numa galeria de indivíduos que se diferenciam uns dos outros por meio de suas trajetórias (Fig. 2). Não há concessão ao dualismo; o fim da arte, como Gainsborough sugeriu em mais de uma ocasião, é imitar a realidade individual que o pintor tem diante de si (Wind, 1986). Tome-se, por contraponto francês, a pintura moral de Jean-Baptiste Greuze (1725-1805). Nela, como examinaremos a seu tempo, o mapeamento poético das singularidades individuais dá vez ao projeto de imitar uma ideia global, que subsume, sob uma finalidade moral abrangente, o conjunto composto pelas personagens. O que cada uma delas é, assim como o significado de que são portadoras, dependerá do princípio que unifica a composição. Deparamo-nos com uma variante do dualismo de Pascal, redivivo numa espécie de inversão: outra humanidade, menos atravessada pela queda, dirige, agora, a narrativa; seu desenrolar-se, assim mesmo, permanece refém de uma moralidade que enfeixa a vida mundana do exterior e de cima.

Esse aspecto da pintura de Greuze não escapou à atenção de Denis Diderot (1713-1784). Em meados da década de 1760, ele deixa claro que o que mais preza na pintura é a capacidade – que reconhece bem realizada em Greuze – de unificar a ação dramática sob uma ideia moral. A discussão ultrapassa a pintura, envolve a dramaturgia e o romance, caracterizando a posição poética de Diderot, que se torna, a esta altura, um dos principais teóricos do drama burguês. Parece-nos que esse desenvolvimento é indissociável da crítica moral dos costumes, que, de 1750 em diante, assume a tarefa de empreender a revisão da superficialidade rococó, cujo prestígio permaneceu quase indiscutível durante a primeira metade do século XVIII. Tudo indica que, por ter representado o indivíduo nivelado em seu desprendimento, Watteau havia se tornado censurável – como se, da noite para o dia, sua imitação não fizesse jus à dramaticidade da condição humana. Como se pode deduzir, a questão não se limita ao âmbito da crítica artística, mas se enraíza no debate sobre a moral e os costumes. É nesse momento que Jean-Jacques Rousseau (1712-1773) coloca em circulação noções como a "virilidade dos antigos" e a "transparência" das relações primitivas, para compor, por contraste com o que presume serem as formas modernas da alienação, uma determinada compreensão da condição originária do homem. Essa remissão ao outro do homem, à ideia de uma humanidade por referência à qual a condição moderna dos indivíduos se torna inteligível, é central nas obras de Rousseau. Seria mais surpreendente encontrá-la em um partidário do materialismo, como é o caso de Diderot. No entanto, eis o que acontece: embora numa versão mitigada e menos estruturante, as dualidades também comparecem neste autor, sobretudo em seus escritos poéticos e morais. Diderot parece atestar como um esquema conceitual marcado pelo dualismo assumiu feições próprias no século XVIII, admitindo acomodação mesmo ali onde menos se poderia imaginar – isto é, no seio do pensamento materialista francês.

    A hipótese que se quer defender aqui é a de que há uma matriz conceitual comum cujo legado será reinterpretado e apropriado pelas Luzes setecentistas. Uma reinterpretação que irá pôr de ponta-cabeça o esquema inicial do dualismo. Como veremos, no curso do século XVIII francês, a igualdade – que, na linha de Port-Royal, havia sido experimentada como destituição da liberdade – torna-se, por uma reviravolta a ser examinada com cuidado, a condição do próprio ser livre. Pascal já havia estabelecido que, moralmente falando, inexistem diferenças entre os indivíduos; com isso, proporcionava uma resposta moral para a ruptura política representada pela subordinação da nobreza à coroa. Às distinções efetivas, de posição e de classe, ele designava "grandezas de estabelecimento", cuidando de advertir que essas diferenciações sociais, embora merecedoras de adesão e respeito, não exprimem nada de real em si mesmas. Penso que, ao tornar os seres humanos naturalmente indiferenciados, Pascal lançava as bases sobre as quais seriam elaboradas, no século XVIII, formulações na direção de éticas universalistas; se ele mesmo não deu esse passo, foi porque, como leitor de Agostinho, enxergava na igualização entre os indivíduos o resultado da corrupção e da queda. Não iria demorar, contudo, para que a desigualdade produzida socialmente passasse a motivar reinterpretações políticas da antropologia pascaliana, que, sem abrir mão da eficácia crítica de seu dualismo essencial, rompessem com seu viés trágico e quietista.

Um exemplo: Pierre de Marivaux (1688-1763), mobilizando recursos da sátira, irá argumentar que a igualdade moral entre os homens torna as posições sociais intercambiáveis. Em *A ilha dos escravos* (1725), por exemplo, a troca temporária de papéis entre fidalgo e camareiro ensina que servos merecem tanta consideração quanto seus mestres. Marivaux, num gesto especialmente esclarecedor, confere então à escravidão seu alcance moral: "Vossa escravidão ou vosso curso de humanidade dura três anos", diz Trivelin a Iphicrate, o nobre arrogante que o naufrágio fez aportar na ilha. E assim a servidão – o principal fator de rebaixamento dos indivíduos – começará a trabalhar numa direção até ali inusitada. A troca de papéis, que faz dos antigos mestres os novos escravos, possui alcance pedagógico: "sois, não tanto nossos escravos, mas nossos doentes, e não gastamos mais do que três anos para tornar-vos sãos, isto é, humanos, razoáveis e generosos por toda a vida" (Marivaux, *A ilha dos escravos*, I, 2, 1993, p. 408).[5] Rousseau, prolongando essa intuição, irá sistematizar

---

5. Para a presença de Pascal na obra de Marivaux, ver McKenna (1990, II, p. 810 ss.).

a tese de que as desigualdades entre os homens têm origem numa sociedade que deturpou a igualdade natural. A questão social torna-se tema da reflexão política, e a inteligência setecentista se incumbirá de pensar, segundo princípios e na prática, quais condições deveriam ser atendidas para assegurar a existência do ser livre e igual. E se chega, finalmente, a essa premissa decisiva de que, sem igualdade, não pode existir liberdade.

VI

Uma palavra sobre o método. Tendo em vista o viés político implicado por essa genealogia das ideias morais, poderá parecer paradoxal ter negligenciado documentos jurídicos e textos estritamente políticos, mas essa decisão se funda na suspeita de que o *locus* privilegiado para identificar as escolhas que informaram a constituição da subjetividade ética moderna não corresponde ao discurso hipercodificado do direito ou da teoria constitucional. Parece-me, ao contrário, ser no registro da dramaturgia, da reflexão poética ou da psicologia, assim como do debate filosófico sobre os costumes e as condutas, que essas opções podem ser flagradas mais facilmente. Não que essas formas discursivas sejam alheias a perspectivas normativas. Nelas, porém, assim como ocorre na discussão de alguns quadros e romances, os deslocamentos semânticos que culminam na reinterpretação de conceitos são mais perceptíveis precisamente porque as escolhas efetuadas não são orientadas por uma aplicação estritamente doutrinal. Visto aí serem mais estilizadas, tornam-se mais evidentes.

No comentário às pinturas, detive-me na discussão sobre o princípio compositivo, afastando-me das análises que, retomando Heinrich Wölfflin (1864-1945) e sua célebre contraposição entre o clássico e o barroco, animaram parte significativa da crítica de arte moderna. Essa decisão me fez negligenciar aspectos genuinamente formais que, conforme Clement Greenberg (1909-1994), constituem a marca característica das obras e o núcleo de seu interesse. Apesar de decorrer de limitações pessoais, essa decisão admite uma linha de defesa. Durante o período discutido aqui, o debate poético sobre a pintura privilegiou a *compositio*, insistindo sobre suas implicações morais. É o que atesta o papel central que lhe foi reservado no seio do classicismo francês, com repercussões decisivas até, pelo menos, Diderot. Além disso, tal constatação me liberou para transitar livremente entre o âmbito visual e literário, buscando identificar as implicações morais do princípio compositivo compartilhado por pintores, dramaturgos e escritores.

É fácil perceber por que essas observações reforçam a opção pela forma ensaística. O ensaio possibilita mobilizar livremente textos filosóficos ao lado de máximas de moralistas e referências a obras literárias e pinturas. Não existe meio de precaver-se contra os deslizes que rondam a história das ideias e o gênero ensaístico. É comum ceder à inclinação de transformar os textos discutidos em antecipações de uma temática que lhes é estranha ou, noutra variante do mesmo risco, inventar arbitrariamente um guarda-chuva sob o qual discursos são virados pelo avesso, até que digam o que se deseja ouvir deles. Existe uma lista extensa do que não se deve fazer, e inexiste método que assegure êxito ao ensaio. Entre os extremos, há percursos mais ou menos atrativos, que permanecem abertos para novas releituras, se a articulação de suas partes internas lograr persuadir o leitor.

* * *

Esta pesquisa teve apoio do CNPq (de 2014 a 2018). A Capes financiou por quase seis meses (2018 e 2019) minha estadia como Professor Visitante em Paris X-Nanterre, junto ao grupo Lit/Phi, coordenado por Colas Duflo, seguido de outro estágio como Professor Visitante no Departamento de Filosofia da PUC/RJ (de abril a julho de 2019), onde pude discutir aspectos do texto com Luiz Camilo Osório e Pedro Duarte. A parte inicial remonta a um estágio pós-doutoral em 2013 na Universidade de São Paulo, sob supervisão de Márcio Suzuki, numa colaboração que já vem de muitos anos. O texto final foi apresentado na banca de professor titular na Universidade Federal do Paraná em 2020, ocasião em que pude me beneficiar das críticas de Lia Levy, Lorenzo Mammi, Edgar Marques e Eliane Robert Moraes. Agradeço também a Érico Andrade, Renata Bazzo, Arlenice Almeida da Silva, Antonio Godino Cabas, Vilma Aguiar, Alberto de Barros, Felipe Córdova, Stéphane Pujol, Marcos Gleizer, Ulysses Pinheiro, Paulo Vieira Neto, Vladimir Vieira, Virgínia Figueiredo, Luciano Gatti, Luís Nascimento, Pedro P. Pimenta, François Calori, Oliver Tolle, Rodrigo Brandão, Maria Isabel Limongi (com quem já falava disso tudo sem saber), Newton Bignotto, Leopoldo Waizbort, Luiz Repa, Juliano Pessanha, Marcelo Carvalho e Jean-Michel Gros. E sobretudo a Michelle Meschino, que me fez entender a ternura de Watteau.

CAPÍTULO I

Corneille, Descartes e a moral de relevo

"Rudes combates sobrevêm! [...]
Dos dois lados o mal é infinito"
(Corneille, *El Cid*, I, 6, v. 293 e v. 309)

I

O ser livre e igual entra em cena após o declínio do herói clássico. Mas quando ocorre essa irrupção? A pergunta pela determinação de uma mudança nem sempre pode ser atendida fornecendo datas. Seria inútil responder a essa questão pela indicação de um acontecimento específico, como, na história moderna, ocorre com a Batalha de Waterloo ou com o assassinato do arquiduque Francisco Ferdinando da Áustria. Por outro lado, sem fazer recortes, não há como entabular correspondências, discernir similitudes ou estabelecer contrastes – nem, tampouco, falar em mudança. A solução é começar por isolar um discurso, examinar como as diferenças instituídas por ele engendram um antes e um depois, delineando uma história; em seguida, medir o alcance da história projetada por este primeiro texto, investigando se a diacronia instaurada por ele repercute em outras obras, assim como se, através dela, o texto em pauta também não aprofunda clivagens antecedentes.

Pode-se então começar com um extenso passo de *Os caracteres*, publicado por La Bruyère (1645-1696) em 1688. Trata-se da comparação que o autor estabelece entre Corneille e Racine:

> Se [...] é lícito estabelecer entre eles alguma comparação, e caracterizá-los através do que têm de mais próprio e através do que

salta mais ordinariamente em suas obras, poder-se-ia talvez falar o seguinte: "Corneille nos assujeita a seus caracteres e a suas ideias, Racine conforma-se aos nossos; aquele pinta os homens como eles deveriam ser, este os pinta como são. Há mais no primeiro daquilo que admiramos, e do que devemos mesmo imitar; há mais no segundo do que reconhecemos nos demais, ou do que experimentamos em nós mesmos. Um eleva, surpreende, domina, instrui; o outro apraz, comove <remue>, toca, penetra. O primeiro domina o que há de mais belo, de mais nobre e de mais imperioso na razão; o segundo, o que há de mais lisonjeiro e delicado na paixão. Encontram-se, naquele, máximas, regras, preceitos; e neste, gosto e sentimentos. As peças de Corneille nos ocupam mais; aquelas de Racine mais nos comovem e enternecem. Corneille é mais moral; Racine, mais natural. Parece que um imita SOFOCLES, e que o outro deve mais a EURIPIDES" (La Bruyère, 1965, I, § 54; trad. p. 32).

Após ter feito uma consideração inicial dos dois poetas (Corneille é inigualável em seus melhores momentos, mas irregular no conjunto; faz as vezes de *déclamateur*, mas, assim mesmo, é "sublime" e afrontou algumas das regras dos antigos; o gênio de Racine, de seu lado, é homogêneo, exprime "o bom senso e a natureza", imita os antigos, especialmente no que concerne à simplicidade da ação), La Bruyère, no passo transcrito aqui, estabelece seu ponto: Corneille produziu um ideal, Racine é mais realista. Esta comparação desdobra-se em um aspecto que será decisivo: Corneille nos instrui, Racine nos comove. Num caso, razão, máximas, regras, preceitos; no outro, a delicadeza da paixão, do gosto, dos sentimentos. "Corneille é mais moral; Racine, mais natural". O que chama a atenção é exatamente o fato de que La Bruyère classifica a moral veiculada por Racine de "natural". O que entender por isso?

La Bruyère ampara a diferenciação que efetua entre os dois trágicos menos sobre aspectos estilísticos e formais do que sobre os aspectos psicológicos do poema.[1] Neste campo, deve-se buscar a marca distintiva entre Corneille e Racine; contam, para diferenciá-los, as implicações morais. Se o paralelo de La Bruyère interessa, é exatamente porque identifica na tragédia cornelliana uma vocação que se exprime pela elevação, pelo espanto, pelo controle e pela instrução, por oposição a Racine, que "apraz, emociona, toca, penetra". A "regra", nesse sentido, é expressão de um ideal moral de conduta, que, a crer em La Bruyère, teria se diluído em Racine, cujo "naturalismo" sinaliza certo conformismo com a natureza dos homens. Para La Bruyère, o herói de Corneille é mais alheio ao que "reconhecemos nos demais, ou ao que experimentamos em nós mesmos". O que significa que, embora não corresponda a um disparate, o *pathos* heroico cornelliano assinala um ideal normativo que mais fala ao "espírito" do que "comove e nos enternece". Ideia semelhante é retomada por P. Bouhours em 1675:

> Embora a comédia seja uma espécie particular de poema dramático, essa palavra, em francês, significa qualquer peça de teatro, mesmo aquela que nada possui de cômico [...] as comédias do Sr. Corneille possuem um caráter romano, e algo que ver com o heroico que lhes é particular; as comédias do Sr. Racine possuem alguma coisa de fortemente tocante, e não deixam jamais de imprimir as paixões que representam (Bouhours, *Nouvelles remarques sur la langue française* [1675] apud Mongrédien, 1972, p. 260).

No século seguinte, numa variante dessa intuição, Voltaire (*apud* Crouzet et al., *in* Corneille, 1927, p. 11) afirmará que "o teatro de Corneille é uma escola de grandeza da alma"; essa perspectiva, contudo, já circula no tempo de La Bruyère, como atesta a observação de Saint-Évremond de que, embora o herói cornelliano personifique os mais

---

1. J. Scherer (2001, p. 428) observa que Racine se distingue de Corneille "pelo gosto, não pelas doutrinas". Vai nesta direção Maurice Rat ("Introduction" *in* Corneille, 1961, p. X): um e outro representariam gerações com "verdades muito diferentes e até opostas"; a ascensão de Racine teria representado "uma mudança decisiva do gosto"..

belos sentimentos, seu heroísmo pertence a outra época.[2] Tudo leva a crer (e La Bruyère respalda o ponto) que o elemento normativo que agora é considerado como a principal contribuição de Corneille permanece inteligível, mas soa artificial. Seu apelo permanece atual, mas já não diz o que, de fato, somos; o essencial lhe escapa, pois o que se tornou essencial é a diferença, o intervalo existente entre o que somos e o que deveríamos ser. Forçando esta oposição além do que admitiria o próprio La Bruyère, dir-se-ia que, por comparação com Racine, o herói de Corneille começa a tornar-se "abstrato". Daí possivelmente por que La Bruyère (1965, I, §54, trad. p. 31) identifique em Corneille – e isso mesmo "em algumas de suas melhores peças" – um "estilo declamatório que impede e arrasta a ação"; como se, por sua reiteração, o apelo normativo se banalizasse.

Esta última observação tampouco é isolada. Vauvenargues (1715-1747) (*apud* Rat, "Introduction" *in* Corneille, 1961, p. XIV), moralista importante da primeira metade do século XVIII francês, afirmará que os heróis de Corneille "enunciam máximas faustosas e falam magnificamente de si mesmos". Em carta endereçada a Voltaire em abril de 1743, Vauvenargues efetua uma caracterização do teatro cornelliano que retoma até mesmo os termos presentes em La Bruyère:

> Sei que se diz de Corneille que ele se deteve em pintar os homens tais como eles deveriam ser. Pode-se então estar certo, ao menos, que ele não os pintou como eles eram. Atenho-me a essa admissão. Corneille provavelmente acreditou dar a seus heróis um caráter superior ao da natureza. [...] Se o grande Corneille, Senhor, tivesse atinado que todos os panegíricos são frios, ele descobriria que isso se deve ao fato de que os oradores queriam acomodar os homens a suas ideias, ao invés de formá-las a partir dos homens (Vauvenargues *in* Voltaire, OC., *Correspondance* VIII, 1970, D 2746, p. 351-352).

---

2. Para Saint-Évremond, "a figura do herói, por ser exemplar, não desempenha o papel de modelo, mas de exceção" (Busson-Martello, 2000, p. 207).

No curso do século XVIII, nem sempre a desconfiança contra o plano elevado faz referência a Corneille; os termos, no entanto, parecem retomar a contraposição subjacente ao cotejo traçado por La Bruyère. Crébillon Filho, por exemplo, toma partido pela verossimilhança e pela "natureza" contra o extraordinário e o trágico: "Confesso que muitos leitores, que não são tocados por coisas simples, não aprovariam que se depurasse o romance das puerilidades faustosas que o tornam caros a si; mas isso não constituiria, em meu entender, razão para não reformá-lo" (*Crébillon fils*, 2005 [1736-1738], p. 42).[3] Indiretamente, Crébillon exprime sua censura em relação à altura moral de onde falam as personagens cornellianas. Na linha tomada por La Bruyère, difunde-se a impressão de que, na comparação entre Corneille e Racine, salta à vista não tanto o rebaixamento do modelo moral, mas a constatação de que sua exigência é muito mais árdua do que Corneille teria suposto. Por motivos semelhantes, reprova-se nele certo excesso ornamental. A hipótese mais natural para explicar esse juízo é a de que, afastada a representação do herói clássico, a elevação do poema que encenaria suas manifestações não poderia deixar de parecer artificial. Como se, com o passar do tempo, conviesse à "grandeza" tornar-se menos loquaz. Não que La Bruyère ignore o gênio de Corneille. Mas, ao afirmar ser ele sublime, efetua um recuo diante do universo cornelliano. Esse distanciamento é habitual na apreciação estética: destituindo a obra de sua eficácia pragmática, ela neutraliza o alcance moral do poema, para revisitá-lo, apropriar-se dele sob outro viés. É o que faz La Bruyère, quando situa a fala de Corneille no plano das idealizações não realizáveis. Embora reconheça haver beleza e ternura no poema cornelliano, vê nele um modelo que, abandonado a si mesmo, arrisca tornar-se ingenuidade. La Bruyère afirma que a poética de Corneille é sublime, porque idealizada; seu herói nos revela

---

3. No mesmo "Prefácio", Crébillon atribui ao romance a prerrogativa, dentre os gêneros, da busca pelo natural, sob a condição de que "fosse bem manejado [e] se, ao invés de preenchê-lo de situações tenebrosas e forçadas, de Heróis cujos caracteres e aventuras estão sempre além do verossímil, nós o tornássemos, como a Comédia, o quadro da vida humana, e aí censurássemos os vícios e os ridículos".

o que seríamos, se não fôssemos o que somos, a saber (e como teria percebido Racine): a consciência disso que não somos. Mas teria sido sempre assim? A observação de um conhecido crítico literário incita transpor esse paralelo entre Corneille e Racine no tempo da história: conforme G. Lanson (1857-1934), o primeiro público de Corneille, formado pelos contemporâneos de Luís XIII, identificava-se com seus heróis. Supondo que Lanson esteja certo, será o caso de reler o paralelo feito por La Bruyère e concluir ter sido somente a partir de um momento determinado e após certa mudança de gosto (que inclui La Bruyère), que o *dever ser* professado por Corneille se tornou estranho ao "nosso natural".

Quando isso transcorreu e se se trata de um fenômeno ao qual corresponde um único marcador, decidir-se-á adiante. Em todo caso, pode-se antecipar que essa percepção não surgiu do dia para a noite, mas se difundiu paulatinamente como expressão de uma nova sensibilidade, envolvendo revisões de público e de crítica. Mesmo Corneille parece aderir ao novo clima: em 1660, comentando *El Cid*, afirma que, nesta obra, "os pensamentos são, por vezes, excessivamente espirituais para partir de pessoas tão aflitas".[4] Por ora, bastará reler o paralelo de La Bruyère com esses operadores temporais, para fixá-lo próximo do ponto zero da mudança em curso. Além de começar com Corneille empreendendo uma reflexão sobre sua produção pregressa, a década de 1660 assiste aos primeiros êxitos de Racine. *La Thébaïde* (1664) marca sua estreia na tragédia; *Alexandre* (1665) obtém grande sucesso e *Andrômaca* (1667) o consagra definitivamente junto ao público e à crítica. Entre dezembro de 1669 e janeiro de 1770, é encenada *Britannicus*, cujo prefácio expõe suas reticências a Corneille. Nesse mesmo ano, o confronto entre os dois tragediógrafos torna-se explícito, por conta de ambos redigirem, quase ao mesmo tempo, versões independentes da história romana de Tito e Berenice. Nos

---

4. A licença se justificaria porque, "se não nos permitíssemos algo de mais engenhoso do que o curso ordinário das paixões, nossos poemas com frequência rastejariam, e as grandes dores só propiciariam exclamações e gemidos na boca de nossos atores" (Corneille, 1980, p. 702).

anos de 1670, ainda irão aparecer, pelas mãos de Racine, *Ifigênia* (1674) e *Fedra* (1677); esta última será escolhida por Luís XIV para ser a primeira peça encenada na Comédia Francesa, fundada em 1680. É essa evolução que La Bruyère tem sob os olhos quando realiza seu paralelo. Sua comparação exprime uma mudança de gosto, cujos parâmetros envolvem tanto a revisão crítica efetuada pelo próprio Corneille quanto o triunfo de Racine na cena teatral. Uma vez consumada essa mudança, o tipo moral representado por Corneille perde força junto ao público; tudo se passa como se, então, ele representasse um ideal normativo fora do alcance dos indivíduos. Mas isso também indica que, até algum momento anterior a isso, a diferença entre o que somos e o que devemos (ou deveríamos) ser não era interpretada como contraposição do ideal moral ao "nosso natural". Foi preciso que essa interpretação dualista vingasse para que a tensão irresoluta entre o real e o ideal se tornasse elemento da avaliação do drama, impondo, com isso, um crivo desfavorável ao drama cornelliano.[5]

II

A primeira coisa a fazer, ao examinar Corneille procurando contornar a ilusão retrospectiva que pesa sobre sua obra, é responder à suspeita de que ele põe em ação um modelo ético abstrato, desprovido de apelo, posto que, como supõe essa objeção, ele teria ignorado que somos finitos. Ora, a finitude participa do drama cornelliano desde suas primeiras tragédias. No caso de *Medeia* (1635), o dilaceramento da finidade é manifesto: a protagonista se vê frente à alternativa passional entre vingar-se de Jasão por meio do infanticídio ou poupar a vida dos próprios filhos. No *El Cid* (1637), Rodrigo declara permanecer imóvel, incapaz de ação, ao defrontar-se com a exigência de vingar seu pai e

---

[5] "Pensa-se sempre demasiado em Racine, ao falar de Corneille. A natureza pintada por Racine é mais verdadeira para nós; não se poderia dizer que esta verdade data precisamente de Racine?" (Lanson, 1970, p. 429).

duelar com D. Gomes, que é pai de Ximena, sua amante: "Permaneço imóvel, e minha alma abatida cede ao golpe que me mata [...] / De ambos os lados, meu mal é infinito" (Corneille, 1980, p. 720-721).[6] O desfecho do duelo, quando Rodrigo prevalece sobre o rival, lhe impõe "seguir o triste curso de minha sorte deplorável" (p. 739),[7] uma vez que assassinou seu futuro genro. O mesmo desfecho promete a Ximena um "tormento eterno" (p. 741; *El Cid*, III, 3, v. 817), posto ter se tornado órfã pelas mãos daquele que ama. Em *Horácio* (1640), Curiace, o guerreiro de Alba eleito para duelar contra Horácio, o escolhido por Roma, vê-se em contradição semelhante. Não bastasse ser amigo de seu rival romano, sua amante, Camila, é ninguém menos que a irmã de Horácio. "De ambos os lados, tenho lágrimas a derramar; de ambos os lados, meus desejos são traídos" (p. 857).[8] Já *Cinna ou a clemência de Augusto* (1642) inicia-se com o longo monólogo de Emília, que hesita diante da decisão de assassinar o imperador, Augusto, para com isso vingar seu pai, visto que a empresa irá expor perigosamente seu amante, Cinna: "A tentativa é arriscada, o perigo, certo [...] / Perder-te vigando-me não é mais me vingar" (Corneille, 1980, p. 914).[9] Em todos esses casos, o sofrimento origina-se na irresolução diante da alternativa com que o destino confronta o agente. O heroísmo está em ser capaz de superar o conflito, tornando-se um indivíduo moral; mas fazê-lo não assegura (embora tampouco interdite) a felicidade. A elevação reside em transpor conflitos aparentemente intransponíveis, tornando-se admirável.

Se, com base nessas breves referências, retomarmos o paralelo de La Bruyère, concluir-se-á que a diferença com relação a Racine não está na ausência de finitude, mas na discordância de que a finitude

---

6. ["*Je demeure immobile, et mon âme abattue/ Cède au coup qui me tue /*[...] *Des deux côtés mon mal est infini*"] (*El Cid*, I, 6; vv. 297-298; v. 309).
7. ["*Suivre le triste cours de mon sort déplorable*"] (*El Cid*, III, 1, v. 752).
8. ["*De tous les deux côtés, j'ai des pleurs à répandre; De tous les deux côtés mes désirs sont trahis*"] (*Horace*, II, 1, vv. 396-397).
9. ["*L'issue en est douteuse et le péril certain* / [...] *Te perdre en me vengeant ce n'est pas me venger*"] (*Cinna*, I, 1, v. 27 e v. 36).

humana seja medida por um ideal irredutível à "nossa natureza", que o tornaria inalcançável de partida. Para Corneille (1980, p. 1.096), o ideal é mais exemplo que utopia. Exatamente porque nem todos saberíamos realizá-lo, sua realização é elevada. "Admiremos todavia o destino dos grandes homens/ Lamentemo-nos, e por eles julguemos o que somos".[10] A excepcionalidade do herói reitera uma diferença individual; ela funda-se no uso que uma aristocracia presente dentre nós faz das paixões, do discernimento e da vontade, a ponto de seus representantes destacarem-se dos demais, tornando-se dignos de glória.[11] Isso não é uma característica exclusiva do teatro cornelliano. Algo parecido transcorre no âmbito da filosofia, quando, nas *Meditações metafísicas* (1641), Descartes mostra, por intermédio do seu exemplo, que a fundação do saber certo e evidente está ao alcance de quem se dispuser a cogitar com rigor e método. Não é preciso escola, bastam resolução e discernimento. Também a progressão cartesiana retira seu caráter exemplar da convicção de que sua marcha é factível aos melhores entre seus leitores; diversamente de uma investigação analítica, ela é um feito a ser retomado e refeito por qualquer um que se proponha a meditar com rigor sobre o saber e sobre si mesmo. Entende-se agora por que Descartes responderá a Arnauld que "as coisas contidas na primeira Meditação, e mesmo nas seguintes, não são apropriadas a toda sorte de espíritos, e não se ajustam à capacidade de todo mundo". As *Meditações*, arremata, "só devem ser lidas [...] pelos mais fortes espíritos" (Descartes, 1996, AT-IX-191).

Os heróis de Corneille transitam com naturalidade nesse circuito. Para o dramaturgo, a diferença entre os seres humanos explica-se

---

10. ["*Admirons cependant le destin des grands hommes, / Plaignons-les, et par eux jugeons ce que nous sommes*"] (*Pompée*, I, 2, vv. 573-4).
11. O contraponto vem a calhar: Kant (2017, p. 74 [*Parow*, p. 310-314]), situando-se em horizonte de compreensão moderno, dirá que os ideais só são verdadeiros *na razão* – "mas não reais no mundo, e aqueles que pensam em realizá-los se chamam fantasistas da razão". Após fazer essa precaução, Kant acrescenta que não se deve medir esforços para tornar o ideal prático algo concreto. Como se vê, buscar por um ideal cuja realização bem-acabada se sabe fora de alcance iria tornar-se natural.

menos pelas determinações externas que pesam desigualmente sobre eles do que pelo grau de autodeterminação de que dão prova. Por meio da liberdade, os homens singularizam-se e diferenciam-se entre si à revelia de toda pressuposição antropológica que insistisse sobre uma presumida condição moral comum a todos. A relação com o ideal não é predefinida com base em nossa condição natural comum; ao contrário, a idealidade moral é realizável porque a matéria humana é heterogênea, o que significa também que sua realização é inseparável da forma particular que lhe confere o indivíduo virtuoso. Nesse contexto, diversificar-se e singularizar-se é considerado algo positivo e mesmo necessário. Visada pelos heróis cornellianos, essa singularização tem seu eixo de gravitação na enunciação e no discurso: por intermédio deles, o indivíduo efetua a ordenação do universo passional e, com isso, torna-se sujeito moral do mundo que habita.

Compreende-se por que, nesse contexto, falar seja edificante. O uso da liberdade exprime-se por ações que, antes de serem apreciadas pelos demais, também passam pelo crivo do agente. Enunciando suas paixões, o indivíduo torna-se capaz de ordená-las e, assim, compreender o conflito que o assola. A rigor, ele se individualiza neste processo. É o que se passa com Ximena, quando, procurando recobrar a adequação para honrar o pai assassinado por Rodrigo, deixa-se voluntariamente levar pela cólera, a fim de contrapor-se, por meio dela, à sua própria paixão amorosa: "silêncio, amor que sinto, deixa agir minha cólera" (Corneille, 1980, p. 753).[12] Nem sempre, contudo, a enunciação das paixões engendra de pronto a definição da linha de conduta a ser tomada. Augusto, por exemplo, após descobrir o complô para assassiná-lo, hesita entre vingar-se de Cinna e Emília (ele os havia tomado desde que eram muito jovens como filhos adotivos) ou perdoá-los: "Ó rigor de um combate irresolvido, que foge ao mesmo tempo de tudo a que se decide!" (p. 949).[13] Não há maneira de antever solução ao

---

12. ["*Silence, mon amour, laisse agir ma colère*"] (*El Cid*, IV, 1, v. 1.139).
13. ["*O rigoureux combat d'un cœur irrésolu/ Qui fuit au même temps tout ce qu'il se propose*"] (*Cinna*, IV, 2, vv. 1.188-1.189).

dilema sem que as paixões que se contrapõem no interior do agente sejam enunciadas. Daí por que, especialmente nas primeiras tragédias, em que a estrutura dilemática é recorrente, Corneille faça emprego do monólogo – que, como pontificava Jean Chapelain (1595-1674), consiste na "transposição para o teatro da vida interior do homem" (Cuénin-Lieber, 2002, p. 79). Através do monólogo, o combate entre as opções contraditórias e os sentimentos opostos vivenciados pelo agente se externalizam e ganham forma de uma conduta capaz de superar o impasse. É essa aptidão o que, a partir da segunda metade do século XVII, começa a passar por artificialismo: Voltaire, comentando a crítica que se consolidou sobre *Cinna*, observa, por exemplo, como prevaleceu o juízo de que "Emília não deveria falar a si mesma, fazer-se objeções e respondê-las, que isso era uma *declamação retórica*" (Voltaire, 1975, 54II, *Commentaires sur Corneille*, p. 113, grifo nosso). Mas, em sentido inverso, poderíamos indagar quando foi que o diálogo interno da personagem, exposto pelo monólogo, passou a ser visto como afastamento da poesia em relação ao natural. Não foi preciso, antes, consumar o deslizamento semântico que tornou o herói ligado à moral do relevo refém de paixões insubmissas ao discurso?

Em Corneille, há casos em que a dinâmica passional já se apresenta decidida de partida. É o que ocorre com a Infanta, que, no início do *El Cid*, constata que sua paixão por Rodrigo, "um simples cavaleiro", é indigna de sua posição: "Sinto em dois partidos meu espírito dividido" (Corneille, 1980, p. 713).[14] Essa divisão interna, porém, já está remediada pela sua decisão de trabalhar pela união entre Rodrigo e Ximena: "Quando vi que meu coração não podia defender-se, eu mesmo dei aquilo que não ousava tomar para mim. Coloquei, em meu lugar, Ximena em suas relações, e aticei seus sentimentos para extinguir os meus" (p. 712-713).[15] Em *Cinna*, em contrapartida, a descoberta

---

14. ["*Je sens en deux parties mon esprit divisé*"] (*El Cid*, I, 3, v. 113).
15. ["*Quand je vis que mon cœur ne se pouvait défendre, /Moi-même je donnai ce que je n'osais prendre./ Je mis au lieu de moi Chimène en ses liens, /Et j'allumai leurs feux pour éteindre les miens*"] (*El Cid*, I, 2, vv. 95-98).

que Augusto faz da conspiração para assassiná-lo custa a evoluir rumo ao aparecimento de sua generosidade. De início, tomado de perplexidade, o imperador cede à fúria. Mas, ao invés de ceder ao impulso de vingar-se, Augusto, enunciando suas paixões, contrapondo-as entre si, suspende momentaneamente sua decisão – até que, considerando os conselhos de Lívia, sua esposa, se encontra com Cinna e em seguida com Emília, tomando a via da reconciliação. O equívoco inicial que turva a ordem das coisas dá vez à afirmação da exemplaridade; a conduta é uma prova de generosidade. O que não transcorre sem engenho; ao contrário, a resolução de Augusto segue-se a um longo monólogo (Corneille, 1980, p. 948-949, *Cinna*, IV, 2), no qual a audiência assiste à alternância das paixões da personagem até o momento em que o imperador decide acatar o conselho de Lívia de perdoá-los. Em todos esses casos, parte-se da premissa de que o discurso do indivíduo possui real eficácia moral. Isso faz presumir haver algum tipo de unidade subjacente entre vida prática, discurso e conhecimento. Foi a unidade e o ideal de sabedoria subentendido por ela o que, na trilha aberta por Pascal, autores como Racine e La Bruyère – e, grosso modo, a geração de 1660 e 1680 – colocaram em xeque. Eis-nos, assim, diante de uma ruptura mais abrangente, uma vez que esse ideal de sabedoria, encenado por Corneille, havia, até então, sido visto como o principal ganho da atividade filosófica.

III

A crer em Descartes, o uso da linguagem é a marca característica por meio da qual os homens se singularizam na criação:

> [...] é uma coisa bem notável que não haja homens tão embrutecidos e tão estúpidos, sem excetuar mesmo os insanos, que não sejam capazes de arranjar em conjunto diversas palavras, e de compô-las num discurso pelo qual façam entender seus pensamentos; e que, ao contrário, não exista outro animal, por mais perfeito e felizmente

engendrado que possa ser, que faça o mesmo (Descartes, 1996, AT-VI-57; trad. p. 105).

Descartes, entretanto, é lacônico na explicação deste enraizamento da linguagem na condição humana. Sabemos, pela continuação deste passo do *Discurso do método*, que o discurso é de ordem diversa dos movimentos naturais, "que testemunham as paixões e podem ser imitados pelas máquinas assim como pelos animais" (1996, AT-VI-58; trad. p. 106). Tomada isoladamente, a expressão passional, mesmo se verbalizada, não constitui fenômeno linguístico. Pode-se conjecturar que o adestramento de um animal-máquina o torne capaz de proferir esta ou aquela palavra, mas o som emitido aí não passará de uma resposta fixa a um estímulo externo que produz uma determinada mudança sobre seu sistema nervoso: tudo aí permanece no plano dos fenômenos corporais. O discurso, ao contrário, baseia-se na suspensão do automatismo da resposta a uma situação específica e, nessa medida (mas no outro extremo desta mesma diferença com a máquina), vincula-se ao hábito adquirido pela aprendizagem – um hábito tão arraigado que, quando nos pomos a falar, a alma se reporta à significação das palavras, não aos movimentos labiais requeridos para proferi-la (Descartes, 1996, AT-XI-362; trad. p. 319-320). É sobre este plano da simbolização, solidário, mas não assimilável à base fisiológica sobre a qual o hábito se desenvolve, que Descartes situa a linguagem ou, antes, a humanidade circunscrita por ela, "sem excluir mesmo os insanos".

No entanto, já se disse que o "pensamento clássico" representado por Descartes investe a loucura de um significado meramente negativo. O louco e sua presença, na condição do avesso da razão, assinalariam por contraste o "resíduo de verdade" pressuposto e não tematizado pela investigação cartesiana. Essa é a conhecida leitura efetuada por M. Foucault, que sustenta estas afirmações apoiando-se na primeira das *Meditações metafísicas* – aquela na qual, conforme o resumo do próprio Descartes, são fornecidas "as razões pelas quais podemos duvidar em geral de todas as coisas, e em particular das coisas materiais", ao menos até o momento em que sejamos guarnecidos de novos fundamentos para nossos juízos. Foucault observa que, no processo dubitativo proposto por Descartes, a loucura dispõe de um estatuto diverso do erro dos sentidos e da eventualidade do sonho, que amparam a radicalização da dúvida que termina colocando em xeque todas as nossas crenças. Os erros dos sentidos e a suspeita de que estejamos sonhando neste momento engendram, em níveis diferentes, a dúvida acerca de determinadas crenças, mas também uma certeza: se os sentidos enganam, sei, entretanto, que estou aqui, com um livro entre as mãos; assim também, e num momento ulterior da mesma meditação, se é possível que eu esteja sonhando, não posso todavia duvidar que o sonho é feito de representações simples, cuja verdade permanece indubitável até que Descartes lance mão de uma hipótese extrema – a de que pode haver um gênio maligno que se divertiria em me enganar sobre todas as coisas.

O que nos apresentam os sentidos e a hipótese de que estou sonhando são dois momentos distintos do processo dubitativo, mas ambos possuem em comum o fato de que se concluem com uma certeza que lhes resiste; é por esse motivo que somos conduzidos a aprofundá-los no nível seguinte. Essa é a lógica por trás da generalização da dúvida: parte-se de uma evidência "x", que se mostra duvidosa sob um exame mais detido; abandonado o nível de evidência em que se situava "x", recua-se para a evidência "y", que resiste às razões que colocaram "x" em dúvida; descobrem-se, porém, novas razões, que põem em dúvida "y", e assim por diante. Ora, observa Foucault (1999, p. 46), isso não ocorre com a hipótese da loucura. "Não é a permanência de uma verdade que garante o pensamento contra a loucura, assim como ela lhe permitiria desligar-se de um erro ou emergir de um sonho; é a impossibilidade de ser louco, essencial não ao objeto do pensamento, mas ao sujeito que pensa". Segundo Foucault, a loucura faz exceção porque, ao contrário do argumento dos sentidos e da hipótese de que estou sonhando, o que permite a Descartes ir da hipótese da loucura à etapa seguinte na progressão dubitativa é justamente a evidência que está sob exame: a certeza de que não sou louco. Isso constituiria exceção ao procedimento dubitativo voltado para suspender todas as nossas evidências, uma vez que, neste caso, a exclusão da loucura estaria baseada numa evidência não questionada. Em função da caracterização da loucura na idade clássica, como também por objetar à metafísica cartesiana seu enraizamento em um impensado (que seria expressão da razão clássica contraposta dogmaticamente à loucura), a interpretação foucaultiana foi objeto de debate. De nossa parte, valerá considerá-la à luz de uma primeira ressalva: se, como reza o *Discurso do método*, mesmo o mais insano dos homens compõe um discurso, é porque, à diferença das máquinas, ele articula uma crença. Mais concretamente, o louco de fato *julga* ter um corpo de vidro. Ou seja, ao contrário da máquina, o homem, são ou insano, inscreve seus pensamentos no horizonte da verdade, a começar porque ordena o mundo através do discurso. Não que Descartes ignore haver diferentes discursos e, portanto, diferentes maneiras de ordenar o mundo. Mas, muito possivelmente, o crivo dessas diferenciações não passa pela partição originária entre razão e desrazão, como supõe Foucault no início de *História da loucura na idade clássica* (1961). O simples fato de que o louco não é menos produtor de crenças do que o homem comum – cujas evidências, precisamente, serão examinadas na "Primeira Meditação" – torna questionável a tese foucaultiana de que a exclusão da loucura efetuada nas *Meditações* desacredita completamente a linguagem dos insanos. Visto que, na "Primeira Meditação", o estatuto da loucura se subordina a um objetivo mais circunscrito do que a afirmação enunciada no *Discurso do método*, examinada há pouco, convém, em respeito à interpretação avançada por Foucault, analisar a "Primeira Meditação", a fim de inquirir se, feitas as contas, a inclusão da loucura na ordem geral da linguagem, efetuada no *Discurso do método*, em 1637, não teria sido revista nas *Meditações*, em 1641, ali onde, conforme Foucault (1999, p. 47), ela é conjurada e excluída do domínio da razão – o único domínio no qual, acrescenta a propósito de Descartes, "o sujeito detém seus direitos à verdade". O exame dessa questão, no entanto, não é indispensável para a compreensão do papel que Descartes reserva ao discurso em sua filosofia; se o leitor preferir, pode passar sem prejuízo à parte VI deste capítulo.

IV

Recordemos, então, o texto e o contexto em que transcorreria o acontecimento observado por Foucault. Após ter rejeitado os sentidos como fonte de juízos duvidosos por meio de exemplos como o ângulo desenhado pelo pedaço de pau imerso n'água, Descartes evoca certezas familiares das quais não se pode duvidar:

> [...] por exemplo, que eu esteja aqui, sentado junto ao fogo, vestido com um chambre, tendo este papel entre as mãos e outras coisas dessa natureza. E como poderia eu negar que estas mãos e esse corpo sejam meus? A não ser talvez que eu me compare a esses insensatos, cujo cérebro está de tal modo perturbado e ofuscado pelos negros vapores da bile que constantemente asseguram que são reis quando são muito pobres; que estão vestidos de ouro e de púrpura quando estão inteiramente nus, ou imaginam ser cântaros ou ter um corpo de vidro. Mas quê? São loucos e eu não seria menos extravagante se me guiasse por seus exemplos (Descartes, AT-IX-14; trad. p. 136).

Vejamos o passo pelo caminho tomado por Foucault. A seus olhos, Descartes estaria dizendo que, enquanto posso identificar-me com aquele que sonha, a ponto de encontrar nisto razões para suspeitar de que esteja eu mesmo sonhando, o mesmo não valeria para a loucura. Foucault conclui, baseado nisto, que Descartes aceita a demarcação, em momento algum posta realmente em dúvida (eis seu impensado), entre sanidade e loucura; para Descartes, acresce Foucault (1999, p. 46), "não se pode supor, mesmo através do pensamento, que se é louco, pois a loucura é justamente a condição de impossibilidade do pensamento: 'eu não seria menos extravagante...'". Mais ainda: ao tomar partido pela sanidade contra a loucura, Descartes teria comprometido a progressão da "Primeira Meditação", pois seus resultados permaneceriam sempre reféns da iminência da loucura – cuja hipótese, conforme Foucault, Descartes afasta sem sequer apresentar as razões que nos levariam ao passo seguinte, o argumento do sonho. É curioso que, no argumento do sonho, Descartes (1996, AT-IX-14; trad. p. 136), ao desacreditar as evidências comuns, faça breve menção aos loucos: "devo aqui considerar que sou homem e, por conseguinte, que tenho o costume de dormir e de representar, em meus sonhos, as mesmas coisas, ou algumas vezes menos verossímeis, que esses insensatos em vigília." As mesmas coisas ou, algumas vezes, coisas até menos verossímeis... em termos de radicalidade crítica, o argumento do sonho, confinando com a evidência das naturezas simples, iguala-se à suposição da loucura, se é que não a ultrapassa. Mas, então, por que motivo Descartes recusa de modo tão peremptório a hipótese de ser louco? Nesta indagação reside o cerne da leitura de Foucault, que poderia ser parafraseada assim: se o argumento do sonho incorpora e até radicaliza aquilo para o que já acena a hipótese da loucura, por que Descartes a negligencia de antemão, se não for por uma adesão injustificada ao partido da razão? Já se vê a tarefa pela frente, caso se queira afastar a interpretação foucaultiana. Será preciso mostrar que decidir pela natureza razoável da razão, neste passo da "Primeira Meditação", não é essencial para o aprofundamento da dúvida, como supôs Foucault. Se isto for factível, caberá em seguida examinar qual é a natureza do gesto de Descartes de afastar a suposição da loucura – e investigar se, através da adversativa "mas que? São loucos...", Descartes de fato adere peremptoriamente a um elemento arbitrário e não explicado no curso da meditação.

Se a leitura de Foucault estiver certa, os resultados atingidos com o argumento do sonho, que se segue à hipótese da loucura, somente seriam válidos para quem estiver certo de que não é louco, mesmo sem ter apresentado qualquer razão sobre a qual fundar essa convicção. No entanto, não vemos por que os resultados do argumento do sonho não seriam válidos inclusive para o insano. O louco sonha; nesta medida, a hipótese de que se esteja sonhando agora é tão acessível a ele quanto ao homem razoável. A rigor, a hipótese do sonho aplica-se quer ao são, que, há um momento atrás, cogitou ser louco, quer ao louco, que se crê razoável. Tanto as premissas quanto as implicações do argumento são indiferentes à autoatribuição da faculdade de discernimento. Mas um partidário de Foucault poderia ainda retorquir que dificilmente o verdadeiro louco seria capaz de atravessar o percurso que conduz da dúvida sobre os sentidos até a suspensão das certezas familiares, efetuada pelo argumento do sonho. Pois como aceitar que ele seria apto e despojar-se daquelas certezas que o homem são, em sua convicção de não ser louco, é levado a abandonar definitivamente com a hipótese de que esteja sonhando? O debate com Foucault desloca-se, com isso, do exame dos resultados da hiperbolização da dúvida para o da ordem das razões e de sua relação com o sujeito que medita. E sendo este o caso, convém sublinhar que essa ordem é expositiva; ela institui uma relação determinada com seu leitor – não sendo, por isso, a expressão de uma razão abstrata curvada sobre si mesma.

Nesta direção, a primeira coisa a ter diante dos olhos é que a condição indispensável da experiência meditativa reside em não recusar, sem mais, a radicalização da dúvida. Fazê-lo significaria decretar de antemão o fim prematuro do exercício filosófico. Mas aceitar praticá-lo não quer dizer assujeitar-se a uma ordem de razões cuja necessidade pudesse prescindir do assentimento paulatino do leitor que decidiu abrir e enfrentar o texto. Ao contrário, o ingresso na meditação depende do engajamento do leitor em tornar-se sujeito de seu discurso e de suas crenças, o que requer estar disposto a afastar-se das evidências naturais a fim de aproximar-se de certezas que, na outra extremidade do senso comum, só seriam proferidas por um louco, como atesta a hipótese do gênio maligno.

Vale insistir sobre esse ponto. Se a "Primeira Meditação" arrola argumentos e encadeia conclusões, a eficácia de sua ordem requer o engajamento de alguém dotado de entendimento, vontade e paixões – o comprometimento do leitor é indispensável. Longe de ser uma cadeia dedutiva de teses e argumentos, a narrativa em primeira pessoa volta-se para a paulatina supressão das certezas sobre as quais se apoia o leitor até abrir o texto. Ao fim e ao cabo, a única certeza que resta é "que não há nada no mundo de certo" (Descartes, 1996, AT-IX-19; trad. p. 141). Parece-nos decisivo observar que a inflexão para o "penso, logo existo" – a primeira certeza indubitável – é precedida pelo confronto progressivo entre as razões da dúvida e os contrapontos da crença, cujo desenlace não vai sem certa perturbação: "A Meditação que fiz ontem encheu-me o espírito de tantas dúvidas, que doravante não está mais em meu alcance esquecê-las" (Descartes, 1996, AT-IX-18; trad. p. 141). A sedimentação dos resultados na experiência do sujeito, que logo se dá conta de que a via percorrida é um caminho sem volta, revela que o exame dos argumentos na "Primeira Meditação" está longe de ser impessoal; ao contrário, ela produz uma mudança de hábito (assinalada pelo "não está mais em meu poder...") que atesta a eficácia de suas conclusões. Mas mudar hábitos requer o concurso entre vontade e entendimento em sua atuação sobre nossas representações. Como se vê em *As paixões da alma* (1649), Descartes caracteriza o âmbito da moralidade como o espaço no interior do qual a vontade, orientada pelo entendimento, atua indiretamente sobre as paixões, alterando a disposição que elas imprimem no indivíduo. Isso sugere que a progressão da dúvida, no curso da "Primeira Meditação", possui, juntamente com seus aspectos metafísicos, elementos tomados da moral.

Volta-se, dessa maneira, ao ponto em que havíamos abandonado Foucault, mas por uma via diversa. Enquanto sua interpretação partia da premissa de que a progressão da "Primeira Meditação" escande uma ordem impessoal, comprometida com uma premissa que traduz uma escolha moral não revelada (a condenação da loucura como correspondendo à impossibilidade do pensamento), de nossa parte vemos a moral incidindo abertamente nas articulações do texto: ela é elemento indispensável para sua progressão, pois sem ela a irrupção da dúvida não exibiria nenhuma consequência metafísica relevante.

V

A assunção de que a "Primeira Meditação" requer ser compreendida levando em conta o significado moral implicado pelo seu desenvolvimento coloca em primeiro plano a tarefa de identificar os subterfúgios utilizados por Descartes no intuito de ganhar seu leitor. Salta à vista a analogia com o monólogo de Augusto, em *Cinna*, mencionado há pouco. Nos dois casos, o discurso possui um fim terapêutico, cujo êxito, no caso da meditação, supõe nossa participação ativa no diálogo interno de Descartes, sob a narrativa da primeira pessoa. Com efeito, as razões da dúvida, suas implicações e a extensão que admite em cada uma de suas etapas são encenadas diante de um leitor que, ao abrir a obra, é alguém que crê ter um livro entre as mãos (que também crê serem suas, etc.). Ora, de pouco valeriam os argumentos e razões arrolados aí se o leitor se contentasse a examiná-los de fora, sem tomá-los como ocasião para o trabalho sobre si exigido pela filosofia. Dessa maneira, a metafísica da subjetividade apresentada aqui começa a revelar o enlace existente entre discurso, verdade e certeza.

A esse ponto, já se vê por que a afirmação que encerra o quarto parágrafo da "Primeira Meditação" pode suscitar uma interpretação diversa da de Foucault sobre a natureza do discurso meditativo cartesiano. Pois pode bem ser que a adversativa ("mas são loucos...") possua apenas função persuasiva. Nesse caso, Descartes (1996, AT-IX-9; trad. 2010, p. 130) visaria, com ela, contornar o risco de perder seu leitor diante de "uma dúvida tão geral" cuja utilidade, ele bem prevenira, pode não ser entrevista de início. Sendo assim, é menos a loucura do que a ideia ordinária que se tem dela o que, de fato, está em jogo. Nesta direção, J.-M. Beyssade (2001, p. 29), numa interpretação contrária às conclusões de Foucault, observa que, "na Primeira Meditação, Descartes não se depara com a loucura, que ele excluiria", mas sim "com o prejuízo contra a loucura". Se Foucault deixa de lado esse aspecto que Beyssade qualifica como sendo "em alguma medida retórico" do texto, é por encontrar-se convicto de que a experiência meditativa é o desvelamento necessário de uma razão que, em sua ordem, interdita o contraditório através de um gesto que ela não saberia e nem precisaria justificar. Não saberia fazê-lo porque seria incapaz de admitir qualquer diferença consigo mesma – a desordem da loucura sendo, sob o juízo de Foucault, uma ameaça invencível à progressão rumo à verdade; mas tampouco precisaria fazê-lo, uma vez que, como Foucault também dá a entender, o fato de a loucura constituir-se em representação irredutível ao pensamento bastaria para excluí-la da progressão que conduz à verdade. Mas, como se viu há pouco, Descartes não hesita em admitir que o louco também pensa; logo, se há um pensamento que precisa assegurar-se contra a loucura, não é o pensamento em geral, do qual a loucura faz parte, mas um pensamento determinado – a saber, aquele no qual eventualmente se move o leitor ordinário, na transição do argumento dos sentidos rumo à dúvida sobre as certezas familiares. A este pensamento, Descartes concede uma garantia provisória e frágil contra a loucura; mas isso menos para excluí-la como condição avessa à razão do que para liberar de suas hesitações o leitor detido pelas certezas familiares, de maneira a fazê-lo prosseguir rumo à generalidade do pensar, concomitante à universalização da dúvida. Com a entrada em cena do gênio maligno, geometria, vigília e sanidade igualar-se-ão como posições discursivas apoiadas em uma evidência que já não dispõe de qualquer resíduo de verdade, graças a uma redução efetuada em um contexto cuja estrutura dialógica põe em relevo os aspectos retóricos assinalados por Beyssade.

Assim, e no contrapelo do que supôs Foucault, o movimento da "Primeira Meditação" não nos subordina a uma ordem impessoal, que se desdobraria sob o signo de uma necessidade interna à reflexão, autônoma diante de tudo, inclusive da comunicação e da linguagem.[16] Pode bem ocorrer ao leitor de simplesmente recusar

---

16. Descartes não discordaria desta ressalva de Merleau-Ponty (1999, p. 484) contra os partidários do solipsismo: "Mesmo a meditação universal que corta o filósofo de sua nação, de suas amizades, de seus preconceitos, de seu ser empírico, em uma

as razões que lhe são propostas para seguir em frente e, a partir daí, abandonar o convite à meditação, sem que isso possa implicar sua exclusão do âmbito da linguagem ou da racionalidade em geral. A ordem é proposta por Descartes, repita-se, como feito exemplar, que o leitor poderá refazer desde que se decida a tanto – e por que não tentar convencê-lo a isso? A rigor, se P. Gassendi (1592-1655) insistirá em ver no argumento dos sonhos e na hipótese do gênio maligno um capricho desnecessário da parte de Descartes, não há o que fazer. Ao modo do leitor do parágrafo quarto da "Primeira Meditação" que, convicto de sua sanidade, se certifica de suas crenças e afasta os insanos que asseguram "estar vestidos de ouro e púrpura, quando estão de todo nus", é Gassendi, não Descartes, quem se atém a um "resíduo de verdade" que julga inquestionável; e, com ela, imuniza-se contra a radicalidade da meditação. Ao leitor da "Primeira Meditação" é dado um desconto, representado pelo fato de que Descartes lhe assegura, por um instante, na convicção de não ser louco. Logo, a exclusão sumária da hipótese da loucura visa incitar o leitor a prosseguir adiante, até deparar-se com a figura do gênio maligno, o responsável por Gassendi ter se recusado a levar até o fim a radicalização da dúvida. Uma radicalização que, convém assinalar, questiona exatamente quem pretende recusar os propósitos da meditação em nome da razoabilidade da razão. Afinal, caso Descartes isentasse da dúvida a razoabilidade da razão; se esta fosse uma premissa indiscutível, baseada sobre o prejuízo do valor intrínseco da razão por oposição à loucura, então por que, ao fim da "Primeira Meditação", ele questionaria o critério de evidência?[17]

Por onde já se vê que Descartes dá bastante atenção ao fato de que, entre a sabedoria fundada na razão e o automatismo dos animais, há o

---

palavra, do mundo, e que parece deixá-lo absolutamente só, na realidade é ato, *fala*, por conseguinte diálogo."

17. Como observa R. Landim (1992, p. 109), Descartes termina por fazer a dúvida incidir "sobre o que se manifesta como evidente e, portanto, sobre a própria evidência. Segue-se disso que o único critério que a razão tem para distinguir o verdadeiro do não-verdadeiro é posto em questão; e, assim, é a razão, como faculdade que distingue o falso do verdadeiro, que é visada pela dúvida metafísica."

território das crenças ordinárias, dos prejuízos, das paixões. A adesão ao saber, exigindo nosso desapego em relação às crenças ordinárias, é uma progressão e uma conquista, mediadas pelo concurso entre a vontade e o entendimento. Tanto Gassendi quanto o leitor (são ou insano, tanto faz) que recusa a universalização da dúvida também são aptos à reflexão, só que refletem apenas a fim de reiterarem o *pathos* de suas próprias representações, a tal ponto habituais que passam a valer como uma segunda natureza.[18] A originalidade da "Primeira Meditação" é a de ser um discurso cujos resultados não se apoiam na aplicação do método geométrico à filosofia ou na decomposição do conhecimento nas faculdades que o condicionam. Embora tendo feito da "análise do pensamento" (V. Cousin) a tarefa filosófica por excelência, Descartes não partiu do fato do conhecimento como uma referência assegurada; sua "investigação psicológica" é efetuada por um sujeito cuja experiência revela que o compromisso com a análise não substitui o recurso ao trabalho sobre si do sujeito. Um trabalho que se traduz de partida na disposição de servir-se de seu livre-arbítrio, posto que, como atentou Lívio Teixeira (1990, p. 16), o duvidar não é outra coisa senão a expressão bem direcionada da liberdade da vontade.

VI

O fato de que a ordem das razões seja atrelada a uma demanda por persuasão no início das *Meditações metafísicas* conduz a uma questão de fundo, relativa à forma sob a qual a retórica, à primeira vista avessa às conclusões de Descartes, é concernida por sua filosofia. Já se observou

---

18. A relação entre verdade e hábito é expressa na resposta às "Segundas objeções": a verdade da separação entre corpo e espírito (Segunda Meditação) tem de ser lida e relida, "a fim de que o hábito de confundir as coisas intelectuais com as corporais, que se enraizou em nós no curso de toda nossa vida, possa ser expungido por um hábito contrário, o de distingui-las, adquirido pelo exercício de alguns dias" (Descartes, 1996, AT-IX-104; trad. p. 216).

que Descartes se utiliza de recursos da retórica para expor sua filosofia, entre os quais a narrativa autobiográfica no desenvolvimento de sua reflexão, como dá exemplo o *Discurso do método* (ver Kennedy, 1999, p. 270). Limitar-nos-emos a examinar se, ao menos ali onde estão envolvidas as paixões, a posição cartesiana não pode ser mais bem explicada, quando considerada à luz da terminologia e dos problemas característicos da arte de falar bem.

A tentativa de reconstruir a posição de Descartes quanto à linguagem esbarra na dificuldade representada pela ausência de uma exposição direta sobre os problemas que ela suscita. Em todo caso, a análise do processo dubitativo permite avançar algumas conjecturas. Descartes enxerga em toda asserção ao menos dois componentes indispensáveis: de um lado, a tendência das representações em fazer valer sua evidência na vida psíquica; de outro, a vontade, compreendida como faculdade ativa, que responde pela asserção, negação ou suspensão temporária do valor de verdade dos conteúdos representados. Graças à vontade, podemos meditar sobre nossas representações sem ceder à tendência de aceitar prontamente que sejam verdadeiras.

Essa meditação suspensiva inclui compará-las entre si, medi-las umas pelas outras, examiná-las à luz das representações que lhes são contrárias e das razões para julgar da melhor forma possível. Sob essa perspectiva, o juízo exprime uma tomada de posição em relação à impressão inicial que as representações produzem sobre a alma; aderir ou não à sua evidência equivale a valorar o apelo que possuem no conjunto da vida psíquica e decidir qual é a atitude mais adequada para responder a uma dada circunstância. Fala e age bem todo aquele que, por meio desse exame prévio, for capaz de tornar-se sujeito de seu discurso e de seus atos; desse modo, obedece ao imperativo da clareza, válido a despeito da constatação de que a expressão dos pensamentos admite uma infinita diversidade. Ora, neste plano prévio à enunciação (isto é, ao posicionamento do falante no contexto em que se inscreve) e valendo como sua condição preliminar, é necessária aquela reflexão que, já se observou aqui, singulariza o homem na criação. Mas o "homem", como intersecção de duas substâncias distintas, o corpo e a alma, é, primeiramente, a ocasião de uma tópica: *no homem* desenrola-se o diálogo permanente entre instâncias que polemizam entre si, *no homem* assiste-se ao trabalho da vontade e do entendimento sobre as paixões, assim como à sugestão das paixões, auxiliadas pela imaginação, em fazer valer sobre a vontade o *pathos* de suas representações. O traço peculiar ao homem, para Descartes, reside na aptidão de pôr em marcha uma arte interna da persuasão, que, como procuramos apontar, é encenada no âmbito reflexivo que conduzirá à primeira certeza (o *cogito*). No domínio da ação, esta reflexão interna, por meio da qual o *pathos* das representações práticas adquire uma significação humana – entenda-se: não puramente mecânica –, corresponderá à virtude moral. A fim de inteirar-se das implicações advindas daí, convém, antes, examinar de que modo a abordagem mecanicista dispensada por Descartes nas *Paixões da alma* prepara o terreno para a moralização das questões concernidas pela linguagem.

VII

No ser humano, pensamento e corpo convivem sob o regime de mútua determinação.[19] O ponto, apresentado primeiramente no *Discurso do método*, reaparece na correspondência com a princesa Elisabeth (1618-1680), numa profícua troca de ideias entre ambos – o que, como se sabe, constitui fonte da doutrina apresentada em *As paixões da alma* (1649). O mote é a notícia de que uma doença digestiva atormenta a princesa. Eis como Elisabeth inicia sua carta a Descartes (1996, AT-IV-233) de 22 de junho de 1645: "Suas cartas sempre me servem de antídoto contra a melancolia [...] desviando meu espírito dos objetos desagradáveis que lhe são apresentados todos os dias." Descartes responde numa carta, cuja datação é incerta. Embora aprovando a orientação prescrita pelos médicos (dieta e exercícios), ele

---

19. "A análise do fenômeno passional coloca em evidência a ação recíproca das duas substâncias que compõem o homem" (Rodis-Lewis *in* Descartes, 1994, p. 14).

ressalta que mais importante que isso são os remédios da alma, pois esta "por certo possui muita força sobre o corpo, como o demonstram as grandes alterações que a cólera, o medo e outras paixões excitam nele" (Descartes, 1996, AT-V-65).[20]

Reforçando esta orientação, noutra carta Descartes confidencia à princesa que a morte de sua mãe devido a uma perturbação pulmonar foi causada por uma disposição de espírito que se assemelha à melancolia de que se queixa Elisabeth; e que tal disposição, embora tivesse sido herdada por ele, terminou superada por sua constante inclinação em "considerar os acontecimentos sob a perspectiva que pudesse torná-los mais agradáveis" ("Carta a Elisabeth de maio ou junho de 1645"; Descartes, 1996, AT-IV-221). Descartes, pode-se dizer, supõe haver um nexo entre *attentio* e boa disposição do espírito; ter foco é, além de uma recomendação metodológica, uma máxima médica de aceitação comum.[21] É verdade que a variação do enfoque sob o qual consideramos as paixões não é capaz de desfrutar da tranquilidade fabricada quando o espírito se vê isolado, mais alheio à condição concreta em que nos encontramos. Uma coisa é concluir, meditando de robe junto à lareira, ser necessário operar a suspensão provisória da verdade das próprias representações e, a partir daí, restabelecer as bases seguras para o saber; outra, reagir razoavelmente diante da percepção de um perigo que ameaça pôr fim a nossa vida. A reflexão prática, diversamente da reflexão teórica, perfaz sua própria abstração sob o risco de ser, a qualquer momento, coagida pela ação contínua das paixões, as quais, de resto, decidirão que rumo dar à conduta, caso a reflexão não venha em socorro do agente.

20. Em sua edição da correspondência de Descartes (1989, p. 89) com Elisabeth, o casal Beyssade contesta que esta carta, que na verdade não está datada, tenha sido enviada em julho de 1647, como haviam proposto Adam & Tannery; os Beyssade preferem situá-la em julho de 1644.
21. Voltando esse mesmo nexo contra Descartes, Gassendi objetava ser impossível afirmar o caráter ideal do *cogito* porque o corpo "grosseiro e pesado" impede "pensar algo independentemente dele" (Descartes, 1996, AT-VII-262 e 263).

Haverá, então, uma temporalidade específica da moral? Descartes admite que o recuo promovido pela reflexão diante do apelo que as percepções produzem sobre a alma transcorre mais facilmente ali onde essas percepções não constituem "emoções", o que nos faz crer que ele diferencia, conforme o grau de autonomia da reflexão, entre os domínios sobre o qual se aplica o espírito. No caso da moral, o próprio sujeito antepõe-se à reflexão; a copresença da alma ao corpo assinala à análise que seu limite intransponível não coincide com o *cogito*, com a substância pensante atingida pela autorreflexão; ao contrário, a atividade espiritual se exerce no interior de uma tópica da qual a matéria não pode ser inteiramente isolada por abstração. A paixão da alma define-se como ação do corpo sobre ela, de modo que a investigação moral tem de levar em conta uma outra atividade, diversa daquela do espírito, incidindo continuamente sobre este último. De um lado, a reflexão é sempre possível, e ainda que, por vezes, "a indisposição que existe no corpo impeça que a vontade seja livre", a experiência faz ver que, "se tivemos com frequência algum pensamento, enquanto tínhamos o espírito em liberdade, que ele retorna depois, a despeito da indisposição que acomete o corpo" ("Carta a Elisabeth de 1º de setembro de 1645"; Descartes, 1996, AT-IV-282).

Sob esse aspecto, as exigências da reflexão, justificadas no plano metafísico através da dúvida metódica, são transpostas para o âmbito do composto substancial, mesmo entre os homens mais inclinados à paixão. De outro lado, porém, a redução da prática ao modelo da reflexão bem-sucedida na metafísica não é factível, a começar porque o âmbito do agir não comporta nem a certeza imediata, nem, por extensão, o saber dedutivo admitidos na teoria: como reconhece Descartes (1996, AT-IX-116; trad. p. 230), "no tocante às coisas que a vontade pode abranger, sempre estabeleci grande distinção entre a prática da vida e a contemplação da verdade". Por conta disso, a certeza no âmbito prático dependerá da constância e coerência que o agente for capaz de conferir a sua conduta diante dos imperativos oriundos da natureza e do meio social. O espaço da moral será delimitado pela caracterização da incidência virtuosa, representada pela aplicação adequada da alma sobre o corpo, o que equivale a examinar como a alma responde, no curso do tempo, às paixões que a afetam.

VIII

A esse propósito, é importante insistir que a ação da alma sobre o corpo é sempre indireta. Se alguém acometido por uma série de aborrecimentos se dedicasse "a desviar deles sua imaginação, de modo a não mais pensar neles, senão quando a necessidade dos afazeres o obrigasse a isso", nesse caso, escreve Descartes a Elisabeth, "não tenho dúvida de que isso apenas o faria restabelecer a saúde, ainda que seu baço e seus pulmões já estivessem indispostos pelo mal temperamento do sangue que causa a tristeza" ("Carta a Elisabeth de maio ou junho de 1645"; Descartes, 1996, AT-IV-219/220). O pensamento, portanto, atua sobre a paixão, mas o faz indiretamente, servindo-se das próprias paixões:

> Nossas paixões também não podem ser diretamente excitadas nem suprimidas pela ação de nossa vontade: mas podem sê-lo, indiretamente, pela representação das coisas que costumam estar unidas às paixões que queremos ter, e que são contrárias às que queremos rejeitar. Assim, para excitarmos em nós a audácia e suprimirmos o medo, não basta ter a vontade de fazê-lo, mas é preciso aplicar-nos a considerar as razões, os objetos ou os exemplos que persuadem de que o perigo não é grande; de que há sempre mais segurança na defesa do que na fuga; de que teremos a glória e a alegria de havermos vencido, ao passo que não podemos esperar da fuga senão o pesar e a vergonha de havermos fugido, e coisas semelhantes (Descartes, 1996, AT-XI-362/363; trad. p. 320).[22]

---

22. Antes de comparecer no artigo 45 de *Paixões da alma*, esse ponto já havia sido formulado na correspondência com Elisabeth, numa carta datada de junho de 1645 Ver Descartes (1996, AT-IV-236).

Ao invés, portanto, de poder afastar-se completamente da matéria, o pensamento vê-se em um diálogo permanente com as paixões; tão logo surja o primeiro efeito destas sobre a alma, a reflexão poderá compor uma resposta menos imediata às circunstâncias sob as quais se vê lançado o agente. A copresença da paixão à alma não é suprimida, mas a temporalidade que lhe é intrínseca é refletida, a fim de que possa ser retomada como objeto de discernimento e decisão sobre o rumo a dar à conduta. Quanto maior for a diferença entre o que sinto de início e o que faço, mais serão as chances de a ação ser virtuosa, ainda que jamais o fazer possa equiparar-se ao puro pensar – o que, aliás, nem é desejável: afinal, o fazer virtuoso incorpora a dinâmica passional e a qualifica pela reflexão.

Como se disse aqui, Descartes, sem perder de vista a diferença entre os planos, intenta seguir, no âmbito prático, uma orientação semelhante àquela assumida na metafísica. Se, como assinala Pierre Guenancia (2000, p. 215), "a paixão tende a suprimir a distância entre o eu e o que lhe é exterior", reportá-la à razão será o modo de reaver, no plano da prática, recuo semelhante diante da exterioridade que, desde o *Discurso do método*, habilitava o pensamento a apresentar-se como instância sobre a qual fundar de modo seguro os princípios metafísicos na busca da verdade. Com esta diferença de que, unida ao corpo e, portanto, a todo tempo devolvida ao mundo no qual se inscreve o composto substancial, não está ao alcance da alma cogitar a ruptura radical com todas as certezas prévias, como Descartes aventa na passagem da "Primeira" à "Segunda Meditação". Isto significa que, no âmbito prático, a "nadificação do ser pelo espírito" de que fala Jean-Paul Sartre a respeito da especulação metafísica cartesiana é refreada pela dialética permanente que vige entre pensamento e matéria. Mas isso só faz tornar manifesto o papel decisivo da vontade, previsível por conta da relevância já exercida por ela no argumento metodológico;[23] afinal, não fosse a resistência que ela oferece ao auto-

---

23. "A propósito da vontade, é interessante notar que ela não somente acompanha todo o processo que leva ao 'cogito', mas é mesmo condição de chegar a ele" (Teixeira, 1990, p. 56).

matismo perene do corpo, não haveria moral, nem, a rigor, humanidade. O que também significa que a moral revela que o ser do homem se define por sua possibilidade atual de refletir individualmente o tempo de sua existência e, munido de liberdade sobre a economia das representações, estabilizar sua conduta em um território no qual a contingência é inelutável.

Desse modo, a moral fornece uma refutação indireta do comentário de Sartre, que censura a liberdade pressuposta na especulação com base na advertência de que Descartes não a considerou enquanto "criadora" – entenda-se: enquanto negatividade. Pois (eis o ponto negligenciado por Sartre) tanto na prática quanto na especulação pura, a liberdade foi concebida por Descartes menos como criação do que como ordenação da exterioridade. Não é isso o que já nos indicava a terceira "Regra do método", que, como assinala acertadamente Sartre (2005, p. 290), preconiza buscar uma ordem "em meio à desordem em vez de se submeter a ela?" Mas disso Sartre conclui só haver lugar, no cartesianismo, para uma acepção negativa da liberdade, quando parece valer exatamente o contrário: a acepção positiva que lhe concede Descartes é manifesta, tão logo a concebamos como instância que, na especulação pura e na prática, embora em graus distintos, ordena, e não produz, os elementos presentes à consciência. No que concerne à "contemplação da verdade", esta função comporta destituir de autoridade prévia ideias e juízos exteriores ao sujeito pensante, para, em seguida, reaver a ordem do conhecimento a partir da descoberta do *cogito*; já no "uso da vida", a instituição da ordem por meio do concurso entre vontade e entendimento sabe-se relativa a um grau maior de contingência, o que a torna tanto mais necessária.

IX

Resta então determinar o tipo de ação que se espera da reflexão sobre as paixões. Assegurar que ela dispõe de alguma autonomia em relação à matéria ainda não esclarece em qual direção ela deve exercer sua causalidade. Investigar essa questão constitui oportunidade para matizar o debate sobre a relação de Descartes com a tradição moral da antiguidade, especialmente o estoicismo, através de uma questão determinada: a reflexão deve incorporar as paixões ou deve esforçar-se por recusá-las como for capaz? Uma carta datada de 18 de agosto de 1645 é oportuna sobre o ponto. Primeiro, porque nela Descartes aprofunda sua declaração, em carta precedente, de que Sêneca, em *Da felicidade*, trata a moral de maneira não "suficientemente exata para merecer ser seguida" ("Carta a Elisabeth de 4 de agosto de 1645"; Descartes, 1996, AT-IV-263). O problema, explica-nos em seguida, reside na definição que o filósofo romano apresenta da *sapientia*, que consistiria em "conformar-se à lei da natureza e a seu modelo" ("Carta a Elisabeth de 18 de agosto de 1645"; Descartes, 1996, AT-IV-273).

Embora Descartes afirme que os argumentos de Sêneca permanecem "muito obscuros", ele tampouco é exato ao expor sua divergência. Vejamos como reconstruir seu núcleo com base nos demais elementos presentes na carta. Se, como interpreta Descartes (1996, AT-IV-273), natureza não significa, para Sêneca, "nossas inclinações naturais", mas "a ordem estabelecida por Deus em todas as coisas que jazem no mundo" – uma ordem que, acresce, seria "infalível e independente de nossa vontade" –, que lugar, então, o *De vita beata* poderia ainda reservar para essa mesma vontade, que, como se lê nas *Meditações*, nos faz descobrir sermos feitos à "imagem e semelhança de Deus" (Descartes, 1996, AT IX, 45; trad. p. 173)? Aos olhos de Descartes, a natureza de Sêneca negaria nosso vínculo mais essencial com Deus, atestado pela infinitude de nossa vontade. Mas a leitura que Descartes fez do estoicismo não é nada linear. Tanto que o desfecho da mesma carta reabilita outro estoico, Zenão; este teria enxergado que a virtude reside na atuação de uma vontade firme e resoluta em executar o que parece melhor ao entendimento, contradizendo a posição, que supostamente devemos atribuir a Sêneca, de que a sabedoria é resignação diante das vicissitudes impostas pelos acontecimentos. Por fim, entre a objeção a Sêneca e o alinhamento a Zenão, Descartes (1996, AT-IV-276), em um longo parágrafo, subscreve o juízo de ninguém menos que Epicuro, conforme o qual o fim para o qual deveriam voltar-se nossas ações é o contentamento do espírito nesta vida: "Pois embora o simples conhecimento de nosso dever pudesse nos obrigar à prática das boas ações, isso, todavia, não nos faria gozar de beatitude alguma, se daí não proviesse nenhum prazer." Ou seja: por si mesma, a virtude não move o agente; ela torna-se desejável apenas na medida em que recompensa este último com o contentamento que se obtém ao segui-la.[24] Por oposição a Sêneca, assim, Descartes defende que o fim de nossa conduta consiste na satisfação que se desfruta toda vez que a vontade exibe sua eficácia em fazer do homem o agente de seu próprio destino.

Como sistematizar essas considerações? A investigação metafísica, como vimos, conduz Descartes (1996, AT-IX-22, trad. p. 169) a caracterizar o âmbito prático como o território da incerteza. A vida não é sonho e Deus existe, mas da prática não há ciência *stricto sensu*, pois "há muito poucas coisas que se conhece com certeza no tocante às coisas corporais". Entretanto, o reconhecimento deste déficit cognitivo não muda o fato de atuarmos nesse território.[25] E essa exigência, reavendo nossa intuição sobre o significado positivo da liberdade cartesiana, faz do concurso entre entendimento e vontade o fundamento para a construção de uma ordem, que não apenas articula um sentido para nossas ações, como também representa o meio de satisfazer nossa busca pela felicidade. Assim, quando Descartes previne a princesa Elisabeth de que a noção de natureza tal como empregada por Sêneca permanece obscura, é por não aceitar que a ordem que esta noção designa possa admitir um saber preexistente à atuação do agente,

---

24. Compare-se isso com este passo de Sêneca (2009, p. 103-104): "O empenho em busca da virtude não ocorre em razão do prazer, mas em vista de outro objetivo, embora possa decorrer algum prazer dessa busca."

25. "A moral não se situa na periferia da certeza como sobre um terreno vago concedido pela filosofia. Ao contrário, é *certo* que devemos seguir as opiniões as mais *prováveis* quando não discernimos as mais verdadeiras e que, se são todas igualmente prováveis, devemos considerar aquelas que escolhemos como 'mui verdadeiras e mui certas'" (Guenancia, 2000, p. 210).

que devesse limitar o exercício da liberdade. Com efeito, a hierarquia entre virtude e felicidade – que, em passagens do *De vita beata*, inflete na indiferença da virtude em relação ao contentamento – tinha como pressuposto uma acepção contemplativa da sabedoria: o homem que conhece a ordem divina sabe que o verdadeiro contentamento depende de sua adesão a essa ordem preestabelecida, o que explica, aliás, a exigência levantada por Sêneca de que sua vontade coincida com a virtude. Como indaga o filósofo romano: "Queres saber que vantagem tiro da virtude? Apenas ela mesma, ela é o maior prêmio" (Sêneca, 2009, p. 104). Mas, retrucará Descartes (1996, AT-IX-44; trad. p. 171) na "Quarta Meditação", isso não é prejulgar muito favoravelmente nossa faculdade de "compreender por que Deus faz o que faz"?

A divergência não é apenas teológica, mas concerne também à moral. Desde a "Quarta Meditação", quando a questão pela origem do erro aprendia ao *cogito* sua finitude diante de Deus,[26] Descartes (1996, AT-IX-45, trad. p. 173), como se adiantou há pouco, introduzia a noção de vontade – faculdade de agir sem constrangimento de forças exteriores – como termo da correspondência entre o homem e a infinidade. "Resta tão somente a vontade, que eu sinto ser em mim tão grande, que não concebo absolutamente a ideia de nenhuma outra mais ampla e mais extensa; de sorte que é principalmente ela que me faz conhecer que eu trago a imagem e a semelhança de Deus". Uma mesma meditação, desse modo, fazia a experiência da finitude humana e absolutizava o livre-arbítrio: bastaria evitar a prevenção e a precipitação do juízo para que o erro, em direito sempre possível, se tornasse contornável. A consideração das paixões, cuja atuação impede a clareza e a evidência cognitivas, torna-se a ocasião privilegiada para demonstrar que somente por meio do concurso entre vontade e entendimento o homem pode refletir sua prática.

---

26. "[...] sabendo já que minha natureza é extremamente fraca e limitada e, ao contrário, que a de Deus é imensa, incompreensível e infinita, não mais tenho dificuldade em reconhecer que há uma infinidade de coisas em sua potência cujas causas ultrapassam o alcance de meu espírito" (Descartes, 1996, AT-IX- 44, trad. p. 171).

Daí que a felicidade passe a depender da capacidade do agente de realizar uma conduta coerente a partir da resolução da vontade em seguir o que seu entendimento lhe apontar como o melhor nas circunstâncias em que se encontra. Embora, nesta questão, Descartes, ao aconselhar moderação, adote formulações características dos estoicos, ele o faz movido por uma razão alheia à deles, uma vez que não aconselha a prudência pela alegação de um logos acessível pelo espírito e cuja contemplação implicaria relativizar de partida nossos desejos. Ao contrário, é porque ignoramos todas as causas que concorrem para cada efeito que devemos restringir nosso desejo àquilo que depende de nós (Descartes, 1996, AT-XI-436/437, trad. p. 367-368) – o que, longe de significar minorá-lo, equivale a reunir e especificar as condições para realizá-lo. Se tudo o que sabemos é que, através de seu decreto eterno, Deus quis que certas coisas dependessem de nosso livre-arbítrio, cabe-nos, por meio dele, dar o uso mais adequado a nossas paixões.

X

Apesar de não atender plenamente aos critérios de evidência e distinção, a vida feliz é instituída por Descartes como meta factível e principal fim de nossa reflexão. Isso singulariza esta moral duplamente: sem respaldar-se em um saber especulativo determinado, do qual se poderiam deduzir os parâmetros do agir, ela tampouco se decide pela conversão de suas máximas na forma pura de uma lei que dirimisse os casos uns dos outros pelo teste da sua validade universal. A "objetividade moral", aqui, passa pela realização da generosidade pelo agente, aferível por condutas concretas e seus efeitos, sempre sob a forma do exemplo. O mesmo viu-se valer para Corneille: a idealidade personificada pelo herói corresponde a uma perfeição prática, factível pelo uso das faculdades de um ser finito capaz de virtude. Assim, a verossimilhança que dá plausibilidade à ação heroica e engendra sua estilização respalda-se na aptidão do espectador do drama em verter o dilema apresentado em linguagem elevada em sua própria experiência psicológica.

O sucesso obtido pela psicologia cornelliana junto ao público faz supor que, até meados do século XVII, a convicção de que somos capazes de superar conflitos morais pela ordenação de nossas paixões era mais ou menos pacífica. Isso explica que Corneille tenha incorporado no heroísmo que pôs em cena elementos da moral de cavalaria, como honra, grandeza, autossacrifício, generosidade, sem, por conta disso, soar "abstrato" à audiência – pelo menos até a década de 1660. Numa direção semelhante, Descartes procurava demover a princesa Elisabeth da ideia de que a constituição melancólica representasse, para ela, uma fatalidade irredutível à reflexão. "Sei bem que não escrevo nada que Vossa Alteza não saiba melhor do que eu, e que o difícil nisto não é tanto a teoria, mas a prática" ("Carta a Elisabeth de maio ou junho de 1645"; Descartes, 1996, AT-IV-220). A passagem da reflexão à prática permanecia, em todo caso, factível, e o missivista apresentava-se como exemplo do efeito terapêutico que entendimento e vontade podem exercer sobre as paixões. A certeza de que, uma vez bem conduzidas, as paixões são incorporadas pela conduta exemplar é inequívoca no texto de Descartes. E essa convicção explica por que o tratado sobre as paixões termine com uma descrição do homem generoso, como se a sua existência bastasse como prova de que a virtude é realizável pelos melhores entre nós (ver Descartes, 1996, AT-XI-447 e 448; trad. p. 375).[27]

Percebe-se também agora por que foi importante deter-se sobre a interpretação avançada por Foucault sobre o estatuto da loucura no cartesianismo. Aceitá-la equivaleria a atribuir a Descartes uma concepção de racionalidade que, se as análises empreendidas aqui estiverem corretas, não apenas não se aplica sem ressalvas à sua metafísica, como corre-se o risco de negligenciar o núcleo de sua

---

27. Algo semelhante é perceptível na busca pela verdade: "meu desígnio não é ensinar aqui o método que cada qual deve seguir para bem conduzir sua razão, mas apenas mostrar de que maneira me esforcei para conduzir a minha" (Descartes, 1996, AT-VI-4; trad. p. 65).

reflexão moral. Pois (e as conclusões sobre Corneille apontam para a mesma conclusão) Descartes recusa qualquer *ratio* desenraizada de sua personificação por este ou aquele agente;[28] logo, não há como aferir o valor das condutas sem examinar os desdobramentos efetivos da ordenação pessoal que o indivíduo confere às paixões nas relações com seus semelhantes. Diante disso, como concluir que haveria uma espécie de partilha prévia e impessoal entre razão e irrazão, quando, para Descartes, a racionalidade é indissociável da maneira pela qual cada um de nós ordena e normaliza sua própria experiência por meio do uso que faz da liberdade? Viu-se que essa consciência não opera no regime das apriotidades, que ela não é uma forma que extrai de si mesma a estrutura categorial que ordena e distribui, previamente, os elementos com que se depara na exterioridade. A estrutura dilemática das tragédias cornellianas atesta a mesma informalidade. O herói cornelliano encena a resolução da vontade em perseguir aquilo que o juízo discerniu como o certo numa ocasião particular. Tal discernimento é obtido com base em uma avaliação que, por definição, é falível, visto que o indivíduo se depara permanentemente com razões e paixões que ameaçam paralisá-lo. O dilema convoca o agente a tornar-se uma biografia, a singularizar-se como sujeito a partir daquela mesma tópica delineada por Descartes em sua filosofia prática.

Admita-se, porém, que "os homens são tão necessariamente loucos que seria ser louco, de um outro jeito de loucura, não ser louco" (Pascal, 1963, LA. 412/Br. 414); nesse caso, a aventura de localizar a primeira verdade, mesmo ao risco de ser louco, já não representará qualquer feito extraordinário. Ao contrário, o heroísmo que atravessa a meditação cartesiana assumirá o aspecto banal das extravagâncias mundanas, para as quais não faltam exemplos ordinários. Se Pascal tiver

---

28. Descartes é muito econômico ao explicar sua doutrina das verdades eternas; admiti-la em todo caso não contradiz o fato de se atribuir papel primordial do indivíduo na elaboração que os seres humanos podem fazer de si, dos outros e da natureza.

razão, querer fazer da certeza indubitável do pensar a base do autêntico saber só poderá aparecer como outro desvario do amor-próprio. Por aí se nota que a afirmação pascaliana de que todos somos em alguma medida insanos é, não o elogio ao risco permanente da loucura, mas, ao contrário, a conformação à mediocridade. E, sob essa perspectiva, crer ter instituído a partir de si mesmo um ponto de vista privilegiado sobre as coisas equivalerá a ignorar que o pensamento que subjaz à linguagem subverte de antemão o uso individual da liberdade, impedindo-lhe de conferir ao discurso um alcance próprio. "O acaso dá os pensamentos e os tira. Não existe arte para conservar ou adquirir. Pensamento escapado eu queria escrevê-lo; escrevo no lugar em que ele me escapou" (Pascal, 1963, LA. 542/Br. 4). Admitir que, a rigor, o discurso individual é destituído de autoria – o acaso tornou-se agora o próprio autor – incide sobre o estatuto da fala no palco. Vauvenargues (*in* Voltaire, OC. [Correspondance VIII] 1970, D 2746, p. 351), discutindo esse problema na carta a Voltaire citada anteriormente, tira uma conclusão natural, desfavorável a Corneille: este último "parece ignorar que os homens se caracterizam mais pelas coisas que não falam do que pelas que falam".

XI

Haverá algum fator preponderante que tenha precipitado a progressiva dissolução da concepção clássica do indivíduo, representada pelo sujeito enaltecido por Corneille e Descartes através da aposta que ambos fizeram no livre-arbítrio do homem generoso? La Bruyère (1965, V, § 48) outra vez fornece a pista, ao interpretar a dissolução do relevo humano na mediania recomendada por Pascal sob a perspectiva de suas implicações para a sociabilidade cortesã. É preferível, lê-se nos *Caracteres*, "amoldar-nos aos outros do que levar os outros a adequar-se a nós".[29] Nessa dissolução de si no que é comum, é mais prudente evitar destacar-se: "ter espírito na conversa consiste menos em demonstrar o seu próprio do que em realçar o dos outros", posto que "os homens não gostam de admirar, mas de agradar" (§ 16). La Bruyère (§ 32; trad. modificada) propugna essa adaptação à exterioridade, sem, por isso, fazer dela a medida objetiva das coisas: "Parece-me que o espírito da polidez <politesse> é certo cuidado para que, por nossas palavras e maneiras, os outros se sintam contentes consigo mesmos e conosco." Assiste-se nessas sentenças à construção de uma estratégia de sobrevivência em um universo que se tornou hostil. Nesse contexto, o *logos* enraizado no uso pessoal da reflexão descola-se do ideal de virtude e grandeza para assimilar-se a um cálculo que mede os benefícios da subordinação de si a uma racionalidade erguida sobre fundamentos externos, quando não avessos ao indivíduo. Outro aforismo faz adivinhar qual seja a natureza desses mesmos fundamentos, que passaram a orientar a sociabilidade cortesã:

> Devemos [...] acomodar-nos a todas as mentes, aceitar como um mal necessário o relato de notícias falsas, as reflexões vagas sobre o governo atual, sobre o interesse dos príncipes, sobre o alardear dos belos sentimentos, que são sempre os mesmos. Temos de deixar Arôncio citar seus provérbios e Melinda falar de si, de seus desmaios, de suas enxaquecas e de suas insônias (La Bruyère, 1965, V, § 5).

Se reflexões sobre o governo atual ou sobre o interesse dos príncipes se tornaram inúteis e vãs, passando a valer tanto quanto os provérbios de Arôncio ou as queixas de Melinda, foi porque o exercício do poder político as tornou dispensáveis. Mas isso não decorreu do fato de que a política tenha se tornado menos importante na ordenação

---

29. Conforme La Bruyère (1965, V, § 2), ao invés de afirmar sua exemplaridade, o homem virtuoso deve saber calar, agradar aos demais, mesmo que sejam fúteis: "só o tolo pode tornar-se inoportuno. Um homem inteligente sabe se agrada ou aborrece, sabe desaparecer sempre antes de se sentir fora de ambiente."

da vida dos homens. Ao contrário: logo na ocasião em que a decisão política se tornava mais eficaz na administração do cotidiano, a realeza reuniu as condições que lhe permitiram negligenciar a palavra dos nobres para exercê-lo.

A mudança reflete-se na transformação por que passa, nesse período, a vida na corte. Ao invés de comportar-se com *sprezzatura*, isso é, de modo gracioso e sem jamais atender automaticamente às expectativas do príncipe, o cortesão viu-se aconselhado a medir suas palavras, a fim de conformar-se ao humor do soberano. Numa atmosfera atravessada pela progressiva absolutização do poder político, a antiga espontaneidade construída pelo cortesão como prova de superioridade natural deu lugar ao cálculo de como agradar o rei ou seu ministro: "O nobre ligado à corte real não podia mais exprimir livremente seus sentimentos espontâneos como antes, mas devia saber dirigi-los – ou ao menos controlar sua manifestação" (Kirchner, 2013, p. 79). Gracián (1989 [1637], II, p. 15) exprime o ponto em seu *O herói* (1647): "não há diferença entre deixar perceber sua paixão e fornecer armas seguras para que alguém se torne nosso senhor." É significativo que, como chama a atenção P. Burke, o manual de cortesania de B. Castiglione passe a ser preterido pelo de Gracián no período. A preferência explica-se pelo conjunto de transformações que estamos acompanhando aqui. Castiglione partia da convicção de que o êxito na corte depende de certa autonomia do cortesão diante do Príncipe – uma premissa que, como conclui P. Burke (1997, p. 136-137), "passava a ser desafiada cada vez mais frequentemente e de maneira mais incisiva do que antes". Com o recrudescimento do absolutismo, a recomendação de Castiglione, de que o cortesão não adulasse o príncipe, tornara-se extemporânea.

A mudança em curso, registrada por La Bruyère sob a forma atemporal da máxima, possui uma gênese, da qual dá notícia a própria trajetória de Corneille. Como testemunha próxima da atuação de Richelieu sob o reinado de Luís XIII, era de se esperar que os constrangimentos cada vez maiores que pesavam sobre a autonomia individual clássica fossem incorporados em sua atividade de escritor. Compare-se, com esse intuito, duas de suas peças iniciais, *El Cid* e *Horácio* (dedicada, aliás, ao célebre cardeal). A arbitragem que D. Fernando, rei de Castela, exerce sobre os conflitos que afligem seus cortesãos, no *Cid*, é muito mais branda do que a demonstrada por Túlio diante de seus súditos, em *Horácio*. Nas duas tragédias, há, como ponto comum, o reconhecimento por parte dos soberanos de que, se lograram manter-se no poder diante de forças externas que os ameaçavam (os mouros e os albaneses, respectivamente), foi graças aos feitos de seus principais guerreiros. Após Rodrigo liderar a vitória de Castela sobre os mouros, D. Fernando declara publicamente que "para te recompensar, minha força é muito pouca; /e tenho menos poder do que o que você possui de mérito" (Corneille, 1980, p. 757).[30] De maneira semelhante, Túlio, após a derrota dos guerreiros de Alba por Horácio, declara abertamente que "sem ele [Horácio] eu obedeceria, ali onde faço a lei; e seria súdito, onde duas vezes sou rei" (Corneille, 1980, p. 900).[31]

No entanto, o tipo de subordinação aos soberanos e o grau de internalização da disciplina política pelos homens a seu serviço são manifestamente distintos nas duas tragédias. Rodrigo simplesmente decide duelar com D. Gomes sem qualquer consulta prévia ao rei. De modo mais surpreendente, este tampouco é consultado, quando, mais para o desfecho da trama, ele decide, novamente sozinho, organizar e liderar a expedição militar que expulsará os mouros.[32] Não espanta que Rodrigo se esqueça dos compromissos que o unem à coroa de Castela quando passa a vangloriar-se para Ximena por conta de seus recentes êxitos militares: "Sabe-se que minha coragem tudo ousa empreender, que meu valor tudo pode, e que, sob os céus, nada comparado à minha

---

30. ["*Pour te récompenser ma force est trop petite,* / *Et j'ai moins de pouvoir que tu n'a de mérite*"] (*El Cid*, IV, 3, vv. 1.213-1.214).
31. ["*Sans lui j'obéirais où je donne la loi,* / *Et je serais Sujet où je suis deux fois Roi*"] (*Horace*, V, 3; vv. 1.745-1.750).
32. "Mas, senhor, perdoai minha temeridade, Se ousei empregá-la sem vossa autorização" ["*Mais, sire, pardonnez à ma témérité, Si j'osai l'employer sans votre autorité*"] (Corneille, 1980, *El Cid*, p. 757 [IV, 3, vv. 1.257-1.258]).

honra me é precioso" (Corneille, 1980, p. 767).[33] Horácio, de seu lado, também se pauta pela glória. Mas, nele, em contraste com Rodrigo, a autoestima aristocrática associa-se à completa obediência ao soberano. Instado pelo rei a pronunciar-se sobre o fato de ter matado sua própria irmã, Camille (e ele o fez, não porque ela o tivesse insultado como pessoa, mas porque amaldiçoou seu próprio povo), Horácio retruca afirmando que sempre agiu com base na resoluta defesa de Roma. Não por outro motivo, obedece sem questionamentos a Túlio, que, como rei, personifica a vontade de todos:

> Para que me defender? Vós conheceis a ação, vós acabais de ouvi-la; O que vós credes deve ser minha lei. Senhor, defende-se mal, quem se defende contra o parecer de um rei; e o mais inocente torna-se logo culpado, quando parece condenável aos olhos de seu príncipe (Corneille, 1980, I, p. 894-895).[34]

Tal contraste de posições, nas duas tragédias, em relação ao poder político, é atestado também pelas demais personagens. Ximena, por exemplo, após prometer ao soberano que aceitará sua decisão de unir-se a quem sair vitorioso no duelo entre D. Sancho e Rodrigo, confidencia à sua ama que jamais se entregará a este último, o assassino de seu pai, aconteça o que acontecer: "Quando ele será vencedor, crês que me rendo? / Meu dever é assaz forte, e minha perda, enorme; / E não bastam, para fazer sua lei, / Apenas a lei do combate e o querer do

---

33. ["*On sait que mon courage ose tout entreprendre, /Que ma valeur peut tout, et que dessous les Cieux, /Quand mon honneur y va, rien ne m'est précieux*"] (*El Cid*, V, 1, vv. 1.536-1.538). É interessante observar como o comentário de Voltaire repete uma observação do cardeal de Richelieu: um dos defeitos do *Cid* é "o papel fraco do rei [*le rôle faible du roi*]" (Voltaire, OC. 54II, *Commentaires sur Corneille*, 1975, p. 43).

34. ["*A quoi bon me défendre? /Vous savez l'action, vous la venez d'entendre; /Ce que vous en croyez me doit être une loi. /Sire, on se défend mal contre l'avis d'un roi, /Et le plus innocent devient soudain coupable, /Quand aux yeux de son prince il paraît condamnable*"] (*Horace*, V, 2, vv. 1.536-1.540).

rei" (Corneille, 1980, I, p. 771).[35] A ação que catalisa o drama também se origina numa atitude que contesta o poder monárquico. Ao não admitir que o pai de Rodrigo tenha sido nomeado pelo rei como preceptor do infante, D. Gomes, pai de Ximena, questiona a infalibilidade real: "Por grandes que sejam os reis, eles são o que somos: / Eles podem enganar-se, assim como os outros homens" (Corneille, 1980, p. 714).[36] Do lado de Horácio, a paisagem é outra. Curiace, uma vez escolhido por Alba para combater os Horácios, sente na carne o fardo que o Estado representa na vida dos súditos: "Vou a esse ilustre emprego, como quem vai ao suplício; Amaldiçoo mil vezes a condição a que me sujeitam; / Odeio esse valor que faz que Alba me estime" (Corneille, 1980, I, p. 862).[37] Mas isso não o conduz a questionar a decisão do soberano. Sua resignação revela, sob uma perspectiva invertida, a mesma atitude de Horácio: ambos sabem que a definição do que deve ser feito não depende mais deles, nem do sentido imediato dos valores ligados àquela ética aristocrática que o primeiro público de Corneille ainda tinha em mente.

Agora outras formas de poder, inéditas e mais exigentes, passaram a prevalecer na França. A normatividade começa a alojar-se nas razões de Estado. Neste quadro, pode acontecer de súdito e soberano desejarem os mesmos fins; porém, a subjetivação do indivíduo, mediada pela subordinação a um fundamento externo, o impede de vivenciar a experiência moral que definia o herói clássico: o dilema. Com efeito, desde o nível de sua enunciação, dilemas supõem a competência reflexiva do agente em atuar sobre a cisão que os fatores externos produzem em sua interioridade. Superar essa cesura é afirmar-se sobre a exterioridade, imprimir nela sua marca. Porém, se a ordem

---

35. ["*Quand il sera vainqueur, crois-tu que je me rende? /Mon devoir est trop fort, et ma perte est trop grande; /Et ce n'est pas assez pour leur faire la loi /Que celle du combat et le vouloir du roi*"] (*El Cid*, V, 4, vv. 1.687-1.690).
36. ["*Pour grands que soient les rois, ils sont ce que nous sommes; /Ils peuvent se tromper comme les autres hommes*"] (*El Cid*, I, 4, vv. 151-152).
37. ["*Je vais comme au supplice à cet illustre emploi; /Je maudis mille fois l'état qu'on fait de moi; /Je hais cette valeur qui fait qu'Albe m'estime*"] (*Horace*, II, 5, vv. 537-539).

a ser restabelecida remete a princípios que o agente não pode interiorizar conforme a interpretação pessoal que faz do mundo – uma interpretação que, embora fosse ligada à exterioridade, era dotada de um fundamento pessoal e subjetivo, como acreditou Descartes –, nesse caso lhe restará apenas a opção de aderir a ela com resignação (Curiace) ou fervor (Horácio). Nos dois casos, o espaço para o herói imprimir na história seu gesto intransferivelmente pessoal vê-se bem reduzido.

Como indica a comparação entre *El Cid* e *Horácio*, essas mudanças foram discernidas por Corneille. Ainda na década de 1640, ele elabora uma variante do heroísmo tradicional, que, modificando o horizonte psicológico clássico, confere à livre afirmação de si uma forma inédita e quase paradoxal. Horácio é o primeiro protagonista de Corneille que permanece indiviso do início ao fim do drama. Seu traço principal repousa em conseguir passar incólume ao tipo de crise e de solução catalisadas pelo dilema. A mesma figura indivisa reaparecerá pouco depois, de maneira ainda mais tangível, com Polieuto, protagonista da primeira tragédia cristã de Corneille. Como adverte de início Nearco, a personagem que é responsável pela conversão de Polieuto ao cristianismo, o amor a Deus é incondicional:

> Podemos tudo amar, ele o admite, ele o ordena;
> Mas, resumindo-vos tudo, esse Senhor dos senhores
> Quer o primeiro amor e as primeiras honras.
> Como nada se compara à sua grandeza suprema,
> Não se deve amar nada a não ser em conformidade com ele e nele;
> Negligenciar, para aprazê-lo, mulher, bens, posição;
> Expor para sua glória e versar todo seu sangue.
> (Corneille, 1980, p. 985)[38]

---

38. ["*Nous pouvions tout aimer, il le souffre, il l'ordonne; /Mais, à vous dire tout, ce Seigneur des seigneurs, /Veut le premier amour et les premiers honneurs. /Comme rien n'est égal à sa grandeur suprême, /Il faut ne rien aimer qu'après lui, qu'en lui-même, /Négliger, pour lui plaire, et femme, et biens, et rang, /Exposer pour sa gloire et verser tout son sang*"] (*Polyeucte Martyr*, I, 1, vv. 70-75).

A similitude com Horácio salta à vista. Em favor agora de Deus, a construção de si também cede passo à subordinação do indivíduo a uma instância extraindividual que opera como fator estruturante da subjetividade. Este é o ponto da inflexão em curso. Não é que a simples existência de um poder exterior à consciência individual prive a economia subjetiva de todo grau de autonomia. Mas é isso o que ocorre com a transformação do sujeito clássico em súdito do poder absoluto, que é exercido em nome do direito divino dos reis ou realizado por meio da cega devoção à divindade cristã. Em *Cinna*, por exemplo, Augusto, imperador de Roma, é visto pelo líder dos inconfidentes como um príncipe autoritário; ainda assim, ele é menos exigente que o Túlio de *Horácio* ou o Deus cristão de *Polieuto*, "monarca absoluto da terra e do céu" (Corneille, 1980, p. 1.015).[39] Confirma-o o que Cinna declara acerca de Augusto: "Se ele nos priva a seu bel-prazer de nossos bens, de nossos dias, de nossas mulheres; até o momento, pelo menos, ele não tiranizou nossas almas" (p. 945).[40] Augusto, em suma, não exerce total domínio sobre seus súditos. É fácil adivinhar o que isso significa. Ser tiranizado é ter sido privado da faculdade de reger o conflito passional com base na interpretação pessoal dos valores e das ações em jogo – pois, levada ao extremo, essa dinâmica torna o agente incapaz de apresentar razões para seus atos. Essa é a postura de Polieuto, que se converte à nova religião sem que ninguém saiba exatamente o que o levou a isso. Uma vez convertido, mostra-se irredutível a qualquer ressalva, ambiguidade ou dúvida a respeito dos acontecimentos causados por sua conduta. A finitude adquire, com isso, novo sentido. Ao invés de engajar Polieuto na interpretação da existência mundana, buscando, então, realizar a bem-aventurança neste mundo, a consciência de sua finitude o conduz a negar a mundanidade em favor da recompensa divina. Polieuto

---

39. ["*Le Dieu de Polyeucte et celui de Néarque /De la terre et du ciel est l'absolu monarque, /Seul être indépendant, seul maître du destin, /Seul principe éternel, et souveraine fin*"] (*Polyeucte Martyr*, III, 2, vv. 841-844).

40. ["*S'il nous ôte à son gré nos biens, nos jours, nos femmes, /Il n'a point jusqu'ici tyrannisé nos âmes*"] (*Cinna*, III, 4, vv. 1.053-1.054).

abre mão da liberdade de diferenciar-se nesta vida em troca do cego assujeitamento à instância transcendente.

Corneille (1980, p. 1.008) parece ter enxergado com lucidez essa nova forma de subjetivação, apresentando-a como uma derivação do ideário aristocrático. Tome-se por exemplo a glória. Essencial no interior da ética de cavalaria, ela permanece valorizada no novo código psicológico do sujeito indiviso, com a diferença de que Polieuto enxerga na negação da vida através do martírio o caminho mais curto para obtê-la: "Por que colocar em risco aquilo que a morte assegura?".[41] Ora, expor-se a esse risco era a marca definidora do herói clássico; ao proteger-se contra ele mediante a adoção de um ideal infalível, o protagonista se inscreve noutra psicologia, em que as paixões devem subordinar-se a uma instância que preexiste à razão do agente.

Percebe-se, assim, que a coerência almejada pelo sujeito indiviso, ao invés de ser construída pela reflexão em meio às contingências da vida, liga-se à sua subordinação completa a um ideal que o transcende. Essa mudança no perfil dos heróis da dramaturgia cornelliana, com o que comporta de implicações éticas e políticas, foi percebida pela crítica, que acusou, nesta reinterpretação dos valores aristocráticos, o deslizamento para uma forma de vida que ameaçava suprimi-los. De modo revelador, Saint-Beuve (1953, p. 76), escrevendo no século XIX, viu que quem personifica o *honnête homme* é, não Polieuto, que dá nome à peça, mas Severo – o oficial romano que, apesar de amar Paulina, esposa de Polieuto, se recusa a tirar proveito da situação em que este se encontra. O ponto já havia chamado a atenção de contemporâneos de Corneille, como o príncipe de Conti, que, em

---

41. [*"Pourquoi mettre au hasard ce que la mort assure?"*] (*Polyeucte martyr*, II, 6, v. 665). Veja-se, na mesma direção, o que Polieuto diz a Paulina, quando esta procura demovê-lo de sua "obstinação": "Possuo ambição, mas mais nobre e mais bela; / Essa grandeza perece, quero uma imortal, / Uma felicidade assegurada, sem medida e sem fim / Acima do desejo, acima do destino" (Corneille, 1980, p. 1.028) [*"J'ai de l'ambition, mais plus noble et plus belle: /Cette grandeur périt, j'en veux une immortelle; / Un bonheur assuré, sans mesure et sans fin, /Au-dessus de l'envie, au-dessus du Destin"*] (*Polyeucte martyr*, IV, 3, vv. 1.191-1.194).

1666, manifestava suas preferências entre os protagonistas da tragédia em questão em seu *Tratado sobre a comédia*:

> [...] haverá algo mais seco e menos agradável do que o que existe de sacro nesta obra? há algo de mais delicado e apaixonante do que nela há de profano? há quem não seja mil vezes mais tocado pela aflição de Severo, quando chega e encontra Paulina casada, do que pelo martírio de Polieuto?[42]

Tanto Paulina (a esposa de Polieuto) quanto Severo custam a compreender a conversão de Polieuto – uma conversão que, a certa altura, é designada como uma "obstinação" (Corneille, 1980, *Polyeucte martyr*, III, 3, v. 905). De fato, obstina-se quem se martiriza e nega a existência mundana; e fazê-lo é assumir uma atuação divergente do espírito que anima a autodeterminação característica do herói clássico, como se vê em *Cinna*: "Dai menos crença a vossa paixão", aconselha Lívia a Augusto (Corneille, 1980, p. 952),[43] incitando-o à reflexão. Eis o que não fazem obstinados como Horácio e Polieuto. Do ponto de vista clássico, a racionalidade exercida fora da estrutura dilemática – isto é, fora da crise, da hesitação e da autocrítica imposta pelo dilema – valerá tanto quanto uma teimosia qualquer. Tão logo a virtude dê as costas à dúvida interna característica do dilema, ela se confundirá com adesão incondicional a uma causa da qual não se poderá cogitar as razões. Polieuto atira-se contra os ídolos do templo prestigiado por sua família e concidadãos, Horácio põe termo à vida da irmã que, com a notícia da morte de seu amante, Curiace, havia amaldiçoado Roma. "Dai-me, então, bárbaro, um coração como o teu" (p. 886),[44] reclama Camila no instante que antecede o fratricídio. Assim mesmo Horácio é absolvido por Túlio, o que apenas confirma que a

---

42. Prince de Conti, *Traité de la comédie* (1666) (*apud* Mongrédien, 1972, p. 99). Numa direção semelhante, ver Voltaire (OC. [Commentaires sur Corneille] 55 III, Oxford, 1975, p. 1.043): "Sem Severo e Paulina, *Polieuto* não faria sucesso."
43. ["*Donnez moins de croyance à votre passion*"] (*Cinna*, IV, 3, v. 1.255).
44. ["*Donne-moi donc, barbare, un cœur comme le tien*"] (*Horace*, IV, 5, v. 1.278).

distinção entre virtude cívica e obstinação passou a ser instituição e atribuição únicas do Estado.[45]

XII

A construção de uma virtude imune à dúvida, assim, revela que Corneille ensaiou algo diverso daquilo que havia realizado em tragédias como *Medeia*, *El Cid* e *Cinna*. Quer o civismo obstinado de Horácio, quer a devoção martirizante de Polieuto, situam o herói no exterior da estrutura dilemática que nutria sua matriz clássica. Em todo o caso, o herói está lá, apesar de modificado por motivos que podemos apontar melhor agora. Horácio e Polieuto, pode-se concluir, são tentativas de conciliar a afirmação de si com uma instância transcendente e impessoal, representada pelo soberano (Horácio) ou pela divindade cristã (Polieuto). Essa via intermediária será abandonada com *A morte de Pompeu* (1643), quando, como observou M. Prigent (2008, p. 180; ver Stegmann, 1968), Corneille traz à luz a impotência da vontade diante da violência política: "O conflito trágico não divide mais o herói, mas o opõe aos outros. A origem do trágico não deve mais ser buscada no heroísmo, mas no Estado, expressão anônima da alteridade."

Encena-se aí a violência do Estado, envolvendo as personagens em uma atmosfera maquiavélica. Ptolomeu, o rei do Egito, assassina seu ex-aliado Pompeu com o propósito pouquíssimo elevado de agradar a César. Uma traição baseada no cálculo pelo poder dá início ao drama, no curso do qual, como afirma Prigent (2008, p. 182), são

---

45. Esse ponto resvala no debate sobre a reinterpretação que a inteligência francesa irá fazer do conceito clássico e humanista da "virtude cívica" entre os séculos XVII e XVIII. Heróis indivisos, como Horácio e Polieuto, testemunham a força da virtude cívica ou o grau de adesão dos indivíduos à monarquia absoluta? Talvez as duas coisas tenham se combinado na França do século XVII: mesmo os frondosos em luta contra as medidas de Mazarin desprezavam a opção inglesa pela república, sugerindo que amor pela pátria e respeito pela monarquia sempre andam juntos – o que não vai sem implicações para a formação do republicanismo francês ao longo do século XVIII (ver Bignotto, 2010).

destruídas todas "as evidências heroicas" das personagens; isso porque, ele acresce, o herói clássico é incongruente com o absolutismo. De fato, as prerrogativas assumidas pelo Estado suprimem a margem requerida para que o agente se torne memorável por sua conta e risco. Tudo se passa, diz Prigent (2008, p. 184), "como se o poeta procurasse provar que a vontade já não é mais forte como antes".[46] O herói só pode criar sua história, isto é, instituir a temporalidade heroica de sua existência, ali onde os imperativos supraindividuais da política ainda não sequestraram a medida do tempo. Para haver moralidade elevada, o indivíduo tem de poder produzir seus próprios recortes no curso dos acontecimentos. O advento da história em sentido moderno como instância supraindividual anunciaria, então, a morte do heroísmo clássico. Sob esse aspecto, a solução intermediária representada por Horácio e Polieuto responde a um modelo que havia começado a entrar em crise – uma crise cujo aprofundamento tornaria esses mesmos heróis incompreensíveis.

Surpreendentemente, o público modificado pela cristalização do poder incondicional da monarquia, algo que se ensaiava desde os tempos de Luís XIII, quando Richelieu já havia transformado o governo em "um estado de exceção" (Carrier, 2004, p. 10), também encontrou razões para valorizar Corneille no novo contexto. O paralelo instituído por La Bruyère, discutido de início, acena nesta direção. Se reconhece o valor poético de Corneille, ele o faz ao preço de estetizar seus heróis, não mais compreendidos como exemplos a imitar, mas como instâncias do dever ser que, apesar de inatingível, permanece sempre sob nossa mira. A produção desse incondicionado literário permitiu que os heróis cornellianos voltassem a ser amados em um contexto no qual, a rigor, tudo lhes seria contrário. Pois, se as estratégias de contenção que passam a prevalecer desaconselham o indivíduo nivelado a olhar para frente, elas não o impedem de olhar reiteradamente apenas para dentro de si mesmo ou para cima – dois olhares, no fundo, solidários.

---

46. Numa direção semelhante, ver S. Doubrovsky (1982, p. 267).

Quando o universo exterior se torna irredutível à afirmação de si característica da moral de relevo, o sujeito se interioriza. "O homem sensato evita às vezes o mundo, com medo de se aborrecer" (La Bruyère, 1965, V, § 83). É o momento que convida, assim, a encenar "essa tristeza majestosa que faz o inteiro prazer das tragédias" (Racine, 1999, "Prefácio" a Bérénice, p. 450). A admiração pelos feitos dos melhores entre nós torna-se idealização literária do herói e deleite com a abstração personificada por ele fora do mundo real. "Que Corneille, reacendendo sua audácia, seja novamente o Corneille do *Cid* e de *Horácio*",[47] reivindica N. Boileau em 1674. Assimilação idêntica comparece entre os partidários de Corneille. Admitindo que o gênio de Corneille não se realiza perfeitamente nas tragédias de corte, o abade de Villiers deseja vê-lo escolhendo um projeto ilustre no qual, "não tendo de representar as ternuras do amor, pudesse entregar-se inteiramente aos sentimentos heroicos, pois nisto reside propriamente seu caráter" (Abbé de Villiers, *Entretien sur les tragédies de ce temps* [1675] *apud* Mongrédien, 1972, p. 262/263). E ei-lo, assim, reabilitado junto ao público: "digo-vos que Corneille está novamente na moda", adverte a duquesa de Orleans em dezembro de 1777,[48] enquanto Mme. de Sévigne regozija-se com o fato de que, conforme notícias que seu filho lhe envia de Fontainebleau, novamente "as comédias de Corneille

---

47. ["*Que Corneille, rallumant son audace, soit le Corneille du Cid et d'Horace*"] (Boileau, *Art poétique* [1674] *apud* Mongrédien, 1972, p. 257). Nas *Réflexions critiques sur Longin* (1674), Boileau é mais severo: todo o mérito de Corneille, afirma aí, "se reduz a oito ou nove peças de teatro que se admira e que são, se for preciso falar assim, como o meio-dia de sua poesia, diante do qual o oriente e o ocidente não têm valor algum" (ver Mongrédien, 1972, p. 256). Na mesma direção do *topos* do "velho" Corneille, Racine dirá em suas memórias sobre a polêmica em torno das duas versões da história romana de Berenice: "Corneille não era mais o Corneille do *Cid* e dos *Horaces*, havia se tornado o autor de *Agésilas*" (Racine, *Mémoires* [1885] *apud* Mongrédien, 1972, p. 255).
48. Carta de 29 de dezembro de 1677 (*apud* Mongrédien, 1972, p. 266). Com efeito, o *Mercure Galant* de março de 1678 atesta que a nova montagem de *Polieuto*, recém-encenada, recebeu "aclamações extraordinárias" (*Mercure Galant* de março de 1678 *apud* Mongrédien, 1972, p. 267).

seduzem toda a corte".[49] As estatísticas confirmam: entre 1680 e 1700, os dramas de Corneille tiveram 127 encenações diante dos cortesãos.[50]

---

49. Para Mme. de Sevigné, ver Mongrédien (1972, p. 271).
50. *Registres de la Comédie Française* (*apud* Mongrédien, 1972, p. 274).

CAPÍTULO II

Pascal e o indivíduo nivelado

"Agora, porém, não sou mais eu que faço isso,
mas o pecado que habita em mim"
(São Paulo, Epístola aos Romanos, 7: 17)

I

Viu-se que tanto o herói cornelliano quanto o virtuoso cartesiano atuam no sentido de instaurar ordem ali onde prevalece a arbitrariedade do mecanismo e a contingência da matéria. Ambos têm de responder ao desafio prático representado pela adversidade de um mundo que, embora admita receber a forma e o sentido produzidos pela liberdade do indivíduo, poderia seguir sem eles. Na longa duração, essa performance moral difere muito de um ideal que se tornaria mais familiar a nós. Para a moral do relevo de Corneille e Descartes, ser livre não é igualar-se a todos os agentes por meio da universalização de nossas máximas subjetivas; é, antes, singularizar-se como indivíduo melhor que os outros em função do uso que se faz da vontade e do entendimento diante da plasticidade inicial que o mundo revela a nossos olhos. Concepção que, como observado, se liga a formas de conduta valorizadas pela primeira ética cortesã e pela moral da aristocracia, cujo ideário circulava na França até meados do século XVII.

Entretanto, tão logo o discurso seja questionado como instrumento de medida e de afirmação da subjetividade, a ordenação que ele assegurava será subvertida por elementos que se viam, até ali, distribuídos sob a representação que o agente era capaz de fazer de si e do mundo. Com essa passagem, o ideal operante em Descartes dá vez a outra forma de reflexão, recuada em relação à evidência e duplicada como ceticismo que desacredita o ideal clássico de sabedoria. "A verdadeira eloquência zomba da eloquência, a verdadeira moral zomba da moral" (Pascal, 1963, LA. 513/Br. 370). Um passo indispensável à aparição de uma subjetividade inédita: através da polêmica que Pascal e os autores ligados a Port-Royal abriram com Corneille e Descartes, surge a figura de um indivíduo incapaz de empreender, por meio da vontade e do entendimento, a unidade buscada entre conhecimento e sabedoria. Se porventura esse novo sujeito for detentor de uma verdade, esta só poderá alojar-se na profundeza de seu ser, naquilo que possui de mais íntimo e inexplicável, ou na imaginação, da qual a razão fica a reboque. A desproporção entre o ser humano e a natureza torna-se, com isso, o primeiro princípio.

Uma extensa reflexão que integra *Os pensamentos* de Pascal faz desse tema seu motivo principal. Trata-se do fragmento LA 199/Br. 72. Lê-se aí que, "antes de entrar em maiores pesquisas sobre a natureza", convém deter-se sobre a maneira como conhecemos as coisas (Pascal, 1963, LA 199/Br. 72). Enganar-se-ia quem esperasse encontrar nisto a versão pascaliana das regras para a direção do espírito na sua busca pela verdade. Não que Pascal recuse valor às ciências. O "Prefácio sobre o tratado do vácuo" (c. 1651), por exemplo, contém uma defesa da invenção, e isso não apenas na geometria e na aritmética, como também na física e nas demais ciências experimentais – cuja renovação, de resto, contou com entusiasmo e contribuições significativas de sua parte. O fragmento LA 199/Br. 72 não comporta qualquer revisão neste sentido. Mas uma coisa é aderir ao valor do experimento como ocasião de verificação ou falseamento de hipóteses, sem a qual não há progresso científico; outra, ir além de sua utilidade e procurar inscrever seus resultados em um plano de princípios no qual a invenção pretende operar como redescoberta, pelo sujeito, da estrutura do mundo – uma suposição que, aos olhos de Pascal, havia sido personificada por Descartes. Essa pretensa captura do real pela ciência assumia a premissa de que, em direito, o conhecimento da realidade é possível, o erro, contornável; valia a isomorfia de princípio entre intelecto e natureza, refletida na confiança no discernimento e na liberdade do investigador. De fato, era disso que se assegurava Descartes nas *Meditações metafísicas*, selando o compromisso, postulado desde as *Regras para a direção do espírito*, entre a explicação física e a demonstração metafísica dos princípios. Exatamente o que será recusado pela opção anticartesiana de Pascal, apresentada no fragmento LA 199/Br. 72.

O aforismo em pauta inicia com o propósito deliberado de produzir no leitor o sentimento da desproporção. Se Pascal toma a via contrária do "simples natural", é porque o interlocutor a que ele se dirige se habituou a crer ser capaz de conhecer os extremos. Esse interlocutor não é o cientista, cuja prática, no entender de Pascal, dispensa o conhecimento inatingível dos primeiros princípios. Tal interpretação acerca da ciência, da qual Pascal lança mão sem maiores justificativas, recebe sua explicação de outros textos, conforme os quais tal "pragmatismo" faz sentido exatamente porque a ordem natural, longe de poder ser discernida pelo homem, encerra-se em si mesma. "[Ordem]. A natureza pôs todas as suas verdades cada uma em si mesma; nossa arte encerra-as umas nas outras, mas isso não é natural; cada qual ocupa seu lugar" (B. Pascal, 1963, LA 684/ Br. 21). Por outras palavras, é recomendável abrir mão da premissa do isomorfismo entre a ordem do sujeito e a ordem das coisas, uma vez que a condição humana não é capaz de apreender a ordenação interna das coisas. Daí que o deslocamento na direção do mínimo e do máximo, proposto de início no fragmento LA 199/Br. 72, opere uma redução por absurdo do empreendimento especulativo de ida aos primeiros princípios. Constatar que a análise permanece infindável enseja, nesse contexto, a pergunta pela nossa condição no plano cosmológico: "Que é um homem dentro do infinito?" (Pascal, OC., 1963, LA 684/Br. 21).

Sigamos o texto. Tudo o que somos capazes de abarcar pela vista e, para além disso, conceber pela imaginação, é ínfimo diante da "amplidão da natureza", da qual "nenhuma idéia se aproxima". "Por mais que expandamos as nossas concepções para além dos espaços imagináveis, não geramos senão átomos em comparação com a realidade das coisas" (*ibid.*).[1] A atividade cognitiva, depreende-se daí, esbarra no obstáculo representado pela diferença irredutível entre a ordem do conhecimento e a ordem das coisas; ao invés delas, "não geramos senão átomos", acreditando, todavia, conhecê-las. Pascal recorre a metáforas de grandeza a fim de caracterizar a diferença entre as duas ordens em questão, sugerindo tratar-se não de uma diferença de direito, mas de fato: não há, embora pudesse haver ou já tenha havido, escala entre nossas concepções finitas e a realidade infinita das coisas. Quer se trate do máximo obtido por ampliação ou do mínimo obtido por análise, nos dois casos, não bastasse o fato de que jamais se chega a um termo último, a não ser por uma decisão arbitrária, a simples fixação do rumo investigativo ao máximo ou ao ínfimo faz com que as possibilidades de totalização jamais coincidam com a totalidade real. Os dois pontos estão ligados: é o caráter infindável da análise o que impõe a escolha de um rumo e, no movimento imposto por ele, a fixação de um termo que opera como medida da divisão. Assim, a razão da incomensurabilidade entre as duas ordens, a nossa e a das coisas, deve-se aos limites e à arbitrariedade da mensuração humana, que prolifera os pontos a partir dos quais o espírito limita e determina o que é conhecido. Pascal o demonstra promovendo o deslocamento do padrão de medida, que ora revela a pequenez, ora a magnitude do observador humano: "quem não admirará que nosso corpo, que há pouco nem era perceptível no universo, ele próprio imperceptível no seio do todo, seja agora um colosso, um mundo, ou melhor, um tudo comparado com um nada a que não se pode chegar" (Pascal, 1963, LA 199/Br. 72). Um "mundo" ou um "todo", convém sublinhar, concebidos pelo observador.

Por aí já se vê que as totalizações obtidas pela razão são invariavelmente relativas. Pois a variação trai uma segmentação dos *cognata* intrínseca à escolha de algum ponto de vista a partir do qual se ordena a realidade, o que torna impossível "compreender os extremos". Inversamente, a arbitrariedade da escolha do núcleo por referência

---

1. Para outra interpretação desse passo, ver G. Olivo (2006).

ao qual os conhecimentos poderiam adquirir uma articulação e um sentido já é motivada pela desproporção que as extremidades assumem para nós: "elas nos escapam e nós a elas" (Pascal, 1963, LA 199/Br. 72). Desse modo, aquilo que torna possível alguma ciência exclui por princípio a sabedoria universal:

> Por não terem contemplado sobre esses infinitos, os homens se lançaram temerariamente à procura da natureza, como se com ela mantivessem alguma proporção.
> É coisa estranha terem querido compreender os princípios das coisas e daí chegar ao conhecimento de tudo, por uma presunção tão infinita quanto o seu objeto (Pascal, 1963, LA 199/Br. 72).

II

Nossa faculdade infinita de variar perspectivas e, por meio disso, contemplar infinitos torna-se, desse modo, prova da desmedida entre o homem e a natureza e, ao mesmo tempo, a condição de possibilidade do nosso saber, sempre relativo.[2] Paradoxo? Feitas as contas, e a despeito da positividade das ciências, o homem permanece sendo um ser inscrito em um todo que integra e ignora: *ser parte* e *ser à parte* coincidem na condição em que ele se encontra de *égaré*, "extraviado", "desencaminhado" – uma condição cujo comentário conduz à determinação da natureza humana no regime da criação e do pecado original. A imagem comparece em outros autores do período, igualmente ligados a Port-Royal. Um exemplo: no "Discurso preliminar" anônimo e hoje atribuído a La Chapelle-Bessé da primeira edição

---

2. "Longe de ser, neste caso, garantia de verdade ou sinal de nossa comunicação com o Verbo divino, a 'clareza' dos princípios é, pois, relativa ao alcance limitado de nosso campo de visão. Os princípios não são nunca as *primeiras* verdades *em si*, mas simplesmente proposições, estrategicamente úteis, que decidimos adotar como fundamento de investigação – e testemunham antes nossa miopia do que nossa penetração" (Lebrun, 1983, p. 32).

das *Máximas* (1665) de La Rochefoucauld (1613-1680), são mencionados os Pais da Igreja. Não foram eles os primeiros a estabelecer que "todas as nossas virtudes, sem o socorro da fé, não são senão imperfeições; que nossa vontade nasceu cega; que seus desejos são cegos, sua conduta ainda mais cega, e que não devemos estranhar se, em meio a tanta cegueira, o homem se encontre em um extravio contínuo?"[3] O interesse do tema do extravio reside em que, por meio dele, as objeções à metafísica cartesiana apresentadas por Pascal são ligadas à discussão que ele já havia feito sobre a conversão do pecador no manuscrito cuja data de redação Louis Lafuma situa no fim de 1653. Não bastasse a recorrência das figuras, a estrutura que as apresenta é similar, o que enseja cotejá-los. Isso possibilitará lançar luz sobre a posição de Pascal acerca da condição humana.

O convertido, afirmava este texto, "começa a conhecer Deus e deseja chegar a ele", mas ignora como fazê-lo; ele se vê na mesma situação de uma pessoa que, "desejando chegar a algum lugar, tendo perdido o caminho e conhecendo seu extravio", recorre àqueles que poderiam auxiliá-lo (Pascal, 1963, *Conversão*, p. 291). Admitir a própria perdição é uma etapa da conversão, tarefa de natureza reflexiva[4] que também promove, ao modo do exercício que irá realizar Pascal no início do fragmento LA 199/Br. 72, uma mudança de atitude. Com esta diferença decisiva: no caso do pecador em via de converter-se, o deslocamento é elevação que possibilita à alma humana entrever, embora jamais sob a forma do saber especulativo, o verdadeiro termo último. Mas isso requer que a consciência da desmedida da razão com as coisas seja aprofundada sob a forma da autoanulação de si:

> Daí procede que ela [a alma] comece a considerar como um nada tudo o que deve retornar ao nada, o céu, a terra, seu espírito, seu

---

3. "Discours de La Chapelle-Bessé" *in* La Rochefoucauld (1980, p. 391).
4. A razão humana, "auxiliada pelas luzes da graça, o faz conhecer que nada há de mais amável que Deus, e que ele só se ausenta daqueles que o rejeitam, pois possuí-lo é desejá-lo, e refutá-lo é perdê-lo" (Pascal, 1963, *Conversão*, p. 291).

corpo, seus parentes, seus amigos, seus inimigos, os bens, a pobreza, a desgraça, a prosperidade, a honra, a ignomínia, a estima, o desprezo, a autoridade, a indigência, a saúde, a doença e a própria vida (Pascal, 1963, *Conversão*, p. 290).

Poder-se-ia, tendo em vista o texto de LA 199/Br. 72, acrescentar a esta longa relação de valores também as ciências. Pascal (1963, *Conversão*, p. 290) mencionava-as de passagem em *Sobre a conversão do pecador*, ao enumerar os bens temporais que, podendo ser reunidos pela alma em sua trajetória terrena – "seja ouro, seja ciência, seja reputação" –, se definem pela transitoriedade. É certo que os dois textos visam personagens distintos: ao invés de contentar-se em fazer "que nossa imaginação se perca neste pensamento" do infinito (Pascal, 1963, LA 199/Br. 72), o manuscrito sobre a conversão comenta uma elevação cuja base reside no sentimento oposto à presunção especulativa combatida em LA 199/Br. 72. Pois somente por meio de "uma santa humildade" a alma humana "se põe à busca do verdadeiro bem" (Pascal, 1963, *Conversão*, p. 290). Fazê-lo, em todo o caso, é reaver, mas sob o modo da aceitação e da abertura para a graça, a mesma situação de desproporção que LA 199/Br. 72 visa produzir no leitor, a fim de transformar "sua curiosidade em admiração" (Pascal, 1963, LA 199/Br. 72). Após considerar Deus "nas imensidades que ela multiplica", a alma, esgotadas as suas forças, "o adora em silêncio". Só assim a consciência da desmesura do ser humano em relação ao universo criado, ponto de partida do giro representado pela conversão, poderá tomar o lugar da miragem especulativa, que, insistindo em subordinar as ciências a um presumido conjunto de primeiros princípios (cuja certeza, como supôs Descartes, remontaria ao *cogito*), perde de vista que a pertinência da prática científica decorre justamente da desproporção vigente entre o homem e a natureza. Afinal, a ciência vale por ser aquilo que está ao alcance de nossa finitude, cujo limite mal se pode avaliar, conforme não cessa de advertir a precipitação ao infinito engendrada pela imaginação.

Isso não é tudo. A leitura conjunta desses dois textos traz para o primeiro plano uma conclusão com implicações para a moral e a política. Pois tudo faz crer que o argumento que o texto de LA 199/Br. 72 aplica à interpretação especulativa da ciência obedece ao mesmo princípio que pauta a consideração dos bens intramundanos em *Sobre a conversão do pecador*. Nos dois casos, a iteração por meio da qual a imaginação perde a si mesma no infinito relativiza o valor de que são habitualmente investidas as práticas humanas cotidianas, sejam científicas, sejam morais. No texto sobre a conversão, essa relatividade acena ao agente com uma alternativa à totalização especulativa almejada pela metafísica tradicional, uma vez que, no âmbito dos assuntos tradicionalmente reservados à cosmologia e à teologia, as prerrogativas da metafísica especial veem-se anuladas em proveito da religião. Trata-se da via aberta pela graça, por intermédio da qual, ao pecador que pôs de lado os valores temporais, é dada a chance de penetrar "nas grandezas de seu Criador" (Pascal, 1963, *Conversão*, p. 291). *Sub specie aeternitatis*, os valores mundanos tornam-se evanescentes: a elevação da alma em via de converter-se faz com que essa mesma alma considere "as coisas perecíveis como perecendo e mesmo já perecidas" (p. 290). E poderia ser diferente? Apenas o filósofo especulativo crê haver escala entre felicidade mundana e felicidade eterna. E, imaginando formular essa proporção, ele interpreta em termos assimiláveis pela razão a totalidade de sentido sob a qual todos os seres e coisas, enquanto criaturas, estão misteriosamente subsumidos. Mas, desde o "Prefácio ao tratado sobre o vácuo" (1651), Pascal invocava, contra tal presunção, a autoridade da teologia e dos livros sagrados, cujos princípios "estão acima da natureza e da razão" – princípios que só podem ser atingidos caso o espírito seja levado por uma força todo-poderosa e sobrenatural. A autoridade e a razão gozam, portanto, de jurisdições distintas: "Elas possuem seus direitos separados: há pouco [i.e., nas matérias de religião], uma possuía todas as prerrogativas; aqui, é a outra que agora reina" (Pascal, 1963, *Sobre o vácuo*, p. 230). Percebe-se que a insuficiência do homem, implicada na queda, não desabona as ciências. Ao contrário, assegurar o alcance local da razão[5] passa por reiterar o valor relativo e transitório cabível às invenções e às descobertas científicas, concedendo-lhes a função de instrumentos em posse dos quais a humanidade pode ver mais longe ali onde, de fato, é possível alguma proporção entre o ser humano e o que ele se põe a investigar – numa palavra, quando se está às voltas com "objetos que caem sob os sentidos ou o raciocínio".

III

Idêntica conclusão vale para o corpo de valores que pautam a vida moral e política. Glória, estima, respeito, autoridade – ao contrário do que se poderia pensar, estes e outros elementos, caros à ética aristocrática, não encerram qualquer valor absoluto. Não obstante, permanecem sendo instrumentos indispensáveis à vida social na medida em que compõem o código por referência ao qual esta última admite alguma ordenação e uma rotina que, embora relativas, permanecem sendo imprescindíveis. O ponto é ilustrado pela discussão sobre o direito de passagem:

> Como se faz bem em distinguir os homens pelo exterior, e não pelas qualidades interiores! Qual de nós dois passará primeiro? Quem cederá o lugar ao outro? O menos hábil? Mas eu sou tão hábil quanto ele. Será preciso nos batermos por isso. Ele tem quatro lacaios e eu só

---

5. Na linha de P. Mesnard e C. Chevalley e convergindo com nossa interpretação de LA 199/82, L. F. Pondé (2004, p. 67) insiste sobre o caráter artificial, convencional e pragmático da epistemologia pascaliana – o que inclui admitir o caráter localizado de sua atuação como a única maneira de reduzir a "flutuação de sentido" associada à equivocidade espontânea da linguagem. "Geometria para Pascal é um procedimento para encontrar, artificialmente, a '*univocité*' local nos limites internos da linguagem".

tenho um. Isso é visível: basta contar; cabe-me ceder e sou um tolo se contesto. Eis-nos em paz por esse meio; o que é o maior dos bens.[6]

Como se depreende daí, Pascal retira da abordagem do mundo social conclusões análogas àquelas que orientam sua concepção sobre as ciências; ensaiaremos, adiante, identificar o que permite reunir, sob um esquema similar, essas duas regiões da positividade. Por ora, sigamos sua análise, ressaltando certos aspectos de sua filosofia prática. Assumida a heterogeneidade entre a ordem humana e a ordem das coisas, o princípio de estabilização das condutas vale por seus resultados, não por sua verdade. A rigor, nem se deveria falar em "verdade" ali onde "se vão sucedendo as opiniões a favor ou contra conforme a luz que se tem" (Pascal, 1963, LA 90/Br. 337). A impossibilidade de uma visão completa – "os primeiros princípios têm evidência demais para nós", adverte LA 199/Br. 72, o que impede de apreendê-los corretamente – conduz a uma reinterpretação do regime de visibilidade, caro não apenas ao *intuitus* cartesiano, assim como ao sistema social da cortesania. Os signos exteriores, antes tomados como expressão da grandeza da alma e, nessa medida, como depositários do valor moral da pessoa, revelam agora dispor de um estatuto simplesmente instrumental. O que não quer dizer que se possa prescindir deles; ao contrário, sem esses sinalizadores, a sociedade não poderia ser normalizada. A questão da ordem, já se vê, permanece central; altera-se, contudo, a compreensão de sua origem, de seu alcance e de sua natureza.

A começar porque louvar essa normalização, por tudo que ela possibilita em sua grande simplicidade ("basta contar", diz o texto sobre quem possui o direito de passagem), não impede Pascal de registrar seu caráter arbitrário e irrazoável. Com efeito, nos "Três discursos sobre a condição dos poderosos", redigidos em 1660 e que figuram entre os "Opúsculos" na edição de Lafuma, Pascal insiste em

---

6. Esse fragmento, de número 319 na edição de Brunschvicg-1904 (trad. S. Milliet, 1982), tampouco possui equivalente na edição de L. Lafuma (1963).

recordar que as grandezas de estabelecimento – isto é, as "dignidades" e "a nobreza" – não coincidem e nada têm a ver com as grandezas naturais:

> Às grandezas de estabelecimento, devemos respeito de estabelecimento, isto é, certas cerimônias exteriores que devem ser acompanhadas, segundo a razão, de um reconhecimento interior da justiça dessa ordem, mas que não nos fazem conceber nenhuma qualidade real naqueles que honramos dessa forma. [...] Pelo fato de serdes duque, não é necessário que eu vos estime; mas é necessário que vos saúde (Pascal, 1963, *Três discursos*, p. 367; trad., p. 84).

É tentador cogitar, levando em conta essas palavras, no papel precursor de Pascal para a formação do dispositivo crítico que será mobilizado pela inteligência esclarecida contra a hierarquia dos Estados no Antigo Regime. Com efeito, ao interpretar a estruturação da vida social com base no alcance normalizador da imaginação – pois, outra vez, é dela que se trata: se as grandezas naturais são "independentes da fantasia dos homens" (Pascal, 1963, *Três discursos*, p. 367; trad. p. 84), bastaria "um outro giro da imaginação naqueles que fizeram as leis" para que os poucos ricos de hoje se tornassem os pobres de amanhã (Pascal, 1963, *Três discursos*, p. 366; trad. p. 81) –, não se está a um passo de decretar a legitimidade de sua revolução em favor de outro ideário político, fincado sobre critérios que façam jus à igualdade natural dos homens? Pascal conclui assim o "Primeiro Discurso":

> [...] todos os arrebatamentos, toda a violência e toda a vaidade dos poderosos provêm de não saberem o que são: os que se vissem interiormente como iguais a todos os homens, e que estivessem muito persuadidos de que nada possuem neles próprios que justifique as pequenas vantagens que Deus lhes concedeu, dificilmente tratariam com insolência os outros (Pascal, 1963, *Três discursos*, p. 367; trad. p. 82).

Pouco mais de cem anos bastarão para que Luísa, a heroína burguesa de *Intriga e amor* (1784), de F. Schiller (2005, p. 19), afirme: "quando a barreira da desigualdade cair – quando esta odiosa diferença de condição se descolar de nós como uma casca – e os homens forem apenas homens – eu não levarei nada comigo a não ser minha inocência." Embora compreensível, a inclinação em reportar esses dois textos a um único esquema conceitual, do qual eles parecem assinalar, como fim e começo, os dois extremos, deve ser acompanhada de uma ressalva quanto à diferença das perspectivas em jogo: para Pascal, a condição humana é marcada pela queda, cuja redenção, ao insular-se no tema da graça, veta toda função utópica à imaginação. Esta última é acolhida e louvada por Pascal em vista de sua eficácia normalizadora, não devido a sua função transgressora e subversiva – que é confinada, nos *Pensamentos*, à desordem que ela promove por conta do amor-próprio (ver Oliva, 2020). Se existe, aqui, alguma convergência – os dois textos integram o amplo processo de questionamento da legitimidade das ordens em que se fundava a distinção cortesã –, seu registro deve ser acompanhado da ressalva de que a imaginação só se tornará utópica a partir do Esclarecimento.

IV

A tese de Pascal acerca do caráter normalizador da imaginação associa-se ao reconhecimento de que ali, onde se enxergava uma ordem a ser descoberta pela razão aliada à vontade, o que há, de fato, é apenas o anseio humano de preencher o vazio e o infinito impostos pela queda. "Somos incapazes de não desejar a verdade e a felicidade e somos incapazes de certeza e de felicidade. Esse desejo nos é deixado tanto para nos punir como para fazer-nos sentir de onde caímos" (Pascal, 1963, LA 401/Br. 437). A arbitrariedade dos signos – que, nas ciências, permite à razão ordenar e progredir – normaliza condutas no âmbito prático sem, por isso, dissipar a contrariedade intrínseca aos seres humanos, defrontados a todo tempo com a consciência do que perderam por conta do pecado original. "A grandeza do homem é grande por ele conhecer-se miserável; uma árvore não se conhece miserável. É então ser miserável conhecer-se miserável, mas é ser grande conhecer que se é miserável" (Pascal, 1963, LA 114/Br. 397).

Visto que a grandeza passa pelo reconhecimento da condição da miséria, atingi-la ganha um sentido inédito. Tornar-se digno de estima deixa de pertencer ao imaginário heroico, posto que não há por que provar aos outros ou a si mesmo o que quer que seja. A "grandeza" está exatamente em sentir-se "miserável" – e cabe indagar se, ao inscrever o ideal moral aristocrático da grandeza na remissão permanente a seu contrário, a miséria, Pascal não suprime de vez seu significado clássico – como exige, na verdade, sua assimilação à apologia da religião cristã, projetada n'*Os pensamentos*. A grandeza do homem, diz Pascal, é análoga à de um rei deposto. "Até mesmo essas misérias todas provam a sua grandeza. São misérias de grande senhor. Misérias de um rei deposto" (Pascal, 1963, LA 116/Br. 398). Não surpreende, por isso, que muitos prefiram ignorar a si mesmos; se há pouca gente que estuda o homem, a explicação para isso está em que "é melhor ignorar-se para ser feliz" (Pascal, 1963, LA 687/Br. 144). "O homem não sabe em que posição se colocar, está visivelmente extraviado <égaré> e decaído de seu verdadeiro lugar sem poder reencontrá-lo. Busca-o por toda a parte com inquietação e sem sucesso em meio a trevas impenetráveis" (Pascal, 1963, LA 400/Br. 427).

Apenas a religião cristã, como união do indivíduo com o corpo místico de Cristo, fornece a saída. Mas é uma saída exigente, uma vez que "desvenda esse princípio de que a natureza humana é corrompida e decaída de Deus" (Pascal, 1963, LA 400/Br. 427). O epicentro dessa corrupção sendo o amor-próprio que tudo reconduz ao "eu", o caminho da religião requer o aniquilamento de si mesmo:

> A verdadeira e única virtude está, pois, em odiar a si mesmo, pois se é odiável pela concupiscência, e em buscar um ser verdadeiramente amável para amar. Mas como não podemos amar o que está fora de nós, é preciso amar um ser que esteja em nós, e que não seja nós. E

isso é verdade de cada um dos homens. Ora, só há o ser universal que seja tal. O reino de Deus está em nós. O bem universal está em nós, é nós mesmos e não é nós (Pascal, 1963, LA 564/Br. 485).

Naturalmente, a conversão à autêntica religião não poderá contar com a razão – mas tampouco carece dela. Se há decisão neste assunto, ela pertence ao coração, ora arrastado para si mesmo, ora para Deus: "ele [o coração] se endurece contra um ou outro conforme a sua escolha" (Pascal, 1963, LA 423/Br. 277). Uma escolha somente possível a partir do amor concedido pela divindade aos homens: Deus "inclina-lhes o coração a acreditar" (Pascal, 1963, LA 380/Br. 284). Mas o "eu", em contrapartida, busca dissimular a si mesmo a condição de apartado que o torna inconstante e infeliz. O divertimento origina-se, assim, como tentativa de contornar a vacuidade das coisas terrenas – mas, ao preencher a vida com efemeridades, aprofunda o mal para o qual quer ser o remédio:

> Eles [os homens] têm um instinto secreto que os faz buscar o divertimento e a ocupação exterior, que vem do sentimento de suas misérias contínuas. E têm outro instinto secreto que restou da grandeza de nossa natureza primeira, que os faz conhecer que a felicidade não está de fato senão no repouso e não no tumulto.
> [...] Assim se escoa toda a vida; procura-se o repouso combatendo alguns obstáculos e, se eles forem superados, o repouso se torna insuportável pelo tédio que gera. Faz-se necessário sair e mendigar o tumulto (Pascal, 1963, LA 136/Br. 139).

Não é difícil imaginar os efeitos que a admissão deste partido produziu sobre o ideal decantado na dramaturgia de Corneille e na moral cartesiana. No esquema psicológico e moral clássico, o indivíduo virtuoso se mostrava capaz de dirigir suas paixões a partir das resoluções da vontade em concurso com o entendimento. Ao exercício da liberdade correspondia não a execução mecânica de uma medida prévia, mas a instauração de uma ordem a partir da iniciativa e da responsabilidade do agente – mesmo ali onde essa ordem se mostrasse trágica. Mas essa exigência não desabonava as virtudes do agente; ao contrário, tornava sua tenacidade e resolução admiráveis. É significativo que Medeia, personificação por excelência do *héros noir*, tenha aversão à desordem (Corneille, 1980, p. 585; *Medeia*, v. 1.275); o infanticídio, assim como os assassinatos de Creusa e Creonte, integra a "grande empresa" (v. 1.302), o "espetáculo de horror" (v. 1.468) arquitetado diligentemente por ela contra Jasão. Medeia surge como confirmação pelo avesso da autoridade última que Corneille confere à reflexão diante de toda e qualquer inclinação que representasse desvio. Esta lei aplica-se mesmo à incondicionalidade do amor maternal, que, momentaneamente, bloqueia a protagonista: "Nada executo, e minha alma aflita/ Entre duas paixões mantém-se suspensa" (Corneille, 1980, p. 585).[7] Mas a confusão diante do objetivo de sacrificar os filhos para atingir Jasão, ao invés de representar o limite intransponível às prerrogativas da vontade, dá vez ao alargamento do âmbito de sua eficácia; se a razão hesita, a resolução de vingar-se irá deslocar-se dela para terminar alojando-se no corpo: "Não deliberemos mais, meu braço decidirá" (*ibid.*).[8] Também aí encontramo-nos sob as prerrogativas da resolução. O caso limite do matricídio faz com que a vontade, para solucionar sua contradição interna, se aloje temporariamente no âmbito corporal, que irá decidir por ela. Mas essa extensão mantém inalterada a premissa conforme a qual o espírito é forte sempre que fizer valer sua determinação, ainda que, para isso, esta tenha de corporificar-se.

Admita-se, ao contrário, que o corpo, ao invés de receber as determinações da vontade ou mesmo tornar-se *in extremis* o núcleo de sua afirmação, é o sujeito de uma tendência ou disposição próprias, a princípio alheias à lógica deliberativa; admita-se que o corpo, em suma, impõe sua lógica à natureza humana e que esse domínio se

---

7. ["*Je n'exécute rien, et mon âme éperdue / Entre deux passions demeure suspendue*"] (*Médée*, V, 1, vv. 1.373-1.374).
8. ["*N'en délibérons plus, mon bras en résoudra*"] (*Médée*, V, 1, v. 1.375).

exprime, em termos psicológicos, pelo fato de que a imaginação desempenha um papel determinante na elaboração de nossas ideias (McKenna, 2004, p. 83 ss.); neste caso o que mais poderá restar da premissa sobre a qual assentava a ação heroica de Corneille ou a ação do indivíduo virtuoso de Descartes? "A força e a fraqueza do espírito acham-se mal denominados; na verdade, nada mais são que a boa ou má disposição dos órgãos do corpo" (La Rochefoucauld, 1980, M 44). Segundo La Rochefoucauld, a disposição, assim como o humor, admite um regramento próprio, que não apenas resiste à vontade, como também incide sobre ela:

> Os humores do corpo têm curso ordinário e regrado, que imperceptivelmente nos move e torce a vontade; caminham juntos e sucessivamente exercem sobre nós secreto império, de modo que, sem que saibamos, têm parte considerável em todas as nossas ações (La Rochefoucauld, 1980, M 297).

Vida corporal e vida moral, depreende-se daí, obedecem a ciclos indiferentes ao juízo deliberativo sobre o qual se assentava a liberdade do herói clássico: "As doenças da alma têm recaídas, como as do corpo, e o que tomamos por cura é muitas vezes somente intervalo ou troca de mal" (La Rochefoucauld, 1980, M 193). "Os defeitos da alma são como as feridas do corpo: por mais que cuidemos de curá-las, a cicatriz sempre aparece, e corre o risco de se reabrir" (M 194). A alma é como o corpo, o que destitui a vontade da eficácia ordenadora que lhe havia sido tradicionalmente atribuída em relação às paixões, ameaçando suprimir as distinções morais baseadas no uso pessoal da liberdade. Ao invés de resultar do uso do juízo associado à direção de uma vontade capaz de fazer frente à exterioridade, o êxito do agente passa a depender do acordo fortuito entre duas ordens de necessidade: o acaso e a disposição natural. "A fortuna e o humor governam o mundo" (M 435). "A concupiscência e a força são as fontes de todas as nossas ações. A concupiscência faz as voluntárias; a força, as involuntárias" (Pascal, 1963, LA 97/Br. 334). Para se formar uma ideia da modificação em curso, é útil recorrer outra vez à comparação com Corneille (1980, p. 569) e recordar as palavras com que Medeia respondia à sugestão de Jasão de submeter-se à fortuna: "Esse corpo não contém alma assim tão comum, / Jamais me afligi por ser ela a ditar minha lei, /E minha fortuna sempre dependeu apenas de mim."[9]

V

A rigor, o acaso apenas reduplica, de fora, a determinação que pesa sobre o ser humano a partir de si mesmo. Pois são os caprichos do humor, muito mais do que as circunstâncias externas, o fator que compromete a autodeterminação do agente. "São os caprichos do humor ainda mais estranhos que os da fortuna" (La Rochefoucauld, 1980, M 45).

Zayde, romance espanhol de Mme. de La Fayette publicado em 1670 – e que teve entre seus colaboradores La Rochefoucauld, que acompanhou sua redação e provavelmente participou em alguma medida dela[10] – ilustra bem a nova ordem. Ambientado em uma costa litorânea da Espanha, longe de tudo e de todos, em que dois nobres – Consalve e D. Alphonse –, após se reunirem casualmente, relatam um ao outro suas desventuras, o romance, seguindo a forma tradicional, reúne diversas histórias independentes. Iremos nos ater a uma delas, que ocupa um trecho no meio da primeira das duas partes do livro, em que D. Alphonse expõe a Consalve os acontecimentos que findaram por conduzi-lo a procurar uma vida solitária naquele sítio deserto.

---

9. ["*Ce corps n'enferme pas une âme si commune, / Je n'ai jamais souffert qu'elle me fit la loi, / Et toujours ma fortune a dépendu de moi*"] (*Médée*, III, 3, vv. 894-896).
10. Além de La Rochefoucauld, Mme. de La Fayette contou com a colaboração de P.-D. Huet (1630-1721), que revisou e prefaciou a obra com o *Tratado sobre a origem dos romances*; J. R. Segrais (1624-1701), que, além de redigir extratos, assinou o texto. Veja-se a "Notícia" de Camille Esmein-Sarrazin na edição da Pleâide (La Fayette, 2014, p. 1.252 ss.).

Narrador e protagonista da história, D. Alphonse relata que, quando ainda habitava Navarra, havia decidido não entregar seu coração a ninguém, mas as coisas mudaram quando conheceu Bélasire, uma jovem na corte – ela que, de início, também era avessa à ideia de casar-se. As motivações, porém, são inversas: D. Alphonse decidira-se contra o matrimônio devido à conjunção entre a inconstância das mulheres e seu ciúme. Bélasire, por jamais ter tido real inclinação por ninguém. O ponto de partida reside neste cruzamento: ela só poderia casar-se caso fosse tocada por "um amor violento" (La Fayette, 2014, *Zayde*, p. 158); ele, ao contrário, compreende a entrega amorosa como uma derrota pessoal, uma renúncia à razão. Sob esse aspecto, D. Alphonse personifica a ruptura com o ideal cortesão tradicional, que mantinha unidas duas ordens que, como é comum nos heróis de Mme. de La Fayette, travam um conflito entre si. O enlace (difícil, mas almejável) entre virtude e amor de que davam exemplo Rodrigo e Ximena cede o passo ao conflito permanente causado pela cisão interna entre razão e sentimento. É que o ser humano, como afirma Pascal (1963, LA. 45/Br. 83), é "um sujeito cheio de erro natural, e inapagável sem a graça"; nele, razão e paixões são dois princípios de verdade "que se enganam reciprocamente". Diante disso, que surpresa pode haver no comportamento errático de D. Alphonse?

O conto desenvolve esse equívoco de base. O caráter desinteressado, quase impassível de Bélasire, aliado à sua beleza e seu espírito, desafia a imaginação de D. Alphonse.

> Não sei se já não a amava sem o saber; mas a ideia de um coração feito como o seu, que jamais recebera qualquer impressão, me pareceu algo tão admirável e tão novo, que fui tomado desse momento em diante pelo desejo de lhe agradar e de ter a glória de tocar esse coração que o mundo todo acreditava insensível (La Fayette, 2014, *Zayde*, p. 158).

Seu desejo consiste em ser amado por quem jamais se entregou a ninguém: eis a glória a conquistar. D. Alphonse ilustra a advertência, levantada por La Rochefoucauld (1980, M 374), de que "quem pensa amar a amante por amor a ela, está bem enganado". O mesmo em Racine (1999, p. 158), que faz Cléofile confessar a Alexandre seu temor de que a paixão deste último por ela seja apenas um teste: "a glória de me vencer é tudo o que ele deseja."[11] Embora Mme. de La Fayette não empregue o termo, o amor-próprio figura no centro da história. Pascal apontara-o como o elemento movente operando por baixo das virtudes cortesãs; nele, guardar-se-ia a verdadeira e secreta motivação das convenções da guerra e do amor. Não surpreende que a "glória", no passo acima, seja frivolizada como outra expressão do egoísmo. Assim também D. Alphonse, ao conseguir os favores de Bélasire, irá declarar sentir-se "feliz e glorioso, a um só tempo, por ter conseguido conquista tão extraordinária" (La Fayette, 2014, *Zayde*, p. 163). Mas o ciúme espreita – e o amor-próprio desencadeia seu movimento divergente, pois, como já advertia Pascal, a condição humana diverge de si mesma, feita que é de tédio e inquietação. A corte amorosa torna-se, assim, ocasião para a abordagem do *tópos* do divertimento, fixado por Agostinho e retomado por Pascal, revelando uma condição afetiva da qual a adversidade constitui ingrediente necessário (ver Darmon, 2009, p. 37-55). E já se vislumbra, com base nisso, o desenvolvimento da trama. Logo de partida, quando D. Alphonse conquista Bélasire, a satisfação de pronto dá lugar ao temor infundado de vir a perdê-la. Com isso, ele reconsidera a ideia do matrimônio:

> Dizia a mim mesmo que o casamento diminuiria o apego dela por mim; que ela não me amaria a não ser por dever; que ela viria talvez a amar outra pessoa; enfim, representava-me de tal modo o horror de ser ciumento disso que, a despeito da estima e da paixão que sentia por ela, quase me resolvi a abandonar a empresa que havia realizado; e preferia a infelicidade de viver sem Bélasire àquela de viver com ela sem ser amado (La Fayette, 2014, *Zayde*, p. 160).

---

11. ["*La gloire de me vaincre est tout ce qu'il désire*"] (*Alexandre o Grande*, III, 6, v. 910).

D. Alphonse vê-se mergulhado na instabilidade que já havia sido identificada por La Rochefoucauld (1980, M 439): "Não desejaríamos as coisas com ardor se soubéssemos perfeitamente o que desejamos." Acerta-se, assim mesmo, uma data para o casamento. Bélasire ama sinceramente D. Alphonse; quanto a ele, descobre-se aprisionado no terreno da concupiscência como quem se descobre paralisado: "era para mim um labirinto, do qual não achava a saída" (La Fayette, 2014, *Zayde*, p. 163). Uma hora, pede-lhe explicações sobre seus sentimentos em relação ao conde de Lare, fidalgo que, tendo-se apaixonado por Bélasire bem antes de D. Alfonso conhecê-la, havia buscado a própria morte em uma batalha feroz, aparentemente por conta das reiteradas negativas da amada; noutra, imagina que Bélasire está prestes a deixar-se seduzir por D. Manrique, amigo e confidente de D. Alphonse, que ele mesmo lhe havia apresentado. Tudo é pretexto de seu ciúme, cuja ausência de fundamento ele não deixa de perceber: "Via muito bem que tinha cometido um erro; mas não dependia de mim ser razoável" (p. 164). "Percebia muito bem que violava as fronteiras da razão; mas tampouco acreditava merecer ser inteiramente condenado, senão por estar amando Bélasire" (p. 165). E o relato prossegue, aprofundando a autoconsciência do narrador em relação ao que chama "minha fraqueza", "desordem do meu espírito", "meu capricho", a ponto de concluir ter chegado "ao estado mais miserável em que um homem jamais se encontrou" (p. 167). D. Alphonse, em resumo, parece ter sido talhado segundo a concupiscência apresentada por Pascal no início do manuscrito Périer:

> A natureza do amor-próprio e desse eu humano está em não amar senão a si e em não considerar senão a si. Mas que fará ele? Não poderá impedir que esse objeto de seu amor seja cheio de defeitos e de miséria; quer ser grande, vê-se pequeno; quer ser feliz, vê-se miserável; quer ser perfeito, vê-se cheio de imperfeições; quer ser objeto do amor e da estima dos homens, e vê que seus defeitos só merecem a aversão e o desprezo deles (Pascal, 1963, LA 978/Br. 100).

O casamento termina não se consumando: D. Alphonse, em meio a um surto de ciúmes, assassina seu melhor amigo, D. Manrique. Após o infortúnio, Bélasire recolhe-se em um convento, convicta de que o amor é a causa dos males que afligem os seres humanos.

VI

Nesta "história ou romance espanhol", a presença do dualismo, comum aos autores ligados a Port-Royal, ganha contornos inéditos. Por meio de sua narrativa em primeira pessoa, D. Alphonse expõe de modo cristalino, quase clínico, sua completa desordem passional. Isso só faz acentuar a heterogeneidade entre a aparente anarquia de sua conduta e o significado estável, a interpretação coerente que ele termina fornecendo de si mesmo. Uma reflexão, portanto, mas *sui generis*. Matéria e forma da narrativa diferenciam-se entre si do mesmo modo que se distanciam um do outro o *ser* e o *dever ser*.

Visto que todos os acontecimentos são guiados unicamente pelo amor-próprio, a narrativa do que já aconteceu repousa sobre a suposição de que o relato, para almejar objetividade, se situa em um plano imune à concupiscência. Para aprender o que está em jogo, vale reaver uma última vez a perspectiva heroica. Descartes, como vimos, também apostava no recuo que a reflexão abre diante do dado passional imediato. No cartesianismo, porém, assim como no dilema cornelliano, tal recuo possibilitava que a razão interferisse no curso da ação, modificando-o. E o mesmo dualismo substancial, que tornava a reflexão uma exigência moral, assinalava seus limites: uma reflexão pura, isto é, completamente depurada do elemento passional, poderia até ser objetiva (como, por exemplo, o conhecimento fisiológico do ser humano), mas não conteria nenhum alcance prático ou moral, uma vez que a moralidade passa justamente pelo agente intervir na sua história individual, modificando seu curso de acordo com o grau de penetração de sua reflexão na dinâmica passional. No caso de *Zayde*, em contrapartida, a relação entre a ação e o seu relato, entre o acontecimento e a narrativa, é inteiramente retrospectiva: enxerga-se sentido ali onde antes a paixão comandava sozinha. Mme. de La Fayette inscreve a narrativa numa forma de temporalidade sob a qual o indivíduo só é capaz de apropriar-se do significado de sua história quando já se tornou incapaz de modificá-la. A fala de D. Alphonse sobre sua trajetória reitera a diferença entre o que fez e o que deveria ter feito, entre ação e relato, entre os planos efetivo e normativo – cuja contradição, projetando-se no indivíduo, começa a aparecer como traço fundamental da própria subjetividade. O "sujeito" torna-se cada vez mais o que descobre e ignora em si mesmo – e essa oposição entre o que sabe e ignora constitui agora sua própria interioridade.

Recorde-se, a propósito, o paralelo entre Corneille e Racine por onde teve início este estudo. Embora admitindo os méritos de Corneille, La Bruyère inclinava-se por Racine, visto entender que, para descrever o que somos, é necessário apontar o que não somos, mas deveríamos ser. Algo similar comparece no romance espanhol de Mme. de La Fayette, sugerindo estarmos diante de uma estrutura conceitual abrangente. Somente porque sabe o que deveria ser, *mas não é*, D. Alphonse é capaz de relatar a desordem de seu universo passional sem que o desarranjo interfira o mínimo que seja na ordenação da narrativa. Com base na presumida objetividade instituída sobre o que sente, o sujeito ganha autonomia discursiva em relação àquilo que move sua conduta e que define suas escolhas pessoais. O que era anteriormente impensável acontece: a distância aberta entre o indivíduo e seus afetos torna-se moralmente objetiva, na medida em que o sujeito já não é capaz de unificá-las.

Pode-se adivinhar o passo seguinte. Se os afetos desse indivíduo singular se dispõem como tema e objeto de sua reflexão objetivante, por que não objetivar, então, os afetos alheios? Assim, o universo passional configura-se matéria de uma clínica que individualiza os agentes para reaver, pelo exame de sua história pessoal, aquilo que suscitou seu afastamento da normalidade. E o que seria o traço singularizador da personalidade se converte no efeito de uma causalidade desviante, pela qual responde o amor-próprio que rege as ações na temporalidade do presente. O sujeito passa a definir-se como instância cindida internamente, onde se apartam forma e matéria, necessidade e contingência, grandeza e miséria. A dupla condição que atravessa o ser humano decaído exprime-se, desse modo, no narrador do romance espanhol de Mme. de La Fayette, que enxerga sua economia passional como quem entrevê um abismo para o qual é conduzido sem nada poder fazer. Como observou B. Pingaud ("Préface" *in* La Fayette, 1995; p. 24), "tudo se passa como se o universo no qual nos examinamos, no qual tomamos decisões, e aquele no qual vivemos constituíssem dois universos diferentes, que nada é capaz de reunir".[12] D. Alphonse não ignora sua patologia, longe disso; mas a relata como se falasse de outra pessoa.

Eis-nos na vigência daquela estrutura dualista pascaliana que, como estamos insistindo, soaria incompreensível para um partidário da união substancial sobre a qual Descartes havia fundado sua correspondência com Elisabeth e o *Tratado das paixões*. Ao deixar de ser heroica e tornar-se objetiva, a narrativa adquire traços de realismo às expensas do agente, que se descobre incapaz de pautar suas paixões, como admitia e ensejava a mútua determinação entre alma e corpo subjacente à definição cartesiana do composto substancial.

Mudança semelhante verifica-se na tragédia. Diversamente do que se viu valer para as primeiras tragédias de Corneille, o heroísmo dos protagonistas de Racine exprime-se na maneira como vivenciam sua impotência pessoal em realizar uma virtude que, apesar disso, reconhecem como válida e legítima. O fato é que, embora permaneça essencial à caracterização dos protagonistas, a faculdade da vontade perde sua eficácia sobre o prosseguimento da ação. A "grandeza da alma" passará, então, pela atitude que se assume diante do irremediável. O amor furioso e proibido de Fedra por seu enteado, Hipólito, a

---

12. O mesmo princípio reaparecerá no romance de B. F. Durosoy (1745-1792), *Clairval philosophe* (1761). O contexto é outro, mas a disputa entre paixões e razão reata com o dualismo psicológico de *Zayde*. Como observa C. Duflo (2013b, p. 181), no romance de Durosoy "o apaixonado é como a flecha lançada ao alvo: a consciência de si mesmo e a capacidade de raciocinar não lhe dariam a liberdade e o poder de alterar sua direção".

conduz a preferir a morte a pronunciar o nome de seu amante. Quem o faz é sua ama, e Fedra, apontando com isso para o seu próprio silêncio, retruca: "Foste tu que o nomeaste" (Racine, 1999, p. 830; *Fedra*, v. 264). De sua parte, Hipólito, apesar de inocente, não cogita justificar-se quando é acuado pelo pai: "devemos confiar na justiça dos Deuses" (Racine, 1999, p. 867; *Fedra*, v. 1.351). Agamenon notifica Ifigênia sobre o holocausto por vir com estas palavras: "Minha filha, é a pura verdade. Ignoro por qual crime/ A cólera dos Deuses exige uma vítima/ Mas eles vos designaram. Um oráculo cruel/ Quer que aqui vosso sangue corra sobre um altar" (Racine, 1999, p. 744).[13] E ponto: jamais uma extensão indevida, protesto ou ressentimento quanto ao rumo inimigo do mundo. Nada se conserta, pela razão de que, no âmbito moral, inexiste ordem a ser restabelecida pelo herói. Aqueles que uma vez cogitaram terem vindo ao mundo a fim de emendá-lo serão os primeiros a dar-se conta de que, como dirá tempos depois Drummond, a "ordem geométrica de tudo" é um sonho. Mesmo Hamlet, celebrado aqui e acolá como prefiguração do herói moderno, atribuía-se tarefas que os heróis de Racine presumem não dar conta.[14] O heroísmo residirá em tudo suportar, um pouco ao modo do cortesão de La Bruyère, que acompanha, entediado, as futilidades pronunciadas no salão em que se encontra confinado pelo príncipe. Eis, no conjunto, a atmosfera do "novo clima" (Collinet *in* Racine, 1982), a novidade da "mudança de gosto" (Rat *in* Corneille, 196) em andamento.

Por aí se vê como o dualismo inspirado pela contrariedade pascaliana abriu terreno para novas personagens, cuja psicologia varia no interior dos parâmetros fornecidos pela nova dialética que preside forma e matéria narrativas. Ao descobrir-se incongruente com a

---

13. ["*Ma fille, il est trop vrai. J'ignore pour quel crime / La colère des Dieux demande une Victime. / Mais ils vous ont nommés. Un Oracle cruel / Veut qu'ici votre sang coule sur un Autel*"] (*Iphigénie*, IV, 4. vv. 1.221-1.224).
14. "*The time is out of joint /oh cursed spite /That ever I was born to set it right!*") ["Como andam os tempos/ Fora dos eixos! Ó maldita vexação, / Ter eu nascido para dar-lhes correção!" (Shakespeare, *Hamlet*, I, 5, v. 188-189; trad. 1965).

matéria, a forma torna-se capaz de retratá-la de modo objetivo e neutro na desordem de seus conteúdos. Viu-se como, no romance espanhol de Mme. de La Fayette, o "eu" do narrador torna-se, a um só tempo, transparente e alheio a si mesmo, rompendo a antiga organicidade entre a reflexão e as paixões. O discurso deixa de ser o meio em vista do qual o sujeito se constitui como princípio de ordenação do real para apresentar-se como investigação objetivante da desordem insuperável dos afetos. "Tudo nos trai, a voz, o silêncio, os olhos" (Racine, 1999, p. 217):[15] se esse é o aprendizado a tirar do curso das paixões, é porque a reflexão já se sabe impotente para ordená-las numa trajetória de vida em que virtude e felicidade poderiam eventualmente coexistir.

Não despontariam aqui as condições que tornaram, pela primeira vez, possível aquela exclusão da loucura, que M. Foucault quis discernir no cartesianismo? A nova objetividade é impessoal: o antigo perspectivismo, representado pela liberdade moral do sujeito em dizer o mundo a partir de sua pessoa, dá lugar à objetividade universalizante da análise da natureza humana alienada de si mesma – uma natureza que se torna, doravante, "objetivável". Na nova psicologia, a virtude deixa de ser o exercício pessoal das faculdades morais, por meio do qual o agente era capaz de tornar suas ações dignas de estima. O *exemplum*, caro para Montaigne e os libertinos eruditos, e que também valia para Descartes, dá vez a seu contrário, representado pelos desatinos de alguém como Don Alphonse.

Com isso, nossa divergência com Foucault em torno da interpretação do cartesianismo ganha em clareza. A loucura só irá tornar-se perturbadora, requerendo uma moral que a exclua da razão, a partir do momento em que o ser humano se descobrir cindido em dois; apenas aí bastará o mero exercício de sua consciência para confiná-lo junto à insanidade à espreita. A consciência precisará então despojar-se, no nível da forma, de todo resquício de loucura – admitida, doravante, como matéria da reflexão analítica do sujeito sobre si mesmo (o saber do médico sobre o louco, por exemplo) ou matéria que inspira

---

15. ["*Tous nous trahit, la voix, le silence, les yeux*"] (*Andromaque*, II, 2, v. 575).

a poesia à revelia da consciência (o talento artístico erigido em dom da natureza). Trabalhando para isso, na *nouvelle galante* a desrazão permanecerá junto ao "eu" como dimensão incontornável do sujeito que descobre, como única saída, a "liberdade de indiferença" de que fala um texto oportuno, cuja atribuição a Mme. de La Fayette, todavia, é incerta:

> [...] visto que o amor é inseparável da felicidade e que a felicidade não poderia resistir na terra, não se pode, por isso, amar, senão para ressentir a privação do bem que se deseja, o que provém da necessidade em que se vê a natureza humana de estar unida a uma infinidade de imperfeições e de miséria que são obstáculos insuperáveis a sua felicidade (Mme. de La Fayette [?], 1995, p. 32).[16]

VII

Como o dualismo característico de Port-Royal, quando transposto para as formas literárias, afeta a questão do realismo? O romance, terreno natural para examinar a questão, passa, na segunda metade do século XVII francês, por uma completa mudança. Como observa Marc Escola, a *nouvelle galante* irrompe no curso das décadas de 1660/1670, subvertendo a tradição romanesca francesa, até ali ligada ao romance heroico.[17] Ao substituir-se a essa forma mais arcaica, a *nouvelle galante* ou *"storique"* opõe-se aos "longos romances cheios de palavras e

---

16. O passo integra o manuscrito n° 3.213, conservado na biblioteca de Sainte-Geneviève sob o título "O triunfo da indiferença". Ele foi atribuído a Mme. de La Fayette por André Beaunier, que o publicou em 1937. O texto, porém, não foi incluído na edição da Pleîade (2014). Utilizou-se, por isso, a edição de Bernard Pingaud para a *Folio Classique*.
17. "Nenhuma ruptura deixa-se datar de modo tão preciso: ela intervém entre 1657, com a publicação anônima de uma coletânea de *Nouvelles françaises ou les Divertissements de la Princesse Aurèlie*, redigida por Segrais sob encomenda de Mlle. de Montpensier, e 1662, com a publicação igualmente anônima de uma primeira 'história' que leva o título dessa mesma senhorita – *La princesse de Montpensier*, atribuída a Mme. de La Fayette" (Escola, 2004, p. 7-8).

de aventuras fabulosas" (Le Noble, *Ildegerte, reine de Norvège* [1694] *apud* Escola, 2004, p. 9), e as personagens inscrevem-se em intrigas verossímeis. A ambientação em cortes nas quais comparecem figuras que de fato existiram reforça a ilusão de realidade.

A intriga amorosa da princesa de Montpensier, por exemplo, numa *nouvelle galante* redigida por Mme. de La Fayette provavelmente em 1661, é ambientada à época da guerra civil religiosa do período que antecede o reino de Henrique IV. O duque de Guise (1550-1588), influente junto a Carlos XI, de fato existiu e surge, logo de início, como um dos polos da trama. Seu protagonismo na expulsão dos protestantes de Poitiers é incorporado na narrativa. Já o conde de Chabanes, o fictício confidente da princesa, perdeu efetivamente a vida no massacre dos huguenotes na noite de São Bartolomeu, em agosto de 1572.

O príncipe de Clèves, que figura na mais conhecida *nouvelle* de Mme. de La Fayette, também existiu e era próximo dos Valois. De resto, a ambientação da corte beneficia-se da frequentação de Mme. de La Fayette em Versailles, onde ela se tornou próxima e confidente de Henriette da Inglaterra (1644-1670), a ponto de romancear suas memórias em *História da morte de Henriette da Inglaterra* (publicada postumamente em 1720). O principal elemento de proximidade com o realismo, contudo, consiste em que, como anotou B. Pingaud (*in* La Fayette, 1995, p. 373), Mme. de La Fayette suprime a concepção puramente decorativa do romance e, em seu lugar, instaura a autêntica temporalidade romanesca – entenda-se: "o tempo, a história, o movimento interior sem os quais o romance não lograria passar a indispensável impressão de realidade."

Resta, todavia, responder a esta questão: como essas características, que fazem com que a *nouvelle galante* consagrada por Mme. de la Fayette represente uma inflexão decisiva na forma romanesca, se coadunam com o dualismo, conforme o qual, para dizer o que é o ser humano, é preciso dizer o que ele não é? Diríamos, à primeira vista: incorporando-o, isto é, naturalizando a cisão interna do indivíduo, essencial à nova psicologia que ganha prestígio na segunda metade do século XVII. Daí a imitação de heróis que recusam sua própria inscrição terrena, protagonizando virtudes extramundanas – como se fez notar, à época, na polêmica que se seguiu à publicação de *A princesa de Clèves*, no início de 1678. Vejamos o debate.

Na ocasião, os editores do *Mercure Galant* instaram seus leitores a refletirem acerca do episódio em que a heroína revela seu amor extraconjugal a seu marido, o príncipe de Clèves. Assaltada pelas inquietações deste último acerca de sua melancolia e pressionada por ele a lhe explicar por que, afinal, decidira abandonar a corte para refugiar-se em sua propriedade de campo, Mme. de Clèves se lança a seus joelhos: "vou fazer uma confissão que nunca ninguém fez a marido algum" (La Fayette, 2014, p. 419; trad. p. 134). E lhe revela suas motivações mais íntimas: se se decidira a trocar a corte pelo isolamento, foi movida pela esperança de que, com isso, conseguiria livrar-se das investidas de um cortesão – ela se recusa a nomeá-lo, mas o leitor sabe ser o duque de Nemours, favorito de todas as damas da corte e que havia se apaixonado perdidamente por ela. Uma paixão correspondida de pronto e que só não se tornou adultério pela estima e sincera amizade da princesa para com o marido. É isso o que expõe o episódio da confissão.

Ao fazê-lo, Mme. de Clèves fortalece o argumento de sua inocência; como se vê em *Fedra*, ninguém, agora, pode ser julgado pelo que sente; as duas heroínas colocam-se, desse modo, fora da jurisdição do tipo de reflexão que Descartes sugeria em sua correspondência com a princesa Elisabeth. Recusar à razão toda eficácia conformadora em relação às paixões implica substituir o tipo virtuoso característico da moral de relevo por outras formas de elevação, cuja consecução depende não apenas da resistência aos afetos, mas da capacidade de incorporar, em sua problemática unidade, a divisão interna que cinde a experiência da protagonista em dois mundos que coabitam sem jamais se encontrarem. Mme. de La Fayette extrai efeito poético dessa discrepância: como já não há o que fazer diante das paixões, a sinceridade em exprimi-las, ao invés de realizá-las, torna-se virtude. Se a confissão da princesa de Clèves sobre seu amor pelo conde de

Nemours é louvada pelo próprio marido, é porque ele também está convencido de que a ordenação do mundo pelo sujeito se tornou impossível. "Tu me pareces mais digna de estima e de admiração do que todas as mulheres que já existiram no mundo; mas eu também me julgo o mais infeliz dos homens que já existiram" (La Fayette, 2014, *A princesa de Cléves*, p. 419-420; trad. p. 135).

O episódio não apenas confirma que, doravante, virtude e felicidade trilham caminhos opostos; mais importante que isso, indica que essa mesma dissociação faz da virtude algo sobre-humano. Ao invés de confessar-se ao marido, seria mais simples se a princesa de Clèves o traísse. Só que, nesse caso, não haveria romance. Para inventá-lo, Mme. de La Fayette confere à princesa de Clèves uma virtude inverossímil. Como observou Bussy-Rabutin (1618-1693) numa carta à marquesa de Sévigné (1626-1696), ao comentar suas impressões do romance recém-publicado: "Uma mulher raramente diz a seu esposo que alguém está apaixonado por ela; nunca, porém, que está apaixonada por um homem que não seja ele próprio."[18] Por que, então, fazer tal escolha? Parece-nos que ela nada tem de fortuita; antes, essa solução implausível (logo, antirrealista) é exigida pelo viés dualista, que faz com que o heroísmo dependa do autossacrifício.

Ora, nem toda renúncia implica necessariamente sacrifício de si: no *Polieuto* de Corneille, Severo fazia de sua decisão de não se aproveitar das circunstâncias para conquistar Paulina um caso de afirmação de si neste mundo. Mas a humanização dos indivíduos efetuada por Mme. de La Fayette, ao apresentá-los como desgovernados pelas paixões, torna aqueles que são capazes de resistir ao império afetivo heróis destituídos de verossimilhança – e, por isso, tanto mais interessantes ao leitor. O que permite recolocar, agora com mais precisão, a questão pelo realismo: se a *nouvelle galante* tende a compor personagens inverossímeis, isso se liga ao fato de que a humanidade rebaixada pela miséria só admite, ao lado de figuras passionais como o D. Alphonse

---

18. Carta de Bussy-Rabutin de 26 de junho de 1678 à marquesa de Sévigné (*in* La Fayette, 2014, p. 516).

de *Zayde*, heróis capazes de se desumanizarem. É-se uma ou outra coisa, sem termo de compromisso. Não surpreende que, mesmo após a morte de seu esposo, a princesa de Clèves continue evitando o duque de Nemours: por não se realizar, sua paixão infinita permanecerá a melhor razão para torná-la admirável aos olhos do leitor.[19]

Dito com outras palavras, a atitude que torna a confissão de Mme. de Clèves digna de admiração a desloca para fora da realidade. M. Escola (2004, p. 27) observou que o episódio da confissão atestaria que "o evento sem exemplo não é inimaginável, que a ficção pode ser esse mundo possível, onde o leitor irá fazer a experiência daquilo que ele acreditava impossível". Mas essa armação entre ficção e utopia moral cobra seu preço: se a virtude se tornou "inimitável",[20] foi porque a condição humana passou a admitir, como sua diferença, somente a alteridade radical dos exemplos intangíveis. Percebe-se que o vetor realista da *nouvelle galante*, representado pela equiparação dos "grandes" aos demais seres humanos (os príncipes não diferem dos demais quando o assunto são os afetos, paixões e interesses), tem por contrapartida um vetor operando em sentido inverso, posto que o novo gesto heroico redunda na recusa em bloco dos afetos, culminando na negação da vida ordinária. Duas forças antípodas que não cessam de reforçar-se: a exposição da miséria humana não dispensa a virtude, que segue sendo um ideal necessário, mas fora de alcance. Ao transpor isso para a composição do drama, a *nouvelle galante* constitui exemplo de uma forma literária compromissada com uma ilusão de realidade voltada para nos familiarizar com heróis situados muito além dos leitores.

---

19. O caráter inverossímil dessa fidelidade *post mortem* também é comentado por Bussy-Rabutin na carta à marquesa de Sévigné de 26 de junho de 1678, citada na nota anterior.
20. No debate de 1678, um leitor anônimo do *Mercure Galant* não tem dúvida de que faltou espírito à princesa de Clèves, quando resolveu confessar-se ao esposo: nisto, "não seria imitada por nenhuma pastora". E arremata: "Mas também isso é o que faz o mérito da Princesa de Clèves – o fato de ter-se tornado inimitável" (ver La Fayette, 2004, p. 261-262).

VIII

Essa hipótese é reforçada pela comparação entre as pontas da trajetória mais ampla, pela qual nos movemos até agora neste estudo. Montaigne, o fidalgo que se retira para seu castelo a fim de ensaiar-se, participava de um universo ético e psicológico em que a ideia tradicional do *exemplum* permanecia ativa e preponderante. Ao fazer seu autorretrato, não pretendia personificar características do homem em geral; com seu retiro, visava, antes, depurar o campo de experimentação de si mesmo, que continha uma referência desarmada e aberta à alteridade (Birchal, 2007, p. 125 ss. e p. 136). Descartes e o Corneille das primeiras tragédias inscrevem valores desse mesmo ideário clássico nas relações – sempre atravessadas pela contingência – que o indivíduo mantém com suas paixões e com seus próximos. Já o regime a que se viu lançada a nobreza na França, a partir da segunda metade do século XVII, apresenta outra paisagem. O retiro toma outra feição com o desfecho da Fronda e da derrota militar e política diante da coroa. A moral do relevo renova-se apenas como ideal comemorativo, em conformidade com o achatamento social dos novos tempos. Mesmo os libertinos eruditos, que haviam feito do livre pensar uma marca de superioridade, têm de cercar-se de precauções para não cair sob a mira do poder eclesiástico ou político. O nivelamento imposto pela centralização do poder inibe condutas que busquem diferenciar-se, solapando a base sobre a qual se apoiava a eficácia do *exemplum* e o ideal de distinção comungado pela nobreza de espada. Foi neste quadro que o círculo ligado a Port-Royal empreendeu o questionamento da "doutrina tradicional que institui diferenças de qualidade entre os homens" (Bénichou, 1997, p. 138) – a moral do relevo.

Essa inibição dos comportamentos singularizadores ligou-se à normalização acentuada das condutas e da cultura de maneira geral. M. Fumaroli (2001, p. 140) chamou a atenção para o fato de que, por trás da querela que eclodiu em janeiro de 1687 opondo antigos e modernos, também se decidia nada menos do que o grau de autonomia do campo artístico e literário em relação ao poder monárquico.

Pois, embora romper com a antiguidade significasse libertar-se da autoridade da tradição, sem ela também aumentavam os riscos de "submeter-se sem defesa ou recuo eventual a um jugo devoto", assim como se expor a "tornar-se o instrumento servil da modernidade de Estado". A vitória do partido dos modernos aprofundou a tendência de modernizar a nação "por cima", neutralizando atividades com algum grau de autonomia por parte da nobreza ou dos segmentos médios da burguesia. A reboque da coroa, a modernização suprimiu as formas tradicionais de afirmação de si sem, todavia, experimentar formas inéditas de liberdade individual. Não por acaso – e como atesta a ampla circulação do tratado de cortesania de B. Gracián, das máximas de La Rochefoucauld ou de La Bruyère –, o ideário aristocrático permaneceu em voga, embora reinterpretado a partir do conceito moderno de interesse.

Realizou-se, desse modo, a junção entre dois discursos que, motivados de início por orientações heterogêneas e mesmo contrárias, terminaram limitando-se um ao outro e confluindo entre si. De um lado, o léxico tradicional da cortesania e seu ideal de generosidade viu-se subvertido pela subjetivação característica do egoísmo moderno. De outro, visto que os aspectos econômicos ligados à noção de interesse permaneceram subordinados à análise da sociabilidade de corte, a premissa de que os indivíduos agem maximizando suas escolhas não se prestou a cogitar a racionalidade contratual transposta pelos teóricos do pacto para o âmbito da política – o que já vinha ocorrendo na Inglaterra, onde essa abordagem abriu a senda, a partir de Hobbes e numa inversão conceitualmente admitida por seus textos, por onde entraria em cena o sujeito de direitos, que negocia seus interesses na arena pública. Apesar do risco de incorrer em generalizações imprudentes, pode-se avançar a hipótese de que a reflexão política francesa da segunda metade do século XVII foi, grosso modo, alheia à premissa de que indivíduos sejam capazes de maximizar suas escolhas conforme cálculos politicamente orientados. É notável que mesmo S. Sorbière (1615-1670), tradutor de Hobbes na França, tenha negligenciado, em seus escritos políticos, a reflexão sobre o contrato social, preferindo examinar como a impostura utilizada pelo Príncipe é útil para conferir estabilidade ao Estado e à vida em sociedade (Gouverneur, 2000, p. 183).[21] Sua convicção de que maquiavelismo e força compõem o fundamento do poder político foi compartilhada por outros libertinos, como também, noutra ponta, pelo próprio Pascal (McKenna, 2004, p. 89).

A negligência acerca dos aspectos formais cabíveis no interior das relações políticas parece explicar-se pelo fato de que o contrato é uma negociação e que negociar seus desejos requer poder manifestá-los publicamente. No entanto, ao invés de ver no discurso o instrumento eficaz de mediação de interesses diversos por intermédio de sua expressão em contratos formais, prevaleceu, na França do período, a tendência em tomar o regime das palavras como superfície sob a qual se escondem motivos de uma subjetividade que por vezes ignora a si mesma. Nesse quadro, a enunciação inclina-se a tornar-se expressão objetiva do impensado. Ganha terreno a investigação genética das motivações que animam do fundo as escolhas individuais, no quadro de uma hermenêutica voltada para as intenções ocultas. Com isso, o aspecto político presente em toda relação adquire feição específica. Se o universo passional tende a trair uma apresentação sem recuo, na qual o agente arrisca expor suas paixões em prejuízo próprio (pense-se na confissão inimitável da princesa de Clèves), redobrar a cautela e utilizar a dissimulação será condição para permanecer junto ao Príncipe. Daí por que o regime da exterioridade tenha motivado desconfiança e cautela na cultura francesa da época, ao contrário da significação positiva que já havia sido investida na Inglaterra desde Hobbes – o qual, subordinando a

---

21. R. Pintard (1983, p. 559) já observara inexistir, nos escritos políticos do período, como os de A. Godeau (1605-1672) e D. Prizeac (1590-1662), a teorização de um poder que limitasse ou se contrapusesse à realeza, exceção feita ao poder divino: "não falam nem de direitos dos parlamentos, nem daqueles dos estados." Convergindo com isso, veja-se G. Fassò (2001, p. 123): "enquanto alhures o racionalismo conduziu, no campo ético-jurídico político, ao jusnaturalismo, na França, em contrapartida, levou ao ceticismo."

psicologia da cortesania a uma teoria do contrato político, fornecia uma resposta formal à altura da crise produzida pela dissolução do ideário heroico.[22]

IX

Não há ineditismo em ressaltar que Port-Royal foi um fator considerável para a dissolução da moral do relevo. Mas não estaríamos superestimando esse papel? Deixemos a palavra ao autor do estudo já citado sobre o século XVII francês:

> O apelo do mito cristão da queda não era apenas, em Port-Royal, uma posição teológica; ele tendia à condenação de toda uma moral, de todo um conjunto de ideias sobre o homem e, para além dessas ideias, de todo um sistema de relações sociais. Port-Royal contribuiu para desagregar os ideais herdados da idade média, colocando abertamente em conflito o idealismo aristocrático e a religião (Bénichou, 1997, p. 107).

Foi desse modo, acresce P. Bénichou, que o jansenismo cumpriu uma "obra moderna". Uma conclusão que não vai sem implicações polêmicas. Assumir que, na França, ser moderno se associou, inicialmente, à destituição da liberdade contradiz a definição familiar da modernidade como autonomia, que, por sua vez, se tornou corrente a partir de Kant e Hegel. Este último assimila a consciência moderna ao princípio da reflexão. Embora admita antecedentes dessa atitude, tais como a filosofia cartesiana, a Reforma Luterana e a ciência moderna, Hegel reporta-se a elas como prefigurações de uma consciência reflexiva em via de autonomizar-se, isto é, de certificar-se acerca da

---

22. M. I. Limongi (2009) investiga essa valorização do *homem excêntrico* na antropologia e na política de Hobbes, assinalando, numa linha que converge largamente com nossa hipótese, seu contraste com as reticências lançadas sobre a aparência por parte de autores como La Rochefoucauld.

legitimidade de seus princípios e de suas práticas – o que viria a ocorrer completamente apenas na virada para o século XIX na Alemanha.[23]

Assumir a validade do argumento desenhado aqui turva esse quadro. Pode-se admitir com proveito a assimilação efetuada por Hegel entre modernidade e autonomia, mas sob a condição inusitada de inscrevê-la em um percurso que começa por seu antípoda. Se aprofundarmos essa pista, talvez terminemos deparando com uma relação profunda, embora não linear, ligando essas duas concepções – a modernidade como nivelamento, experimentada negativamente, e a modernidade saudada como consciência da autonomia moral, que será incorporada por Kant e pelo hegelianismo como conquista de nossa relação crítica com o presente.

A ponte ligando as duas tradições, a francesa e a alemã, é representada pelo próprio Kant, que jamais escondeu o impacto que teve sobre ele a descoberta que fez de Rousseau na década de 1760. Como veremos adiante, Rousseau irá formular sua concepção de liberdade no bojo da reação à frivolidade, ao efeminamento e ao conformismo – formas consolidadas de expressão da modernidade como nivelamento que, desde pelo menos a Regência, no início do século XVIII, notabilizaram a França como a nação mais civilizada do Ocidente. Isso aponta para o fato de que a crítica da civilização efetuada por Rousseau – e que será incorporada por Kant, numa versão mitigada, como um elemento essencial de sua reflexão prática – consiste em um acerto de contas com formas sociais alienadas, que encontram seu lastro naquela sociabilidade dos salões escrutinada por La Rochefoucauld e La Bruyère, a partir da antropologia dominante em Port-Royal. Caso não se subscreva à tirada de Voltaire, conforme o qual Rousseau estaria propondo que se voltasse a perambular de quatro pelas florestas, será possível discernir, na crítica do filósofo genebrino em relação às formas de vida modernas, seu compromisso em buscar por equivalências que

---

23. J. Habermas (1985), por referência a Hegel, irá falar na "necessidade de autocertificação" <Bedürfnis nach Selbsvergewisserung> como característica definidora da modernidade.

recuperem, no quadro atual da história, a liberdade originária que, como ele não cansou de dizer, constituiria a marca principal do ser humano. Em resumo: a crítica rousseuaísta da civilização, ao trazer em seu bojo a reivindicação de uma relação mais autêntica do indivíduo para consigo e com seus semelhantes, acena para a superação da modernidade como nivelamento, sob a forma da modernidade concebida como horizonte da autonomia do sujeito. E, de sobra, deixa entrever, no prolongamento dessa imbricação, uma genealogia daquela negatividade que fez com que, a partir de Kant, a filosofia clássica alemã também passasse a cogitar a liberdade por meio da diferença entre o *ser* e o *dever ser* – cisão elementar que ganhou corpo a partir da interpretação que Pascal efetuou da condição humana.

Por ora, examinemos o que se segue do fato de que, na França, as abordagens universalistas acerca da condição humana surgiram pelas mãos de autores ligados não à burguesia e a seu eventual otimismo, mas à nobreza subjugada pelo poder absoluto da monarquia, num contexto, portanto, desprovido de qualquer vanguardismo. Para propor que o sujeito moral do Esclarecimento francês corresponde a uma transfiguração tardia e a uma reinterpretação própria daquele ser marcado pela destituição, cujo advento acabamos de situar na polêmica de Port-Royal contra a moral de relevo clássica, será necessário apontar o advento de um saber sem o qual essa mudança não teria sido possível.

Trata-se da história. De Port-Royal em diante, ela tende a desligar-se do relato dos homens e dos feitos ilustres. Era mesmo de se esperar que o achatamento dos indivíduos numa única natureza moral – aquilo que assinala o advento da antropologia – colocasse o gênero humano no lugar do indivíduo elevado como sujeito da história. Mas um sujeito, como se viu, cuja identidade remete à temporalidade instituída pelo pecado original e, por isso, condenado a diferir de si mesmo em sua existência temporal. Por conta do uso que Adão fez de sua liberdade, nos tornamos apátridas da eternidade divina; eis a convicção que perpassa os escritos ligados à célebre abadia. Mesmo o viés sedutoramente perene que atravessa as reflexões de La Rochefoucauld e La Bruyère sobre a "segunda natureza" do homem assume, de partida, que a humanidade foi destituída de sua natureza originária. Também nisto foram precedidos por Pascal, que não cansou de apontar na reminiscência um índice atual do paraíso perdido. Se buscamos por toda parte e de todas as maneiras a felicidade, sem, contudo, encontrá-la, é porque "houve outrora no homem uma felicidade verdadeira, da qual só lhe resta agora a marca e o vestígio totalmente vazio que ele inutilmente tenta preencher com tudo aquilo que o cerca". A tentativa é vã, "porque esse abismo infinito não pode ser preenchido senão por um objeto infinito e imutável, isto é, por Deus mesmo" (Pascal, 1963, LA 148/Br. 425).[24]

A reminiscência da primeira natureza reitera, assim, o caráter histórico da consciência moral, colocada diante dessa encruzilhada: buscar, mas em vão, por um substituto terreno da felicidade eterna, ou aceitar plenamente a miséria que contamina a atualidade – ou seja, "permanecer no pecado – na natureza – ou buscar a transcendência, isto é, viver a insuficiência como vocação para o Sobrenatural, o que implica a superação de seu status natural" (Pondé, 2004, p. 42-43). Aceitar a insuficiência, porém, nada edifica: o devoto não extrai daí o que quer que seja para aprimorar-se espiritualmente na temporalidade intramundana. Pascal não é Bossuet (1627-1704), que, como preceptor real em Versailles, publicará, em 1681, um discurso para a educação do delfim voltado para "distinguir os tempos" e evitar o anacronismo que redundaria em confundir as idades do mundo (Bossuet, 1966, "Prefácio"). A devoção pascaliana, diferentemente disso, não interfere no caráter corruptível do tempo, cujo fluxo Pascal concebe como alheio a toda forma de progresso. Os séculos transcorrem igualmente vazios; supor que possa haver algum tipo de evolução espiritual realizada pelos homens na sucessão indiferente do tempo é outra forma de amor-próprio, outra tentativa de relevar o fato de que a graça é operada por Deus sem qualquer participação do indivíduo, dos povos, das civilizações. A nulidade dos homens diante da temporalidade intramundana faz com que a história, ou o que pudermos entender

---

24. Para a questão da reminiscência em Pascal, ver C. L. de Oliveira (2016).

por isso, nada tenha que ver com as prerrogativas de certos eventos diante de outros, em vista dos quais se pudesse moralizar a duração anódina dos instantes, introduzindo diferenças qualitativas entre eles.[25]

Tal como a entende Pascal, a historicidade da condição humana passa pela experiência da ruptura (Oliva, 2004). A radicalidade do dogma da queda desvela quão ingênua é a figura do historiador que presume interpretar, tendo à mão seu manual de ciência divina, os avanços ou retrocessos dos negócios humanos. Pois a "ação histórica", para dizê-lo de forma anacrônica, condensa-se na adesão incondicional do indivíduo à encarnação da divindade – quer ela esteja por vir, como anunciada pelos profetas, quer ela esteja no passado, de onde a miramos no aguardo da redenção eterna. Como mostra L. C. Oliva, a teologia pascaliana da história, ao invés de projetar-se na direção do fim dos tempos, centra-se na figura de Jesus, cujo sacrifício contradiz e redime nossa existência mundana.[26] E já se pode vislumbrar como a história pascaliana, apesar de alheia à ideia do progresso intramundano, será retomada, ao menos sob um aspecto decisivo, pelos *philosophes* do século XVIII. Ao cobrar que, para unir-se ao corpo místico de Cristo, o devoto aniquile completamente sua individualidade, Pascal faz com que a história, realizando-se como sacrifício e renúncia do mundo, equivalha à dissolução do "si mesmo" na universalidade da condição humana, constituída pelo pecado original, mas redimida pela morte de Cristo. Nisto, o postulado antropológico de que as diferenças individuais são moralmente irrelevantes converge com a formação da

---

25. É sugestivo, no capítulo dos contrastes, notar que Bossuet (1966, p. 41) irá reintroduzir elementos tomados do léxico heroico clássico ao comentar os desígnios que a Providência divina reservou aos povos e aos indivíduos. O aprendizado da história, por exemplo, volta-se para "tudo o que há de grandioso entre os homens", e, uma vez que "os homens e as nações tiveram qualidades proporcionais à elevação à qual haviam sido destinadas", haverá ganho em discernir, na variedade, aqueles que se tornaram "homens extraordinários" (Bossuet, 1966, p. 354).
26. "A ação da graça, no decorrer do tempo, nada mais é do que a efetivação individual da salvação já conquistada por Jesus Cristo no centro da História. Por isso, para Pascal, os instantes apontam menos para o fim dos tempos do que para Jesus Cristo" (Oliva, 2004, p. 25).

consciência histórica – que requer a subordinação do "eu" à comunidade mística entrevista pela reminiscência da identidade primordial e testemunhada pela paixão. Ou seja: a experiência da consciência histórica exigirá uma transformação subjetiva do agente, balizada pela referência à coletividade mística obtida ao preço do aniquilamento da individualidade. Numa versão mitigada e secular, essa mesma exigência admitirá ser vertida pela subordinação da afirmação de si à comunidade ética, formada com base na igualdade moral entre todos os seus membros.

Examinar o momento em que o axioma antropológico se firma contra a moral de relevo dos clássicos possibilita apresentar o primeiro resultado da filologia posta em prática neste ensaio. Viu-se como a igualdade moral entre os seres humanos é uma construção discursiva, cuja principal novidade está na perspectiva por referência à qual os indivíduos passam a subjetivar-se, a compreenderem seus afetos, condutas e relações recíprocas. Esta é a radicalidade do dogma da queda: cada indivíduo, conscientemente ou não, é portador do sobrenatural; logo, a realização subjetiva da natureza humana (o que constitui tarefa a um só tempo imprescindível e inalcançável) passaria por extinguir completamente o amor-próprio, por limitá-lo aos imperativos da unidade comum entre os indivíduos – a comunidade mística. É essa renúncia de si, exigida pela salvação, o que afasta Pascal da ideia de uma natureza própria ao homem – uma natureza que o agente poderia realizar ao singularizar-se como indivíduo humano. Trata-se, ao invés de permanecer nessa natureza que se presume autônoma, "de colocar-se nos braços do infinito, aceitando ser membro de um todo que a supera" (Oliva, 2006, p. 101). Caberá agora examinar de que modo essa orientação antropológica, definida pela articulação entre dualidade, negatividade e universalidade, irá ultrapassar a experiência social a que se viu associada de partida, para fornecer, com as mediações de praxe, elementos decisivos da ideologia burguesa setecentista na França. Uma formação ideológica peculiar, posto que, sem deixar de reivindicar-se como burguesa, não cessará de lançar suspeitas às prerrogativas morais ligadas à personalidade individual e singularizada.

CAPÍTULO III

As virtudes da superfície

"Eis o Olimpo e a mitologia nova; o Olimpo de todos os semideuses esquecidos pela antiguidade"
(irmãos Goncourt)

I

As análises empreendidas no capítulo precedente mostram que alguns dos principais elementos para a formação da consciência moderna na França foram instituídos na segunda metade do Grande Século. Contrariando as convicções sobre as virtudes da afirmação de si e das prerrogativas da personalidade individual, enraizadas na ética aristocrática e remanescente nas primeiras tragédias de Corneille e na reflexão moral de Descartes, a consciência do nivelamento se generaliza entre os anos 1660-1680. No fim do século, estarão definitivamente suprimidos "os modelos de comportamento civil inspirados pela leitura de Plutarco e Tito Lívio, e aqueles elaborados pela cultura aristocrática medieval, que valorizavam o ato gratuito e desinteressado" (Consareli, 2002, p. 143, que acresce: "esses modelos tornam-se retóricos").

Mudança de caráter abrangente: além de ser atestada pelo recurso que moralistas e autores políticos passam a fazer da noção de interesse a fim de explicar as condutas humanas, ela manifesta-se também no teatro e na literatura, nos quais a ruptura com a antiga hierarquia entre vontade e paixões põe em evidência a desordem psicológica dos agentes, como atestam os romances de Mme. de La Fayette. Nas tragédias de Racine, a irrupção passional engendra duas dicções distintas. De um lado, promove heróis como Porus

(*Alexandre Grand*, 1665), Ifigênia (*Iphigénie*, 1676), Fedra ou Hipólito (*Phèdre*, 1677), cujas desventuras são a prova de que o ser humano é um rei deposto. Mas essa deposição, enunciada em dicção elevada, admite um registro complementar e diverso. Andrômaca, Pyrrhus, Orestes (*Andromaque*, 1667), Berenice e Antiochus (*Bérénice*, 1670) compõem a relação de heróis galantes criados por Racine na trilha aberta por Thomas Corneille (*Timocrate*, 1656) e Philippe Quinault (*La mort de Cyrus*, 1659; *Astrate*, 1664). Entre os dois tipos há uma relação que os torna solidários: a energia liberada pela igualização moral dos indivíduos, consequência trágica da destituição originária, dissipa-se no universo psicológico no qual as ações se pautam pelo capricho das paixões, flagradas em sua exuberância e musicalidade pelo verso galante. Embora a mimesis de um ser que se descobre grandioso na miséria seja elevada, seu ponto de fuga é a existência ordinária de um ser incapaz de realizar-se pela afirmação de si – em suma, de alguém embalado por suas paixões: "Vim até ti sem saber meu propósito:/ Meu amor me trazia, e eu vinha talvez / Para buscar a mim mesmo, e nisto me reconhecer" (Racine, 1999, p. 505).[1] Esse movimento incessante entre o grandioso e o sentimental constitui uma das chaves do barroco francês.

A ambiguidade entre o clássico e o galante irá atuar sobre o século vindouro. Para o final do reinado de Luís XIV, mediania e nivelamento já se veem articulados como características de um indivíduo que, há muito privado de heroísmo, não experimenta mais a si mesmo apenas sob o regime trágico da queda. É no prolongamento dessa linha que se situa a pintura de Antoine Watteau, a quem primeiro coube flagrar, no espaço imaginário da festa galante, a figura de um indivíduo sem projeto, secretando um drama sem elevação. Seus discípulos e sucessores – Jean-Baptiste Pater (1695-1736), Jean-Marc Nattier (1685-1766) e, especialmente, François Boucher (1703-1770) e Jean-Honoré Fragonard (1732-1806) – negligenciarão os aspectos

---

1. ["*Je suis venu vers vous sans savoir mon dessein:/ Mon amour m'entraînait, et je venai peut-être/ Pour me chercher moi-même, et pour me reconnaître*"] (*Bérénice*, V, 6, vv. 1.394-1.396).

dramáticos da frivolidade, limitando-se, no mais das vezes, à investigação dos prazeres mundanos. Não surpreende que, logo adiante, esse mundo destituído de elevação venha a ser objeto de uma contestação similar àquela que já havia sido levantada contra o heroísmo clássico: o de ser retrato de um universo inautêntico e vazio. Nisto residirá a objeção à sensibilidade rococó, que passará a circular a partir da metade do século XVIII e que ganhará alcance em autores como Rousseau e Diderot. Teremos oportunidade de examinar como, através deles, o dualismo de Port-Royal irá ressurgir, renovado, no coração das Luzes francesas – uma renovação que se nutriu da polêmica contra esta humanidade sem fundo que, na expressão de Rousseau, teria se tornado a marca dos "povos policiados". Por ora, contudo, é preciso cautela para não ceder à ilusão retrospectiva de julgar com olhos iluministas o "estilo de vida" (Starobinski, 1989, p. 24) que teve seu apogeu no rococó. Fazê-lo seria deixar de investigar um momento decisivo na trajetória que culminou na substituição do indivíduo clássico pelo indivíduo moderno na França – quando, na primeira metade do século XVIII, despontou uma mitologia nova, ligada ao que Michael Levey designou como "realismo decorativo" nas artes.

II

O ingresso de Watteau na Academia Real de Pintura e Escultura deu-se em 27 de agosto de 1717, cinco anos após ter sido recrutado por Antoine Coypel para integrá-la e quinze anos após ter deixado Valenciennes por Paris pela primeira vez. Seu *morceau de réception*, a célebre *Peregrinação à Citera* (Fig. 3), representa casais de cortesãos prestes a embarcar, não se sabe se para a ilha ou em retorno para o continente, cada qual absorto com seu par, numa espécie de coreografia que evoca retiro, gracejo, passatempo e, como já se observou (Levey, 1998, p. 40; Gombrich, 1988, p. 358), certa melancolia.

A história da recepção desse quadro é atribulada. Watteau demorou cinco anos para finalizá-lo e não quis ou não conseguiu realizar uma composição elevada, como era praxe fazer para ser acolhido na Academia. Além disso, o quadro terminou recebendo, ninguém sabe ao certo por parte de quem, o título de *"une fête galante"*. Na esteira desse episódio, difundiu-se (sobretudo no século XIX) a versão de que Watteau teria ingressado na Academia como *"peintre des fêtes galantes"*, o que foi recentemente descartado por M. Eidelberg.[2] De todo modo, o nome de Watteau associou-se à expressão *fête galante*, e, embora sua pintura inclua também muitas cenas de *commedia dell'arte* e retratos da vida militar, não será despropositado, para esta análise, recordar o campo semântico dessa expressão à época. Fazê-lo será ocasião para identificar aprofundamentos e rupturas que a difusão do "gosto de Watteau" representou em relação à poesia e à moral da segunda metade do século XVII na França.

Como se viu no capítulo anterior, o adjetivo "galante" se tornara corrente na língua francesa no século XVII, especialmente ao qualificar o conjunto de obras romanescas surgidas entre o fim dos anos 1650 e durante a década seguinte, com Segrais e Mme. de La Fayette, entre outros.[3] Vimos que essas *nouvelles galantes*, também classificadas pela crítica do período como *"des nouvelles ou des historiettes"* (Sorel, *De la connaissance de bons livres*, 1671) ou como *"petites histoires"* por oposição aos *"grands romans"* (Du Plaisir, *Sentiments sur l'histoire*, 1683),

---

2. Conforme Eidelberg (2004, p. 19), o primeiro pintor a ser de fato recebido na Academia com esse título foi Jean-Baptiste Pater, discípulo de Watteau, em 31 de dezembro de 1728 – designado, na ocasião, como *"peintre dans le talent particulier des fêtes galantes"*. Ao próprio Watteau, entretanto, não foi atribuída designação alguma. "Quando foi recrutado [*agrée*] em 30 de julho de 1712, [Watteau] foi inscrito na lista da Academia apenas por seu nome, '*le sieur Antoine Watau*' [sic], com a indicação de seu *métier*, '*Peintre*' (por oposição a escultor, gravurista, etc.)".

3. Nessa mesma linha evolutiva que culmina no significado de "galante", o amor recebe um lugar cada vez mais abrangente na poesia trágica de Racine em diante, até chegar a Voltaire. Tragédia galante e *nouvelle galante*, para além do parentesco etimológico, se reuniram em um mesmo andamento cultural, como deixa pressentir esta curiosidade: na audiência da primeira leitura de passos da peça *Alexandre, o Grande*, feita pelo próprio Racine em 3 de fevereiro de 1665 no salão de Mme. de Plessis Guénégaud, no Hotel de Nevers, figuravam Mme. de La Fayette e La Rochefoucauld, assim como Mme. de Sévigne e Boileau.

se contrapunham ao romance heroico. O abade de Charnes resume a novidade da forma (já discutida através do exame de Mme. de La Fayette) da seguinte maneira:

> [as histórias galantes] são cópias simples e fiéis da verdadeira História, frequentemente tão semelhantes, que são tomadas pela própria História. São ações particulares de pessoas privadas ou consideradas em um estado privado, que é desenvolvido e exposto à vista do público em uma sequência natural, revestindo-as de circunstâncias agradáveis, e que tão facilmente ganham crédito, que se pode frequentemente considerar as ações que contêm como as fontes secretas dos acontecimentos memoráveis que aprendemos da História (Abade de Charnes *apud* Escola, 2004, p. 19).

Fica claro que a verossimilhança da *"nouvelle"* ou *"histoire galante"* é atingida na medida em que o autor retrata ações particulares de pessoas privadas ou "consideradas em um estado privado", isto é, pessoas públicas visadas em sua intimidade e seu "natural". Essa característica, presente em quase todos os romances de Mme. de La Fayette, possui uma implicação moral decisiva que também merece atenção. A "história", até ali considerada o produto da ação dos grandes homens, revela-se, nessas narrativas, menos o resultado refletido do que o efeito arbitrário das paixões humanas, que animam fortuitamente tanto os grandes quanto o comum dos homens.[4] Também sob esse aspecto, a aparição da nova forma romanesca revelava proximidade com Pascal, cuja distinção entre "grandezas naturais" e "grandezas de estabelecimento" já sustentava o caráter convencional das distinções sociais.

---

4. "A considerar o conjunto desses 'pequenos romances', percebe-se que seu projeto nada tem de inocente. De fato, tomando como objeto apenas as paixões dos grandes, reis e príncipes, as novelas operam uma verdadeira desconstrução da grande história, explicada por motivos pouco nobres, se não pelo triunfo da vaidade e da loucura" (Démoris, "Introduction" *in* Félibien, 2007, p. 24).

Às grandezas de estabelecimento, deve-se respeito de estabelecimento, isto é, certas cerimônias exteriores que devem ser acompanhadas, segundo a razão, de um reconhecimento interior da justiça dessa ordem, mas que não nos fazem conceber nenhuma qualidade real naqueles que honramos dessa forma (Pascal, 1963, *Três discursos*, p. 367; trad. p. 84).

Na mesma direção, a *nouvelle galante* humaniza seus protagonistas. Mas isso ocorre em seu prejuízo, posto que (como se viu a propósito da princesa de Clèves) a única alternativa contra a desordem interna é a "liberdade de indiferença", isto é, a renúncia aos afetos e às paixões. Subvertendo a antiga moral do relevo, a humanização em curso engendrou não a heroicização dos homens comuns, mas a existência de heróis e heroínas desumanos, capazes de suportar as restrições trazidas pela divisão entre os afetos e os imperativos da vida cortesã. Os privilégios de poucos sobre muitos são postos à luz, mas em hipótese alguma se cogita suprimi-los. Afinal, qual vantagem haveria em proporcionar ao sujeito a chance de afirmar sua individualidade característica se, tudo somado, as diferenças morais individuais convergem para a mesma irrelevância? Forçando os conceitos, dir-se-ia estarmos diante de indivíduos dessubjetivados, uma vez que lhes é recusada, de início, a prerrogativa de interpretar por sua conta e risco as contingências da vida, ordenando-as em torno de uma biografia cujo sentido fosse pessoal – como valia para a subjetividade heroica corneliana. No momento em que os agentes se tornam reféns de seus afetos, quem não for capaz de desumanizar-se terminará sequestrado pelas paixões.

Mas, ao contrário do que se poderia imaginar, a supressão do princípio de ordenação pessoal não arrisca desencadear o caos. Ao contrário, a principal ameaça à ordem tornou-se, agora, o desenrolar-se das prerrogativas individuais. Se esse risco não se concretiza, é porque os indivíduos já foram destituídos do sentido último de suas próprias condutas. Onde, então, localizar esse sentido? Pascal acenara para uma resposta nos fragmentos em que delineava o espaço de uma história universal, cujo equilíbrio, paradoxalmente, se apoia na desordem humana. "As razões dos efeitos marcam a grandeza do homem, por ter retirado da concupiscência uma tão bela ordem" (Pascal, 1963, LA. 106/Br. 403). "Grandeza do homem em sua concupiscência mesmo, por ter sabido retirar dela um regulamento admirável e por ter feito em consequência um quadro de caridade" (LA. 118/Br. 402). Apesar de o "homem" de que falam essas linhas não ser determinável por nenhum de nós, ele corresponde a todos indistintamente. Seria quase uma realidade demográfica, não fosse pelo fato de que o "homem" corresponde ao princípio de composição das personalidades individuais, distribuindo-as pelo interior do quadro de caridade de que dá notícia Pascal. Sem que tenham consciência disso, os indivíduos concorrem para a reiteração de um princípio que ordena o todo. Ensaiando cogitar essa mudança em termos poéticos, dir-se-ia que a estruturação da *compositio* já não se enraíza na reflexão individual; ela apoia-se no fato de que os homens, abandonando-se à persecução de fins particulares, terminam por engendrar um "regulamento admirável", uma "tão bela ordem". O significado da história permanece apreensível ao espectador, que abarca a totalidade da narrativa de uma perspectiva exterior a ela. Antes de passarmos a Watteau, é necessário deter-se sobre essa novidade, que, antes de sua entrada em cena, animou a cultura artística da época de Luís XIV.

III

A ideia de que as personagens da vida intramundana estejam envolvidas em um jogo cujo sentido lhes foge e cujas regras ignoram é ilustrada em um quadro que possui valor de manifesto para a pintura francesa do século XVII. Trata-se da primeira das cinco pinturas do ciclo dedicado à vida de Alexandre, realizadas por Charles Le Brun (1619-1690) no início da década de 1660: *A família de Dario aos pés de Alexandre* (Fig. 4). O próprio Le Brun, anos mais tarde, irá proferir, na Academia Real de Pintura e Escultura, duas conferências sobre essa tela, que também motivou o comentário de André Félibien. O aporte ideológico da obra é amplo: vai de sua encomenda à teorização que suscitou, passando pelas repercussões que dela se seguiram para a trajetória de Le Brun e a pintura clássica francesa da segunda metade do século XVII. Como se verá em breve, o modelo da reflexão pessoal, corrente na idade clássica, é amplamente revisto por Le Brun, cuja poética não apenas joga luz sobre as mudanças da psicologia, da moral e da política em curso, como também, em função de seu prestígio, ajudam a disseminar a nova tendência, em essência contrária à moral de relevo já examinada por nós.

Filho de um escultor modesto, mas com alguma inserção na corte, Le Brun, tendo revelado precocemente seus talentos artísticos, ganha a simpatia do chanceler Séguier, que o insere no ateliê de Simon Vouet (1590-1649) em torno de 1633-1634. No início dos anos 1640, realiza três quadros para o Cardeal de Richelieu, quando tem sua personalidade como pintor reconhecida pelos grandes. Séguier, seu mecenas e protetor, financia sua ida a Roma em 1642, onde permanece junto a N. Poussin por três anos. Nos quinze anos seguintes a seu retorno a Paris, Le Brun firma seu protagonismo a um só tempo artístico e institucional. Figura entre os fundadores da Academia Real de Pintura e Escultura em 1648 (da qual se tornaria o diretor em 1663); assume a realização de conjuntos extensos, como a Galeria de Hércules no Hotel Lambert e a decoração de Vaux-le-Vicomte (a partir de 1658), a pedido de N. Fouquet, onde realizou uma apoteose de Hércules (c. 1659) no teto da antecâmara do apartamento do então superintendente de Mazarin. Após Fouquet cair em desgraça junto a Luís XIV, Le Brun se aproxima de Jean-Baptiste Colbert, com apoio do qual se tornará diretor da manufatura dos Gobelins em 1663. Seu papel como coordenador da execução das obras em Versailles o consagra como figura principal na condução das artes plásticas na França sob o reinado de Luís XIV, de quem se torna "primeiro pintor" em 1664.

O quadro em questão, também conhecido como *A tenda de Dario*, integra o ciclo sobre Alexandre, encomendado a Le Brun por Luís XIV. Le Brun o fez em Fontainebleau e ninguém menos que o rei teria seguido sua execução.[5] O valor artístico da obra não é incontroverso (Thuillier, 2014, p. 227), mas não é o momento de discuti-lo, e sim de ater-se ao que ela mostra e como o faz. A cena retoma o episódio – narrado na *Vita*, de Quintus Curtius Rufus, a fonte de Le Brun – que transcorreu logo após Dario ser derrotado na Batalha de Isso (333 a.C.). Alexandre apresenta-se com seu general e amigo Heféstion à tenda do rei derrotado. Por conta do manto vermelho usado por Heféstion, Sisigambis, mãe de Dario, o toma por Alexandre. Logo percebido pelos presentes, o equívoco motiva reações diversas. A esposa de Dario, com seu filho entre os braços, mira Alexandre na expectativa de sua clemência; Estatira, quase no centro do quadro e com uma veste branca, ilustra abatimento. Mal se pressente que ela se tornará a esposa do conquistador, mas isso provavelmente explica que Le Brun tenha ressaltado sua figura pelo emprego especial da luz e da cor. Atrás dela, está sua irmã mais nova, Parisatis, que representa a esperança. Completando o quadro, servos e servas das princesas perfilam-se exibindo outras reações, como o temor e o entusiasmo.

A ação em dois tempos – o equívoco de Sisigambis e a expectativa dos demais diante da reação de Alexandre – confere complexidade à narrativa. A despeito disso, Le Brun segue o princípio classicizante, fixado desde L. B. Alberti (*Da pintura*, 1453), conforme o qual as figuras se subordinam a um tema central, a composição devendo "culminar em um personagem heroico" (Kirchner, 2013, p. 32).[6] A complexidade narrativa se traduz, neste caso, na variedade de expectativas e reações à ação do herói. Uma variedade, logo se vê, de ordem passional. *As rainhas da Pérsia* foram cogitadas por Le Brun como quadro que

---

5. Quanto à colaboração entre J.-B. Colbert (1619-1683) e Le Brun e, de modo geral, para o papel de Le Brun na "fabricação" da imagem de Luís XIV, ver Burke (1992, Cap. 4).
6. T. Kirchner aponta os antecedentes mais célebres da narrativa em dois tempos: *A morte de Germanicus* (1626-1627) e *La Manne* (1637-1639), ambos de N. Poussin. O êxito de Le Brun é destacado por Kirchner (2013, p. 54): "Através de sua incerteza quanto ao ator principal da ação, o espectador compartilha o embaraço que tomou a família de Dario", compreendendo, ao fim, "que deve admirar o verdadeiro herói, chame-se Alexandre ou Luís XIV".

institui "uma gramática dos modos de expressão das paixões"[7] – e assim passou a ser comentado: em meados do século XVIII, La Font de Saint-Yenne se reporta a seu autor como o "grande mestre na arte de apresentar as paixões". Desse comentário, interessa em especial este passo:

> A submissão, a admiração, a confiança, o respeito, o medo, o horror, nuances completamente diversos que produzem uma abundante variedade de fisionomias e atitudes expressas com uma eloquência e uma conveniência perfeita, quer à dignidade das princesas, quer ao estado de todas as pessoas de sua comitiva (La Font de Saint-Yenne, 1747, p. 84-85).

De fato, cada personagem do grupo de cortesãs e servos diante de Alexandre encarna uma paixão particular. Apenas Heféstion e, principalmente, Alexandre mantêm atitude mais refletida, frequente nos quadros de Poussin, graças à qual o semblante pessoal não se reduz à expressão de uma paixão predominante. Ao dar-se conta do mal-entendido que vitimou Sisigambis, Alexandre expressa sua clemência com os braços semiestendidos. Heféstion aparenta certo embaraço pelo quiprocó, mas não a ponto de piorar a situação. Nenhum dos dois é assimilável a uma paixão determinada, como ocorre com as familiares de Dario ou com os servos e servas do cortejo.

Le Brun discorreu sobre a expressão das paixões na pintura em conferência que proferiu na Academia em 1688 (ao que se sabe, em duas sessões: uma em abril, outra em maio). No texto, serve-se do esboço das cabeças que prepararam seu quadro. A publicação póstuma (1698) leva por título *Método para aprender a desenhar as paixões* e aponta que Le Brun concebeu *A família de Dario aos pés de Alexandre* como "uma demonstração do que devia ser a verdadeira pintura histórica" (Allen,

---

[7]. "Assistimos assim a reações plurais, e cada uma delas enriquece a narrativa pictórica de uma nova faceta, constitui uma ação secundária no corpo de uma narração global" (Kirchner, 2013, p. 40-41).

2004, p. 139). Sua reflexão apoia-se amplamente sobre o *Tratado das paixões* de Descartes, do qual se apropria distorcendo o essencial. Mas são essas distorções que investem as conclusões de Le Brun de interesse, começando pelo lugar decisivo que concede às paixões para o conhecimento do homem:

> Como o conhecimento do homem supõe necessariamente aquele das paixões, que constituem o grande reforço dos movimentos do coração e de todas as nossas ações, todas as épocas aplicaram-se em estudar sua natureza e seus efeitos (Le Brun, 1982, p. 2).

Em consonância com isso, caberá à pintura – sobretudo, à expressão – marcar "os movimentos da alma, o que torna visível o efeito da paixão" (Le Brun, 1982, p. 2). A expressão, definida como exteriorização fisionômica das paixões, manifesta-se de modo mais acentuado no rosto.[8] Daí por que o estudo das cabeças mereça toda a aplicação do pintor histórico (Fig. 5). A expressão facial foi tradicionalmente concebida como índice adequado da alma; mas, ao resumi-la à expressão de uma paixão determinada, Le Brun rompe o equilíbrio entre o corpo e a alma buscado pela moral cartesiana, uma vez que, segundo o pintor, a alma imprime imediatamente no corpo o movimento passional que a determina sem ser mediada pela reflexão. A rigor, portanto, Le Brun afasta-se da moralidade cartesiana. Mas não só: embora Le Brun reivindique ser o sucessor de Poussin, também se distancia dele. A serenidade característica de muitas figuras de Poussin decorre da convicção de que o indivíduo é capaz de formar uma compreensão do meio e da ação em que se inscreve, o que, em última instância, requer posicionar-se refletidamente diante dos eventos. Daí por que, mesmo ali onde confronta a violência das paixões (*O julgamento de Salomão*, 1649; *Moisés exposto às águas*, 1654), Poussin, diferentemente do que se vê no quadro-manifesto de Le Brun, não

---

8. Le Brun (1982, p. 13 e p. 43) apoia-se em Lúcio Apuleio para afirmar que "o homem se mostra inteiramente em sua cabeça".

abandona a crença de que a relação dos homens com a *physis* é mais moral do que psicológica.[9] A seus olhos, a contingência que contagia a vida engendra o imperativo de fabricar a unidade moral.

Poussin não considerava seus quadros como uma coleção de paixões, mas partia do sentido do evento para buscar, por todos os meios, a expressão. É raro conseguirmos nomear a 'paixão' específica encarnada por uma figura de Poussin, pois a experiência representada é inseparável das circunstâncias nas quais o personagem se encontra inscrito (Allen, 2004, p. 139).

E já se vê por que não é Le Brun, mas Poussin quem deve ser aproximado do programa moral cartesiano. Pois, embora pudesse admitir que as diferenças individuais ocasionalmente se reduzam à diferença entre paixões distintas, Descartes certamente não acreditava que isso fosse desejável e, menos ainda, inevitável. Se ocorre que o uso que cada um faz das paixões apareça em diferenças de postura ou fisionomia, é porque a atuação da reflexão sobre o universo passional transcorre junto com a temporalidade de cada indivíduo: são trajetórias que deixam marcas individualizadoras, como as rugas no rosto. Mas a biografia singulariza moralmente os indivíduos, conforme suas respectivas atuações sobre a "natureza". Não surpreende que em Poussin, que foi animado por essa mesma convicção, a dimensão

---

9. "O homem [em Poussin] é sempre confrontado a seu destino e busca apoderar-se dele através de uma conduta inteiramente voluntária – quer se trate de Moisés, cuja vida de esforços e provas constitui um dos temas preferidos de Poussin, quer se trate de Pan, pois as Bacanais tampouco são um fácil consentimento à embriaguez dos sentidos, à maneira flamenga: uma lúcida inteligência organiza até mesmo a desordem e parece tomar posse do delírio do corpo" (Thuillier, 2014, p. 87).

passional esteja articulada a aspectos reflexivos e volitivos, apresentando figuras que não se contentam em fornecer reações imediatas às circunstâncias.[10]

Já se vê, então, em que medida *As rainhas da Pérsia* anuncia uma ruptura com o significado que a moral do relevo conferia à ordenação pessoal do cosmos pelo indivíduo. Ao assimilar parte significativa da questão da expressão à diversidade de paixões personificadas por diferentes indivíduos, Le Brun prepara a substituição da história individual pela psicologia, elevada à condição de princípio heurístico da *compositio*. O indivíduo se vê destituído de sua condição de foco ordenador e fator compositivo do mundo a sua volta para tornar-se parte de um sistema cujo princípio transcende o âmbito singular de sua reflexão. Bem a propósito, C. Allen (2004, p. 140) observa que, para Le Brun, "a realidade fundamental é psicológica, a ação não sendo mais do que uma ocasião para expor estados emocionais interessantes". Eis a novidade de Le Brun em relação à pintura de Poussin, na qual a ação "é sempre prioritária e determina a dimensão psicológica". A diferença concerne à escolha do que estrutura a formalização. Se não é o indivíduo quem responde pelo princípio de ordenação da narrativa, outra instância terá de fazê-lo. Assim, a transição de Poussin rumo a Le Brun revela as implicações que a dissolução do modelo pessoal de reflexão produziu na poética pictórica, abrindo horizontes inéditos em relação à moral de relevo. A filosofia da história, por exemplo, será edificada a partir de uma apreensão global das ações fortemente apoiada sobre a psicologia afetiva; no interior desse novo saber, os protagonistas do drama humano personificam esta ou aquela paixão, não respondendo mais pelo sentido unificador da composição.

Apesar de sua pintura acenar para essas inovações, seria incorreto supor haver um paralelismo bem-acabado entre Le Brun e o filósofo da história em via de aparição. Por uma razão que salta aos olhos:

---

10. Assinalando a presença do estudo das paixões em Poussin, J. Thuillier (2014, p. 87) observa que tal expressão deve ser compreendida em seu significado cartesiano: paixão é o que "reúne todas as atitudes do homem diante do evento".

no quadro examinado há pouco, nem Alexandre e nem Heféstion são assimilados a uma paixão determinada, como as demais personagens. Essa excepcionalidade funda-se na função política exercida por Alexandre, que detém em sua pessoa a medida da afetividade do conjunto. É por encontrarem-se na presença de seu novo rei que as mulheres de Dario e seus acompanhantes reagem irrefletidamente, conforme um léxico abrangente de paixões; elas compõem o drama cuja inteligibilidade lhes escapa e cujo ponto de fuga é a clemência de Alexandre. Mas o resultado não é a volta do herói clássico. A pintura de Le Brun é metáfora do absolutismo; não por acaso, e como observou T. Kirchner, o quadro era exposto nos aposentos públicos do palácio de Versailles, deixando clara a função ordenadora do soberano na sociedade, a esta altura reduzida ao conjunto dos indivíduos nivelados. Destituídos de autonomia moral diante do Príncipe, os súditos tomam-no como instância que passa a concentrar, em nome da ordem pública, toda a moralidade.[11] Todos, sem exceção, se submetem à pessoa do monarca, regra que, paradoxalmente, se aplica ao próprio Luís XIV, cujas prerrogativas também são disciplinadas pela coerção universal do absolutismo, do qual ele é centro e princípio – ou antes, *apenas* o centro e o princípio (ver N. Elias, 2001). Situando a medida das paixões que animam a narrativa no plano que transcende a maioria dos indivíduos, Le Brun faz do seu ponto de concentração o soberano absoluto, cuja pessoa pública não deixa transparecer vestígios de sua existência privada. Será questão de tempo para que o rei termine submerso pelo homem que o habita, como cuidam de apontar, à mesma época, a *nouvelle galante* e as sentenças de La Rochefoucauld e La Bruyère. Quando isso acontecer, suas prerrogativas morais e sua autoridade política também serão colocadas em xeque.

---

11. R. Koselleck (1999) viu nesta exclusividade moral do Príncipe a principal resposta do absolutismo à desordem civil provocada pelas guerras de religião.

IV

Nesta transição, que foi feito do cortesão? Subsumido à rígida estruturação do cotidiano típica de Versailles, ele viu-se lançando mão de estratégias de sobrevivência estranhas ao universo do relevo em que seu antepassado clássico atuava moralmente. Desfeito o equilíbrio entre reflexão moral e *physis*, os signos por referência aos quais cada gesto era medido e cada conduta era avaliada logo se viram glosados, parafraseados e metaforizados à exaustão. No final do reino de Luís XIV, possivelmente por saturação, a vida na corte se distendeu, acenando nova mudança no gosto, como se, uma vez consumado, o nivelamento entre os indivíduos abrisse uma janela para o anonimato e sua sensibilidade. Resignar-se à irrelevância e desaparecer na superfície tornam-se formas de existir ajustadas às mudanças em curso.

Precisamente neste rumo caminha a modificação sofrida pelo adjetivo "galante", por onde teve início este capítulo. A partir do início do século XVIII e, especialmente, durante os anos da Regência, ele passa a qualificar os divertimentos da alta sociedade parisiense. Martin Eidelberg chama a atenção para o fato de que os dicionários de arte do século XVIII recorrem menos à expressão *"fête galante"* do que a *"sujet galant"*, como atesta este comentário de Antoine La Roque (1721 apud Eidelberg, 2004, p. 21) a propósito de Watteau: "O gênio desse hábil artista o levava a compor pequenos temas galantes: núpcias campestres, bailes, mascaradas, festas marinhas, etc." Eis nosso pintor caracterizado através de sua preferência temática pelo que é pequeno e galante ou, antes, por "pequenos temas galantes". Aprofundando La Roque, dir-se-ia que o "gosto de Watteau" (a expressão se difunde no curso do século) se opõe ao modelo da virtude heroica do início do classicismo, a começar porque o heroísmo característico de Corneille ou Poussin não caberia numa escala reduzida como aquela dos temas de sua escolha. Sob esse aspecto, poder-se-ia indagar, Watteau não segue de perto a via aberta pela *"nouvelle galante"* da qual Mme de La Fayette foi a maior expoente, ela que, como se acabou de observar, também já havia questionado a elevação dos indivíduos exigida pela concepção heroica da virtude?

Apontamos que a oposição ao modelo clássico do uso pessoal da reflexão como fator de distinção moral e direcionamento das paixões, embora sob o fundo de uma premissa comum, admitiu soluções diferentes de 1660 em diante. A *nouvelle galante*, suprimindo a premissa que reunia moral cartesiana e dramaturgia cornelliana, nivela todos os indivíduos sob a condição de agentes expostos ao furor das paixões. Se é verdade que "apenas o humor e o amor-próprio guiam os homens", como sentencia La Rochefoucauld, nesse caso o ideal de generosidade, exposto nas *Paixões da alma*, assim como a afirmação do valor de si, como exemplificado por Rodrigo e Ximena no *El Cid* ou no "epicurismo aristocrático" de Saint-Évremond (Ehrard, 1970, p. 316), aparecerão como outras tantas expressões do amor-próprio. Tragédia, romance e fórmula sentencial convergem ao sublinhar a incapacidade dos indivíduos em diferenciarem-se moralmente uns dos outros. Levada ao extremo, essa indistinção originária, articulada por Pascal à doutrina do pecado original, destitui os homens de suas características morais individuais – sugerindo reduzi-los a suporte de paixões que governam sua pessoa ou, na melhor das hipóteses, à função de ordenação de um sistema que ultrapassa as prerrogativas de que gozava o indivíduo clássico. O quadro-manifesto de Le Brun aprofunda essa mesma linha. As rainhas da Pérsia personificam, cada qual, uma paixão determinada, a unidade da composição correspondendo ao ponto de vista que unifica a cena, momentaneamente representado pelo soberano – princípio de economia política que assegura o equilíbrio entre expectativas e inclinações irrefletidas vivenciadas pelas personagens. À exceção do monarca, os indivíduos são moralmente indiscerníveis; sua singularização transcorre na medida em que se apresentam como portadores de paixões heterogêneas, cuja unificação opera em um registro que lhes escapa.

A preferência de Watteau pelos "pequenos temas galantes" também se contrapõe à moral de relevo. Mas a oposição agora assume outra figura e tom, uma vez que a descoberta de que o indivíduo habita o solo comum da "humanidade" ganha contornos específicos em sua pintura. A representação da queda associada à contrariedade pascaliana pressupõe uma topografia em que o alto e o baixo permanecem discerníveis, possibilitando transitar em pensamento de um a outro extremo. Ela também permite medir e experimentar a todo instante esse percurso. Se nossa grandeza reside em reconhecer nossa própria miséria, experimentá-la requer vislumbrar o cume almejado a partir do sítio rebaixado e inferior em que nos encontramos. Note-se que algo semelhante é preservado na hierarquia política do quadro-manifesto de Le Brun. Na *Peregrinação à Citera*, em contrapartida, os casais situam-se em um plano unidimensional, sem que a representação evoque qualquer fuga para o "alto", para o "subjacente" ou "profundo". A ascensão ensaiada pelos querubins é mitigada pelo fato de que eles circundam os barqueiros e os cortesãos, participando da cena ao mesmo título que eles; o fato de que sejam imortais não constrange a impressão de transitoriedade que paira sobre o conjunto. Não é subentendida qualquer instância originária por referência à qual se pudesse enxergar na vida mundana o obstáculo a ser superado para o reencontro final com o criador. O que se vê é o desfrute de uma tarde de prazeres aparentemente fortuitos. Enquanto o tema agostiniano da *peregrinatio* supunha o discernimento da origem, a pátria da bem-aventurança da qual o homem fora exilado e para a qual poderia retornar (cf. Novaes, 2002),[12] Watteau não fornece qualquer elemento que permita decidir se, afinal, os cortesãos embarcam para Citera (a ilha dos prazeres, do amor e da bem-aventurança) ou retornam ao continente.

O destino permanecendo ambíguo, a moralidade perde o caráter vetorial de que dispunha na tradição agostiniana e jansenista. De fato, da perspectiva de quem observa a cena, a única indicação relevante é a de que os cortesãos estão indo para algum lugar, sem que saibamos

---

12. Pascal, aprofundando a seu modo essa intuição, enxerga na graça o único modo de o amor de si juntar-se *novamente* ao amor de Deus, do qual havia se separado ao tornar-se amor-próprio (ver Oliva, 2020).

se o passeio está no começo ou perto do fim.¹³ Tudo se passa como se Watteau nos estendesse o convite do narrador de *Pharsamon*, publicado por Marivaux em 1737: "Siga-me, caro leitor; a dizer-vos a verdade, não sei ao certo onde vou; mas é o prazer da viagem." Acontece que narrar um transcurso cuja origem é indeterminada presta-se mal a formas de redenção. A rigor, a noção tradicional de narrativa, supondo a tríade início, desenvolvimento e desfecho,¹⁴ é posta em questão quando a matéria do que é retratado corresponde a um intervalo entre momentos cuja sequência e sentido são ignorados pelo leitor ou espectador.

É importante observar que a *Peregrinação à Citera* não representa uma investigação isolada do universo de intermitências que cercam a ação humana. Ao contrário, o quadro revela uma inclinação que anima parte significativa da obra de Watteau. Quase nunca deparamos aí com o que, na falta de nome melhor, poderia ser chamada a "ação principal". Ao invés da perseguição à caça, o que vemos é o descanso dos caçadores; ao invés da batalha sanguinária ou épica, a pausa dos soldados; ao invés do espetáculo, o intervalo em que os atores, sob seus trajes característicos, desigualam-se por um instante dos tipos que representam.

---

13. Salvo engano, Michael Levey (1998, p. 40) foi o primeiro a sustentar que se trata de retorno de Citera para o continente – leitura apoiada pela estátua de Vênus, à direita, pois Citera é a ilha da deusa do amor. Eis a écfrase do quadro: "Encerrou-se um dia de festa. A estátua de Vênus foi coberta de seu tributo de rosas e quando a noite se aproxima os relutantes amantes-peregrinos devem deixar a ilha. A ideia da passagem de tempo, o inevitável movimento da vida, é transmitida pelo movimento da composição: desembaraçando-se da passividade pétrea da estátua – pólo fixo em meio à fluidez – pelos três pares de amantes que representam um despertar gradual para a realidade, até o grupo animado que entra no barco em meio a uma revoada de cicerones. [...]. Uma realidade agridoce subjaz a todos os ornamentos serenos da roupagem alegórica e fantasiosa. Entretanto, o quadro escapa à categoria de gênero, tal como evita ser mitológico. Sua preocupação central é com a humanidade – na qual permanece típico de seu século."
14. "As fábulas bem constituídas não devem começar num ponto ao acaso, nem acabar num ponto ao acaso" (Aristóteles, 1997, p. 27).

Qual ensinamento extrair dessa temporalidade residual, moralmente modesta? Na pintura clássica, a ação apoiava-se em uma acepção cosmológica do tempo, que admitia por variante, por exemplo, o panteísmo de certos quadros de Poussin. Em Watteau, ao contrário, pouca coisa parece sobressair na série dos instantes por onde vai escoando a vida: o presente é pago à vista pelos desfrutes ocasionais. Restauração e consumo perdem sua conotação cíclica habitual, dado que, na falta de cosmos, reposição e dispêndio não evocam o mundo do trabalho (como se prefigura nos camponeses dos irmãos Le Nain, por exemplo), mas aparecem como outras tantas formas de passar o tempo. De fato, o "passatempo" substitui a "atividade" – e isso não apenas nas *fêtes* galantes. Nelas e nos passeios campestres, a música e o galanteio dificilmente poderiam ser reportados a qualquer tipo de ativismo. São apenas outras tantas formas desse intervalo pausado sobre si mesmo, em que Watteau parece ter discernido um eventual significado para nossa existência. Tudo se passa como se suas personagens, por força de habitarem um parêntese do discurso principal, revelassem a substância dramática daquilo que é acessório, mediano e não heroico. "Galante", como se vê, passou a significar o esvaziamento de toda tensão, inclusive daquela produzida pela cisão entre dever e paixão. Assiste-se, com isso, ao enfraquecimento da contrariedade.

V

Dito isso, vale examinar mais de perto como Watteau desenvolve seu princípio dramático, ligado, como sugerido, à convicção de que os homens habitam uma superficialidade sem fundo e sem história. É isso o que explica por que, como se verá adiante, sua pintura tenha sido considerada frívola ou gratuita. Comentar os aspectos formais dessa novidade requer voltar os olhos para a categoria de composição, parâmetro da crítica e da prática pictórica no período.

Note-se de início que, a despeito das diferenças poéticas relevantes que separam Poussin e Le Brun, a pintura francesa seiscentista permaneceu marcada pela reflexão teórica da tradição classicizante que convergiu para a fundação da Academia Real de Pintura e Escultura, em 1648. Nesse contexto, o que mais salta à vista é o destaque conferido à teoria dos gêneros pictóricos, inspirada na divisão aristotélica dos gêneros literários. Eis a formulação dessa ideia através das palavras de André Félibien (1619-1695):

> [...] aquele que faz excelentemente paisagens está acima de um outro, que somente faz frutas, flores ou conchas. Aquele que pinta animais viventes é mais estimável do que os que representam apenas coisas mortas e sem movimento; e como a figura do homem é a mais perfeita obra de Deus sobre a terra, é igualmente certo que aquele que se torna imitador de Deus, pintando figuras humanas, é muito mais excelente que todos os demais... não obstante, um pintor que só faça retratos ainda não atingiu essa alta perfeição da arte e não pode pretender à honra que recebem os mais sábios. Para tanto, é preciso passar de uma única figura para a representação de várias em conjunto; é preciso abordar a história e a fábula; é preciso representar as grandes ações como os Historiadores ou temas agradáveis, como os Poetas (Félibien [1667] 1725, V, p. 310-311 *apud* Bayle, 2003, p. 4).

A hierarquia entre os pintores ordena-se conforme o assunto que imitam: quem pinta homens é mais excelente do que quem pinta animais ou "coisas mortas". Para atingir a excelência máxima, não basta retratar homens e mulheres; é preciso, além disso, representar as figuras em conjunto, dominar a composição dos elementos imitados de modo a construir uma narrativa e, assim, "abordar a história e a fábula". Já se vê que a afirmação do privilégio da pintura histórica diante dos outros gêneros liga-se, no passo de Félibien, com a assunção do lema *ut pictura poesis*. Por constituir narrativa, a pintura histórica dá o que pensar. Daí por que ela seja superior à imitação mecânica da vida. Esse apreço em relação à pintura histórica é suficientemente consensual; Roger de Piles (1635-1709), adversário frequente de Félibien sob muitos aspectos, converge com ele em torno do ponto:

Os pintores servem-se com razão da palavra história para significar o gênero de pintura mais considerável, e que consiste em colocar juntas várias figuras, e se diz: este pintor faz a história, esse outro, animais, aquele, a paisagem, um quarto, flores, e assim por diante (Piles [1708] 1989, "Préface").

Quer na representação de um grande feito, quer de uma biografia consagrada, a pintura histórica é elevada. O descaso em imitar a realidade prosaica e a valorização da representação elevada do indivíduo exprime-se, no plano formal, pela unificação da composição em torno do feito, da história ou da exemplaridade do protagonista, cuja apresentação solicita elevação. Como, por sua vez, Watteau entabula o enlace entre moral e composição pictórica? Pode-se ensaiar uma primeira resposta a isso pelo recurso à comparação. Em Poussin, as personagens aparecem como suporte consciente da narrativa; em alguns quadros de Le Brun, como é o caso de *A tenda de Dario*, o indivíduo (exceção feita ao soberano, que tampouco é o indivíduo da moral do relevo) é suporte de um sentido que lhe escapa. Watteau, em contraste, parece devolver a palavra ao indivíduo, mas para constatar que sua fala é inaudível a qualquer um que esteja fora de seu círculo mais próximo. Seus personagens praticamente sussurram.

Sabe-se que o pouco caso que Watteau fez do alcance ordenador da composição em relação à narrativa está ligado à sua dívida com a tradição holandesa da pintura de gênero. Conforme o cânone pictórico constituído no século XVII e que prevaleceu no curso do século seguinte, essa pintura não configura narrativa alguma. Juízo esse, aliás, difuso também fora da Academia, por críticos "independentes" que também associaram Watteau às "bombachadas". Eis o que diz D'Argenville a respeito:

> Uma Virgem que pintou e alguns outros temas de história dão a entender que ele poderia ter êxito nesse gênero. O gosto que seguiu é mais precisamente aquele das bombachadas e não convém ao sério; toda a indumentária é cômica, para o baile, e as cenas são ou teatrais

ou campestres (Dezallier D'Argenville, IV, 408 *apud* Mariette, 1862, p. 119-120).

Mas foi exatamente ao recusar a narrativa histórica que Watteau descobriu a via de acesso à narrativa moderna. Diante da teoria dos gêneros e da concepção classicizante da *compositio* em voga, a transição de uma mimesis elevada para a representação de temas cotidianos só poderia aparecer sob a rubrica de uma pintura menor, como aparentava ser a pintura de gênero. De fato: Watteau pintou o que é "menor". Mas é difícil sustentar que esse partido o tenha confinado à gratuidade das bombachadas.

À primeira vista, Watteau adere totalmente à jovialidade da vida cotidiana de cortesãos e burgueses médios ou de camadas altas, retratados em momentos de ócio, lassidão ou devaneio, envoltos em uma narrativa avessa a toda e qualquer teleologia. Mas isso não é pouco: uma vez frustrada a expectativa de descobrir um sentido unitário, o olhar se encontra livre para engajar-se diversamente no que vê, sensível à captura da atmosfera comum que atravessa todas as personagens – como se o que as juntasse fosse o fato de movimentarem-se ou simplesmente existirem sob o mesmo céu.[15] As cenas retratadas muitas vezes comportam mais de um plano, como em *A perspectiva*, de 1717/1718 (Fig. 6), em que as personagens estão voltadas cada qual para um agrupamento específico, constituído de pares ou tríades de cortesãos. Todos se entretêm em um passeio vespertino pelo jardim de uma casa, talvez de propriedade de Pierre Crozat, próximo do pintor. Ao modo da *Peregrinação à Citera*, as personagens são capturadas em um instante indiferente ao tempo histórico. Embora interajam, sua correspondência é manifestamente gratuita e ocasional, o que tolhe

15. "O espaço do rococó apresenta um tipo próprio de vazio porque os corpos são localizados casualmente, em *nódulos*, deixando-os em uma situação de grande liberdade, de maneira que podem se mover espontaneamente. É quase como se as pessoas das pequenas cenas de jardim de Watteau fossem dotadas de uma 'liberdade natural', uma liberdade que elas podem assumir sem insistir na força ou na vontade barrocas" (Sypher, 1980, p. 40).

à distribuição das figuras o tipo de eficácia moral antes alcançada pelo espaço unificado do classicismo. Nas palavras de um crítico atual: "Muito frequentemente, as figuras parecem disseminadas no espaço sem que se possa discernir uma ordem subjacente. À aparente arbitrariedade da disposição das figuras se acresce a dificuldade para o espectador em identificá-las" (Jollet, 1994, p. 8).

Se isso já transcorre ali onde homens cortejam damas – onde, portanto, se presume haver algum interesse –, o expediente acentua-se quando Watteau pinta soldados em descanso, como em *A porta de Valenciennes* (Fig. 7). De modo similar, a imitação de atores da *commedia dell'arte* no palco ou fora dele os apresenta abandonados à existência momentânea e passageira; a segmentação da composição emancipa a imitação do empuxo temático almejado pela pintura histórica. Não só na pintura histórica: afinal, também a *nouvelle galante* extraía sua força dramática do contraste entre opostos, o que supõe uma hierarquização entre o alto e o baixo incompatível com a opção de Watteau por criar planos independentes entre si, cuja coexistência obedece ao azar. Com isso, ficam suspensos os efeitos poéticos da contrariedade.

Como a instauração desta nova espacialidade afeta a condição humana? Watteau parece interpretá-la na direção de dois polos complementares: fragilidade e dissipação. Em *Comediantes italianos* (Fig. 8), é perceptível o rebaixamento narrativo efetuado em outros quadros, só que operando em uma composição relativamente unificada. Nesse caso, a irrelevância está na frivolidade da cena, cujo centro é ocupado por Pierrot. O espectador é apresentado a alguém claramente incapaz de ordenar o real, sem que isso motive algum tipo trágico de resignação, como ocorria com o Hipólito da Fedra raciniana. A vida segue, isso é tudo. É como se Pierrot tivesse incorporado a lição de Pascal sobre a aparente ausência de sentido da vida, só que radicalizando-a a ponto de nem mais procurar questioná-lo. "Quem me colocou aqui? Pela ordem e pela intervenção de quem este lugar e este tempo foi destinado a mim?" (Pascal, 1963, LA. 68/Br. 205): à falta de respostas, essas perguntas tornaram-se inócuas.

O argumento sobre a dramaticidade de Watteau ganha muito com *Pierrot* ou *Gilles* (1718-1720) (Fig. 9). A composição também é segmentada: planos distintos coexistem sem obter reconciliação – que, de resto, não parece ser buscada. Gilles ocupa o lugar central da cena, mas apenas para reforçar a ideia de seu isolamento – um isolamento amplo, que concerne a qualquer um que se perceba destituído de relevo ou austeridade. Ele sequer tem forças para mobilizar a contrariedade, que converteria o reconhecimento da própria miséria na grandeza admitida pelo homem decaído. Deparamos com um drama que se curva para dentro de si mesmo, sem, por essa razão, precisar esconder-se dos outros. Nada que ver, portanto, com a severidade ou elevação características da aticidade clássica, que J. Thuillier (2014) viu no retratismo de Philippe de Champaigne (1602-1674). A lembrança desse comentário conduz ao ponto: Watteau elaborou um drama "não ático". Ao fazê-lo, abandonou a impostação elevada sob a qual havia sido enunciada a natureza humana decaída. É verdade que, nos anos de 1660-1680, o trágico alternou com o galante, ambos configurando dicções complementares. Foi o que se observou em Mme. de La Fayette e Racine. Watteau inova, contudo, por recusar a cumplicidade barroca entre intensidade e adoçamento, ensaiando demarcar um espaço dramático mais rente ao cotidiano. Realismo? De fato, as personagens imitadas por Watteau poderiam ser um de nós. A matéria das imitações passa a incluir realidades individuais com as quais qualquer um está apto a identificar-se. Mesmo ali onde a ênfase recai sobre a amenidade, como em muitos dos quadros galantes, Watteau evita o cômico, sem, por isso, reatar com o extraordinário. Se se quiser retomar a definição de E. Auerbach (1987; ver Waizbort, 2012) para o realismo como a representação séria do cotidiano, por que recusar a Watteau o epíteto? Ele seria o representante de um realismo em que os indivíduos permanecem anônimos, como se o anonimato fosse a melhor medida da individualidade moderna.

VI

O potencial narrativo da vida mundana teria de permanecer ignorado, enquanto as belas-artes se pautassem por parâmetros herdados da psicologia e da moral heroicas. Embora as premissas do "estilo decorativo rococó" já estivessem difundidas na virada do século,[16] apenas com Watteau as questões liberadas pela ruptura com a moral do relevo foram objeto de uma interpretação abrangente, que empregou o descompromisso poético da pintura de gênero para identificar, sob a aparência do prosaico, a novidade dramática do indivíduo sem pertencimento.[17] Flagrado em sua interioridade, mas nem por isso em contradição com o ambiente externo, o indivíduo se redescobre "livre". Mas apenas para desfrutar da existência coreografada em pequenos gestos, divertimento e transitoriedade. As cenas apresentam mais homens e mulheres desimpedidos, poupados da ação principal, do que exatamente exercendo sua liberdade. O equilíbrio das personagens com o meio exterior, manifesto nas festas galantes, não evoca a estruturação da exterioridade pelo princípio ordenador que Descartes e Corneille haviam localizado no indivíduo, nem, tampouco, promove a harmonia classicizante entre o micro e o macrocosmo visada por Poussin. A harmonia do divertimento revela, assim, sua gratuidade. O olhar atento identificará nisto a presença dos temas liberados pela contrariedade, mas noutro matiz: o tédio reaparece sob uma forma dominical; o nivelamento dos indivíduos, que havia suprimido hierarquias e revelado a incompreensão mútua

---

16. Veja-se outra vez M. Levey (1989): uma linha que vai de Correggio a Veronese em Veneza – e que se entrecruza, adiante, com a disputa entre rubinistas e poussinistas na França do fim do século XVII – preparou o abandono progressivo do barroco sério e pomposo em favor de um estilo menos convencional e menos afetado. Antes de Watteau, a Grande Maneira, representada por Le Brun, já sofrera investidas consideráveis; é isso o que explica a nomeação de Roger de Piles, simpático às novas tendências, para a direção da Academia em 1699.
17. Para o estatuto poético da pintura de gênero nas doutrinas da academia francesa na virada para o século XVIII, ver B. Anderman (2004) e, especialmente, B. Gaehtgens (2003).

entre eles, normaliza-se, tornando-se composição que bloqueia, no nível da forma, qualquer narrativa heroica.[18] Nem a versão burguesa do heroísmo burguês, que começava a ser formalizada do outro lado do Mancha, é cogitada aqui.

Ao conferir ao indivíduo nivelado pelo desaparecimento da moldura clássica uma apresentação não elevada, porém, dotada de substância moral própria, Watteau e seus seguidores diluíram as diferenças até ali perceptíveis entre o herói de relevo e o rei despossuído de Pascal, aquele cuja condição Racine (1999, p. 506) exprimiu nesta fala de Titus: "Um indigno imperador, sem Império, sem Corte."[19] Do ponto de vista rococó, todo heroísmo é "abstrato" e move-se nas alturas. Mas a exclusão do heroico não dá lugar a outras formas de asserção; o solo ao qual Watteau reconduz os indivíduos é um território alheio a qualquer engajamento produtivo. Não há valorização das virtudes da economia, nem da competição cortesã ou política. O desimpedimento dos homens e mulheres é pago pelo fato de que se apresentam destituídos de qualquer propósito mais sólido. Uma liberdade despropositada, que possui feição própria: não corresponde ao *je ne sais quoi* de J.-B. Dubos, nem à liberalidade ensaística de J. Addison ou D. Hume, nem, tampouco, ao livre jogo entre a imaginação e o entendimento de que adiante irá dar notícia a *Crítica do juízo* (1790) de Kant.

No plano da forma, o desengajamento exprime-se na adoção de uma *compositio* não sistemática, posto que, como se viu aqui, Watteau com frequência recorre à sobreposição de planos e à distribuição aleatória das figuras. Como mensurar o que se decide nesta escolha? Sistema, dirá a *Enciclopédia*, "significa em geral uma reunião ou encadeamento de princípios e conclusões, ou bem ainda o todo e o conjunto de uma teoria cujas diferentes partes estão ligadas entre si, seguem-se umas às outras e dependem umas das outras". O verbete,

---

18. W. Shyher (1980, p. 41) estende esse traço para todo o rococó: "Em todos os cantos, o ser humano é colocado em relação pessoal, mas não heroica, com a cena."
19. ["*Un indigne empereur, sans Empire, sans Cour*"] (Bérénice, V, 6, v. 1.418).

de autoria desconhecida, afirma ainda a relação existente entre o caráter sistemático do discurso e a categoria poética da *compositio*: "Essa palavra é formada a partir de uma palavra grega que significa composição ou reunião" (Diderot & D'Alembert, *Enciclopédia*, 2015, vol. 2, p. 402-403). Já no verbete "Composição (Pintura)", assinado por Diderot, a *compositio* pictórica é assimilada à representação sistemática da história representada no quadro:

> Um quadro bem composto é um todo compreendido em um único ponto de vista, no qual as partes concorrem para o mesmo fim e formam, por sua correspondência mútua, um conjunto tão real quanto aqueles dos membros de um corpo animal (Diderot & D'Alembert, *Enciclopédia*, 2015, vol. 5, p. 243-250).

A enunciação do nexo ligando composição unificada e sistematicidade dá ideia da subversão formal efetuada por Watteau. Sua interpretação do indivíduo moderno é mediada pela indiferença em relação ao caráter sistemático da "composição" – residindo nisto o fator que proporciona êxito à mimesis. Mas, se vale o lema conforme o qual a pintura é como a poesia (*ut pictura poesis*), então já se vê por que seria apressado concluir que representações nas quais teses e perspectivas coexistem de forma aparentemente arbitrária, quase desordenada, padecem de rigor ou acerto formal. Como ilustra Watteau na pintura, a composição não sistemática pode ser condição para alcançar êxito na captura do drama moderno, enredado no circuito sinuoso pelo qual se veem ligados o tédio, o divertimento e o anonimato. Não se terá experimentado algo semelhante na literatura e na escrita filosófica? Emancipar-se dos constrangimentos que pesam sobre a forma sistemática seria, nessa hipótese, decorrência da percepção de que o "sistema" pode dificultar a função da mimesis e até mesmo do *logos* em captar e interpretar a realidade.

VII

Nessa direção, vale atentar para o que diz Voltaire em carta de junho de 1733 a J.-B.-N. Formont, ao comentar a redação de suas *Cartas filosóficas*:[20]

> Acabo de reler essas cartas inglesas, metade frívolas, metade científicas. Na verdade, o que há de mais passável nesta pequena obra é o que concerne à filosofia; e é, creio eu, o que menos será lido. Gosta-se de dizer que o século é filosófico. Mas não foram vendidos nem duzentos exemplares do pequeno livro do Sr. de Maupertuis, que discorre sobre a atração; e se se demonstra tão pouco ardor por uma obra escrita por mão de mestre, o que se passará com os ligeiros ensaios de um escolar como eu? Felizmente, me propus a alegrar a secura dessas matérias e as temperar ao gosto da nação (Voltaire, 1968-, vol. 86, *Correspondance*, D617, p. 342).

"Metade frívolas, metade científicas", o caráter híbrido das cartas justifica-se por conta do gosto nacional, em vista do qual é preciso temperar assuntos sérios, tornando-os palatáveis. A referência ao efeminamento do gosto francês é implícita, mas inequívoca, pois é por levá-lo em conta que contrários como o alto e o baixo ou o insípido e o alegre são combinados. Voltaire não esconde o motivo que o faz aproximar-se da superficialidade rococó: é preciso adaptar-se ao público do tempo. Para obter fama literária, é proveitoso combinar elementos que, no século de Luís XIV, haviam coexistido de modo quase apartado: o sério e o elevado, de um lado, o libertino e o satírico, de outro. Porém, ver na prosa de Voltaire apenas o resultado dessa junção equivaleria a perder de vista aquilo que a ultrapassa e no que

---

20. A edição inglesa (com o texto em inglês) apareceu em agosto de 1733 (impresso por Bowyer para a editora Davis); duas edições em francês se seguiram a ela (Basle e outra, de Jore, Amsterdã) em 1734. Numa carta de 24 de julho de 1733, Voltaire (1968-, vol. 86, *Correspondance*, D635, p. 364) solicita a seu editor N. C. Thieriot a confirmação de que *"a maioria das cartas vos foi escrita em 1728"*.

há inovação: o texto se mantém em alta velocidade exatamente devido à ligeireza no modo de abordar assuntos importantes. Inversões surgem de todo lado, e não apenas na escala da frase ou do parágrafo. No conjunto, a obra é surpreendente no desfecho, com a "25ª Carta", quando, sem nenhuma justificativa, Voltaire passa a discorrer sobre Pascal – um assunto que diretamente não tem nada que ver com os ingleses. Mas, ao invés do aprofundamento requerido pela explicitação, Voltaire constrói uma locução indireta; em tese, o leitor saberá cifrar o dito pelo não dito graças à ciência praticada nos salões.

VIII

Voltaire ocupou-se da figura de Pascal em três ocasiões principais: na *"25ª Carta" filosófica* (1734), nas *Novas observações* que acrescentou a elas em 1739 e 1742 e, no fim de sua vida, quando reeditou os *Pensamentos de Pascal* (1778), numa retomada do volume organizado pelo marquês de Condorcet (1743-1794) dois anos antes.[21] Grosso modo, Voltaire jamais deixou de ver em Pascal o "sublime misantropo", como o descreve em 1734 e repete em 1778.[22] Qual Voltaire terá realizado, porém, seu contato mais sistemático com Pascal? A. McKenna (1990, II, p. 839) observa que, até 1732, não há sinal disso. Embora até ali houvesse referências a Pascal na obra de Voltaire, eram apenas alusivas. Além do mais, conforme McKenna, a análise da correspondência de Voltaire com os editores inglês e francês das *Cartas* deixa claro que,

---

21. Veja-se a "Introdução" de R. Parish à edição dos *Eloges et Pensées de Pascal, édition établie par Condorcet, annoté pas Voltaire* (Voltaire, 1968-, vol. 80A). Para a edição dos *Pensamentos* utilizada por Voltaire, ver McKenna (1990, II, p. 837 ss.).
22. "A natureza não nos faz sempre infelizes. Pascal sempre fala como doente que quer que o mundo inteiro sofra" (Voltaire, 1968-, vol. 80A, *Eloges et Pensées de Pascal*, p. 230).

até abril de 1733, não se fala do projeto de concluir sua edição francesa com o "Anti-Pascal" (McKenna, 1990, II, p. 856 ss.).[23]

Algum contexto ajudará a levantar motivos que podem ter levado Voltaire a empreender a polêmica. Da metade do século XVII até 1709, o centro intelectual dos jansenistas foi a abadia de Port-Royal-des--Champs; naquele ano, o rei ordenou sua destruição. Não satisfeito, Luís XIV protagonizou o movimento que levou à promulgação da bula papal *Unigenitus Dei Filius*. Editada por Clemente XI em 8 de setembro de 1713, a bula condenava o livro de Pasquier Quesnel, *A moral do Evangelho resumida* (1671) – obra que continha a tradução do *Novo Testamento* para o francês, acompanhada de notas voltadas para a meditação do fiel. As edições ampliadas de 1678 e de 1693-1694 haviam tornado manifesto o viés jansenista de Quesnel, o que motivara a censura de Clemente XI em julho de 1708. Luís XIV pressionou o papa para promulgar a bula, cuidando de assegurar seu registro pelo parlamento de Paris em 15 de fevereiro de 1714.[24] A bula, no entanto, não foi aceita sem objeções. Uma assembleia de padres reunida em 1713 condicionara sua aprovação ao aditamento de uma instrução pastoral do episcopado francês. De seu lado, o parlamento de Paris terminou por registrá-la sob reservas, expressas também pela Faculdade de Teologia de Paris, a Sorbonne (Zysberg, 2002, p. 138 ss.).

Com a morte de Luís XIV e o início da Regência, as coisas assumem temporariamente outro rumo. Buscando conciliar galicanos, ultramontanos, jansenistas e jesuítas, Phillipe de Orléans nomeia Antoine de Noailles, arcebispo de Paris, para o comando do novo "Conselho de consciência", à mesma época em que o jansenista H. Ravachet é escolhido síndico da Faculdade de Teologia de Paris. Os gestos favorecendo o jansenismo, porém, cessam repentinamente: tendo a bula

---

23. Segundo McKenna, a ideia lhe ocorreu pela primeira vez ao reler as provas da edição francesa aos cuidados de Jore, que ele recebeu em torno de 1º de junho de 1733. No fim de junho do mesmo ano, ele envia a Jore seu "Anti-Pascal", solicitando sua anexação à obra como a "25ª Carta".

24. A história do conflito entre a coroa e os jansenistas remonta à formação da Liga religiosa (1652-1661), que contou com ampla maioria jansenista (ver Kley, 2002, p. 113 e ss.).

Unigenitus se transformado no "símbolo da autoridade real", toda oposição a ela carregava implicitamente a marca do antiabsolutismo (Kley, 2002, p. 139). Em 11 de julho de 1722, um ofício real determina que um formulário de aceitação da bula seja assinado por qualquer um que postule um benefício eclesiástico ou um grau universitário. A.-H. Fleury, adversário dos jansenistas, é nomeado para o "Conselho de consciência", reformado como "Conselho eclesiástico". Com a morte do regente, em 1723, Fleury, antigo confessor do jovem Luís XV, assume funções de primeiro-ministro e inicia o expurgo dos jansenistas do clero e das universidades. Intensifica-se a perseguição constitucionária ao clero e à diocese, tradicionais redutos jansenistas. Uma declaração real datada de 24 de março de 1730 prevê destituir de benefícios eclesiásticos todo pároco que não subscrever o formulário de aceitação da bula papal. A declaração, acompanhada de um conjunto de medidas disciplinares, atinge seus objetivos: "pode-se estimar que, a partir dos anos 1730-40, a corrente jansenista não conta com quase nenhum apoio no seio do episcopado" (Zysberg, 2002, p. 151; ver Kley, 2002, p. 141 ss.).

Como era previsível, o recrudescimento da perseguição ao jansenismo foi acompanhado pela radicalização do movimento. Da década de 1720 em diante, propaga-se entre seus partidários uma interpretação figurista da profecia bíblica, conforme a qual os tempos que embalaram a bula *Unigenitus* evocariam outra época, quando Cristo fora rejeitado pelos homens. Encurralado, o jansenismo "transfigura sua história em uma perspectiva escatológica" (Zysberg, 2002, p. 151): as perseguições, na verdade, anunciariam o fim dos tempos e o juízo final. Nessa atmosfera, não surpreende que tenha surgido o que ficou conhecido como o fenômeno dos convulsionários. François de Pâris, diácono de origem nobiliárquica que recusara a ordenação por humildade, se instalara na Igreja de Saint-Médard, onde morre aos trinta e sete anos, em 1º de maio de 1727. Sua vida devota e humilde faz com que os habitantes das imediações busquem, em suas acomodações, vestígios seus, que empunham como relíquias logo destinadas à cura de doenças, etc. Ocorre, então, o milagre. Anne Lefranc, jovem paralítica que roga junto ao túmulo do diácono, põe-se de pé no dia 6 de novembro de 1730. Segue-se a polêmica, a contestação pelo arcebispado de Paris, o apelo de Anne Lefranc ao parlamento, que, com o apoio de simpatizantes da causa jansenista, decide examinar a questão em setembro de 1731. Acorrem ao cemitério peregrinos de toda parte. Um deles, um abade com uma deficiência física vindo de Montpellier, ao invés de curar-se, é tomado de espasmos, gritos e distúrbios pelo transe que o envolve. As convulsões se espalham, contagiando a multidão. A coroa decide interditar o cemitério, o que obriga os fiéis a reunirem-se clandestinamente, em ocasiões nas quais irmãos e irmãs acometidos de espasmos são socorridos pelos próximos, que lhes golpeiam até cessarem as convulsões. Revigora-se a interpretação figurista: os convulsionários, representando a verdadeira Igreja, mostram-se capazes de fazer frente aos piores golpes desferidos contra ela; sua invulnerabilidade "prefigura o triunfo final da verdade" (Kley, 2002, p. 156). A consulta de Anne Lefranc ao parlamento, assim como a interdição do cemitério de Saint-Médard, é fartamente divulgada pela cidade de Paris por meio de panfletos, especialmente pelo jornal clandestino *Nouvelles ecclésiastiques*, fundado em fevereiro de 1728 por Marc-Antoine e Jean-Baptiste Désessart, diáconos de Saint-Étienne-du-Mont. Como observou a literatura, esse ativismo jornalístico-literário contribuiu de modo decisivo para a formação de uma esfera pública na França setecentista.[25] A comoção causada pela perseguição ao jansenismo era genuinamente popular (ver Lepape, 1995, p. 71).

IX

Ter em vista esse quadro torna compreensível a opção de Voltaire por concluir a edição francesa das *Cartas* polemizando com Pascal. A

---

25. "Em Paris, muito mais do que os escritos dos filósofos, é a livraria jansenista que, primeiramente, criou as condições materiais da existência de uma imprensa independente e de uma opinião política vista como apta a julgar por si mesma os

revisão – ou inversão – da antropologia pascaliana aparece em perfeita sintonia com as análises sobre a situação francesa na comparação com a Inglaterra. Voltaire, que havia chegado a Londres em maio de 1726, havia descoberto em seu exílio uma nação que desfrutava de tolerância religiosa, assim como de liberdade de comércio e de opinião. A França, em contrapartida, era uma mixórdia em que coabitavam o *"esprit"* e a afetação legados por uma corte refinada, o autoritarismo político da coroa, os tumultos promovidos pelo fanatismo religioso – tudo isso ligado de uma maneira que ainda carecia de explicações. Em um texto ulterior, da década de 1750, Voltaire relembra o que foram essas primeiras décadas do século:

> Nesse tempo, a peste desolava a província. Houve a guerra com a Espanha. A Bretanha estava à beira da insurreição. Haviam se formado conspirações contra o regente; todavia, ele conseguiu tudo o que quis sem encontrar obstáculos, nem internos, nem externos. O reino estava em tal confusão, que os receios eram os maiores possíveis e, apesar disso, esse foi o reino dos prazeres e do luxo (Voltaire, 1987, *Précis du siècle de Louis XV*, p. 1.310).

Os prazeres e o luxo aparecem aqui sob a forma do contraste. As conspirações contra o regente, as guerras e a inquietude social dão ideia da distância da atmosfera da corte e dos salões, já impregnados pelo rococó, diante da realidade nacional. Sob essas circunstâncias, o jansenismo irá recobrar seu protagonismo como força de oposição à coroa, seja no parlamento, no qual a frente jansenista é muito atuante, seja nas ruas, onde reverbera o descontentamento com a nova perseguição desencadeada pelo regente no início da década de 1720 e aprofundada pelo ministério de Fleury sob Luís XV. É neste contexto que Voltaire promove seu acerto de contas com o jansenismo, como fica claro na polêmica que trava com Pascal nas *Cartas inglesas*.

acontecimentos do presente" (Marie, *De la cause de Dieu à la cause de la Nation*, apud Zysberg, 2002, p. 146-147).

A disputa transcorre na "25ª Carta", na qual Voltaire adota uma estratégia que funciona em dois tempos. Cada trecho do texto inicia com a transcrição de um passo dos *Pensamentos*, seguido de outro parágrafo em que Voltaire faz suas próprias considerações. O princípio compositivo, desse modo, é a sobreposição. A opção por transcrever as reflexões de Pascal confere ao contraste com as teses de Voltaire mais eficácia, pois, na inversão de perspectivas, as diferenças saltam à vista. Muitas delas, porém, transcorrem sob o fundo de premissas compartilhadas entre os dois adversários. O acordo mais significativo concerne à aceitação de que a antropologia constitui o terreno privilegiado do debate. Mas isso vai de par com a reversão do significado geral que Pascal havia conferido ao ser humano: "Ouso tomar o partido da humanidade contra esse misantropo sublime. Ouso assegurar que não somos tão maldosos nem tão infelizes como diz" (Voltaire, 2019, "25ª Carta", p. 164; trad. p. 46). O resultado disso é a impressão de que se está relendo Pascal a contrapelo, como no passo seguinte:

> XXVII: "Por que esse homem, que perdeu há pouco seu filho único, que se abateu com querelas e processos, que hoje pela manhã achava-se tão perturbado, agora já não pensa mais nisso? Não vos espanteis. Está ocupado em ver por onde passará o gamo que seus cães perseguem ardorosamente há seis horas. Não é preciso mais para o homem, por muito entristecido que esteja. Desde que se possa convencê-lo a entrar numa diversão, ei-lo feliz durante um tempo."[26]
> Esse homem age maravilhosamente: a dissipação é um remédio mais seguro contra a dor do que o quinino contra a febre. Não censuremos a natureza, sempre pronta a socorrer-nos (Voltaire, 2019, "25ª Carta", p. 178; trad. p. 52).

Por qual motivo, indaga Voltaire, censurar homens que, para suportar dores atrozes, são capazes de desviar os pensamentos? Em

---

26. O trecho citado por Voltaire neste primeiro parágrafo da citação corresponde a Pascal (2005, LA 136/Br. 139).

situações análogas, por que se deveria ceder ao desespero e à inação? Esses questionamentos tornam-se manifestos graças ao mecanismo de reversão posto em marcha por Voltaire – que, à maneira da ironia, altera o sentido das coisas sem precisar tirá-las de onde estão. Afinal, ao aceitar debater o valor da natureza humana, definir se ela é boa ou má, leviana ou pragmática, o leitor, talvez sem se dar conta, terá consentido que a "humanidade" designa uma natureza. Voltaire poderá prosseguir no objetivo de emancipar a antropologia do dogma da queda, pivô da interpretação jansenista das *Escrituras*, para, assim, investi-la de um novo significado. Resta saber por que a antropologia voltairiana começa a constituir-se por meio de um combate com Pascal, travado na conclusão de uma série de cartas dedicadas aos ingleses.

X

Voltaire apoia-se na convicção de que avanços são factíveis. Se Newton tomou o lugar de Descartes no âmbito científico, por que um progresso análogo não poderia transcorrer no âmbito dos costumes? No debate metafísico em torno da natureza humana, contam menos os argumentos teológicos do que a atenção aos comportamentos que tornam os homens mais ou menos felizes. O que importa é "reconciliar o homem com a vida e a ação".[27] Até o amor-próprio ganha nova conotação: é o sentimento que a providência inculcou nos homens para assegurar "a conservação de nossa espécie" (Voltaire, 2019, "25ª Carta", p. 166; trad. p. 47). A ideia não é nova; Voltaire (1968, vol. 13D, *Le siècle de Louis XIV* [VI], p. 11) sabe que ela percorre as *Máximas* de La Rochefoucauld. Acrescente-se que o viés econômico que envolve o egoísmo já comparece em fragmentos de Pascal (LA. 118/Br. 402; LA 106/Br. 403). Aos olhos de Voltaire, no entanto, Deus nos agraciou ao fazer com que o amor-próprio nos empurre para além do imediato.

---

27. Raymond Naves, nota à edição das *Lettres philosophiques* que integra a coleção *Classiques Garnier* (Paris, 2019, p. 267).

Ao nos arrastar "incessantemente rumo ao futuro", o instinto abre o terreno para o progresso através da mediação do trabalho:

> A natureza estabeleceu que cada homem desfrutaria o presente nutrindo-se, gerando filhos, executando sons agradáveis, ocupando sua faculdade de pensar e de sentir e que saindo desses estados, ou mesmo no meio deles, pensaria no amanhã, pois, se assim não fosse, pereceria hoje na miséria (Voltaire, 2019, "25ª Carta", p. 176; trad. p. 51).

Somente a atividade, portanto, permite-nos escapar da "miséria". O uso que Voltaire dá ao último termo não se reporta mais à condição imposta pela queda, uma vez que a miséria é interpretada, aqui, em sentido plenamente mundano. Refere-se à penúria material, algo rente à *misery* da qual foge Moll Flanders no romance homônimo de D. Defoe. Recorde-se o enredo. Açodada pelo terror da miséria fiduciária, Moll Flanders, a jovem de origem modesta que se encontra na cidade grande sem recursos e família, põe em prática uma estratégia que mobiliza as aparências – a começar pela corporal – para sobreviver em um mundo que se mostra adverso. Elege como prioridade realizar um bom casamento. Em suas palavras, "no tocante a matrimônio a situação mudara, e eu não devia esperar em Londres o que tivera na província; aqui os casamentos resultavam de cálculos políticos para reunir interesses e fechar negócios, e o amor tinha pouca ou nenhuma participação no assunto" (Defoe, 2014, p. 99). Antecipando a clarividência de Voltaire, a heroína de Defoe (2014, p. 111) tem completo discernimento sobre o fato de que, apesar de ser dotada de atributos pessoais como boa educação, beleza, bom humor e simpatia, nada disso tinha serventia "sem o chamado vil metal, que agora se tornara mais valioso que a própria virtude". Voltaire compartilha do mesmo realismo ao conferir à miséria um fundamento social; ela é o fruto da organização político-econômica que, invariavelmente, subordina os homens entre si.[28] A secularização da miséria associa-se, com isso, ao antidualismo manifesto no acerto de contas com Pascal; graças à recusa da contrariedade metafísica, o termo ganha um significado concreto, que experimenta emancipar-se daqueles fundamentos teológicos que fazem da miséria o centro de gravidade da experiência moral pascaliana.

A atenção aos contos voltairianos ajuda a ponderar o alcance desse deslocamento. Em *Cândido* (1759), por exemplo, o mote da miséria aparece sob duas acepções próximas, mas discerníveis. Quando Cândido narra que Paquette e seu irmão Giroflée se encontravam "na miséria mais extrema" (Voltaire, 1968-, vol. 48, *Cândido*, p. 256), o sentido é unicamente econômico e social. Num passo anterior, o termo possui uma conotação mais ampla, tributária, em parte, de Pascal. Cândido afirma ter envelhecido "na miséria e no opróbrio [...] me recordando que era filho de um papa". O descenso evoca a queda que marca o indivíduo rebaixado, em especial porque, como se lê no mesmo passo, "quis cem vezes me matar, mas ainda amava a vida" (Voltaire, 1968-, vol. 48, *Cândido*, p. 162). O aspecto econômico comparece ligado à psicologia da contradição interior, como atesta o desfecho do parágrafo: "haverá algo de mais tolo [...] que ter o próprio ser em horror, e de assim mesmo manter-se junto a ele <*d'avoir son être en horreur, et de tenir à son être*>?" (*ibid.*). Mas prevalece o apego à vida, cuja afirmação é acompanhada de ironia contra aqueles que veem profundidade em tudo: "apenas doze [homens] puseram voluntariamente fim à sua miséria, três negros, quatro ingleses, quatro genoveses e um professor alemão chamado Robek" (*ibid.*). Na conclusão do conto, o acento pascaliano reaparece, quando a Velha cogita preferir todas as misérias do mundo ao "tédio" (Voltaire, 1968-, vol. 48, *Cândido*, Cap. XXX, p. 255-256). Mas a estrutura narrativa impede extrair dessas

---

28. É o que se nota no verbete "Igualdade", do *Dicionário filosófico* (Voltaire, 1968-, vol. 36II, *Dictionnaire phil.*, "Égalité", p. 43-44). Ver também o fim do verbete "Mestre", acréscimo da edição de 1767: "Ignoro o que ocorreu na ordem do tempo; mas, naquela da natureza, é preciso anuir que os homens, tendo nascidos todos iguais, foram a violência e a habilidade que formaram os primeiros mestres; as leis, os últimos" (Voltaire, 1968-, vol. 36II *Dictionnaire phil.*, "Maître", p. 333).

tiradas metafísicas qualquer lição definitiva, pois a prosa de Voltaire, girando em alta velocidade, solapa todo tipo de formação. Cândido percorreu o mundo como se fosse por acaso, nenhuma vontade própria o conduziu, o imprevisível se torna a regra. Com Zadig, dá-se o mesmo. São heróis a meio caminho entre a figura trágica, familiar a Port-Royal, e personagens como Moll Flanders, de Defoe, que realizam o aprendizado de suas experiências. Tudo se passa como se os heróis dos contos de Voltaire não se mostrassem aptos para fazer do adensamento de sua individualidade a base de uma personalidade singularizada. Faltam os meios (ou talvez os meios sejam suprimidos) para que o indivíduo retome o centro da *compositio*.

Dois outros contos levam adiante essas questões. A inscrição da miséria no quadro das relações sociais é reposta no desfecho de *Jeannot et Colin* (1764), quando o jovem marquês que protagoniza o conto relata ao padre, até ali o confessor de sua mãe, que ele e sua família se viram arruinados do dia para a noite: "'Deus, então, agraciou vossa mãe, reduzindo-a a mendicância <*mendicité*>?' 'Sim, senhor'. 'Tanto melhor, assim ela pode estar certa de sua salvação'." O enlace unindo graça, mendicância e salvação é revelado pelo desfecho deste diálogo: "'Mas, meu Padre, enquanto se espera por ela [a salvação], não haveria meio de obter algum auxílio neste mundo?'. 'Adeus, meu filho, há uma dama da corte me aguardando'." (Voltaire, 1968-, vol. 57B, *Jeannot et Colin*, p. 290). O conto ensina que existe somente uma maneira de subir na vida: aprendendo a ser amável com os poderosos e aproveitando as ocasiões oferecidas pela sorte. A constatação de que o trabalho não assegura a ascensão social motiva ironia. Ninguém está apto a transformar sua própria condição com base em seus próprios recursos, conforme as regras do mérito. Voltaire parece convencido, inclusive por experiência pessoal,[29] de que edificar pela mimesis uma pedagogia

---

29. Em suas *Memórias*, Voltaire comenta o zelo com que exerceu funções de embaixador da coroa francesa junto a Frederico II, no início da década de 1740, sem, todavia, ter sido reconhecido por isso. Subitamente, uma confidente sua, Mlle. Poisson, tornou-se amante do rei. "Isso me valeu recompensas que jamais foram dadas às minhas obras ou a meus serviços. Fui considerado digno de ser um dos quarenta membros inúteis

sóbria e avessa às dissipações da vida teria pouco ou nenhum apelo, quando as condições existentes solapam a premissa de que os méritos individuais ligados ao talento e ao trabalho serão premiados. Por essas razões, Voltaire não comunga com a moral puritana dos quadros de J.-B.-S. Chardin (1699-1779; Fig. 10). Nenhuma educação, por mais voltada que esteja para a disciplina, a repetição e o estudo, poderá compensar o caráter arbitrário da distribuição social das riquezas.

Essa pequena ciência das condições concretas a que estamos entregues ganha mais espaço em *O ingênuo* (1767). Embora confira mais densidade psicológica às personagens, também neste caso o aprendizado é pouco singularizador e nada edificante. A narrativa abre com a chegada do Ingênuo na Bretanha. Criado numa tribo de hurões do Canadá e vivendo há algum tempo entre os ingleses, ele ignora as convenções da sociedade francesa; a alcunha que carrega se deve ao fato de sempre ter dito o que pensa e ter feito tudo o que quis (Voltaire, 1968-, vol. 63C, *L'ingénu*, p. 195).[30] Apaixona-se por Mlle. de Saint-Yves. Seu amor é correspondido. Decidem casar-se, mas, como há ressalvas por parte de seu irmão e ela havia se tornado madrinha de batismo do Ingênuo, o matrimônio não pôde realizar-se. O Ingênuo revolta-se, Mlle. de Saint-Yves é enviada a um convento. Após rechaçar ingleses que pretendiam tomar a Bretanha, ele segue para Versailles, convicto de que os serviços prestados à França fariam o rei levantar a interdição. Mas um ardil o faz ser confundido com um espião dos huguenotes; quando chega na corte, o Ingênuo é trancafiado em uma cela junto com um jansenista por anos a fio, sem julgamento ou apelo à vista. Entrementes, Mlle. de Saint-Yves consegue abandonar

da Academia. Fui nomeado historiógrafo da França; e o rei me concedeu a função de cavalheiro ordinário de seu aposento. Conclui que, para fazer a fortuna mais ínfima, valia mais dirigir quatro palavras à amante de um rei do que escrever cem volumes" (Voltaire, 1968-, 45C, *Pamela – Mémoires pour servir à la vie de M. Voltaire*, p. 375-376).
30. Ou, mais adiante, quando a senhorita de Saint-Yves explica ao herói que, para se esposarem, precisariam providenciar o quanto antes uma consulta a sua família de adoção, assim como aos familiares dela, a noiva. "O Ingênuo lhe responde que não precisava do consentimento de ninguém, que lhe parecia extremamente ridículo ir perguntar a outros o que se deve fazer" (Voltaire, 1968-, vol. 63C, *L'ingénu*, p. 224-225).

o convento e segue para Versailles a fim de libertar seu amado. Vai recomendada a um cavalheiro influente, que só aceita interceder em troca de favores sexuais. O desenlace precipita-se: o Ingênuo é libertado e todos de seu antigo círculo descobrem que ele é outro homem: "sua atitude, suas ideias, seu espírito, tudo mudou; ele se tornou tão respeitável quanto era ingênuo e alheio a tudo" (Voltaire, 1968-, vol. 63C, *L'ingénu*, p. 303).

O adensamento psicológico e a mudança de atitude não se resumem ao protagonista. O velho Gordon, o jansenista com quem o Ingênuo ficara encarcerado, quando libertado por exigência de Mlle. de Saint-Yves, descobre-se tendo abandonado a rigidez de suas convicções em favor do amor: "achava-se, como o Hurão, transformado em homem" (Voltaire, 1968-, vol. 63C, *L'ingénu*, p. 304). Finalmente, Mlle. de Saint-Yves tampouco é a mesma. O autossacrifício realizado para conseguir a liberdade do amante engendra um conflito interior, cuja caracterização faz com que a temporalidade psicológica interceda sobre a alta velocidade dos acontecimentos exteriores. Os desejos e expectativas de alguém simples como Mlle. de Saint-Yves chocam-se com as relações de poder desiguais no interior de uma sociedade fortemente hierarquizada. O Ingênuo descobre a barganha que custou sua libertação; e, embora isso não o afaste dela, Mlle. de Saint-Yves, que mal suportava ter passado pelo que passou, suporta menos ainda saber que seu amante descobriu quanto custou sua liberdade. Ela adoece – e a cena a que se assiste em torno do seu leito já evoca o patético dos quadros de J. B. Greuze:

> A tia, quase sem vida, sustentava nos frágeis braços a cabeça da moribunda, o tio estava de joelhos ao pé do leito. O noivo apertava-lhe a mão, que banhava de lágrimas, e rompia em soluços; chamava-a sua benfeitora, sua esperança, sua vida, metade de si mesmo, sua senhora, sua esposa. A essa palavra *esposa*, ela suspirou, olhou-o com inexprimível ternura, e de súbito lançou um grito de horror. Depois, num desses intervalos em que a prostração e o enfraquecimento dos

sentidos, e as dores suspensas, deixam à alma toda a sua liberdade e força, ela exclamou:

– Eu, tua esposa! Ah, meu querido, esse nome, essa felicidade, esse prêmio não eram mais para mim; eu morro, e o mereço. Ó deus de meu coração, que eu sacrifiquei aos demônios infernais, tudo está acabado, eis-me punida, e possas tu viver feliz (Voltaire, 1968-, vol. 63C, *L'ingénu*, p. 316-317).

Como se vê, quando abandona a ironia de superfície adotada na maior parte de seus contos – e que também preside boa parte do andamento de *O Ingênuo* –, Voltaire derrapa no melodrama. O adensamento psicológico e o que ele admitiria a título de singularização das personagens culmina numa cena patética em que todos (o que incluirá até o cavalheiro que tirou proveito de Mlle. de Saint-Yves) se igualam em lamentar o triunfo da injustiça sobre a virtude. As lições tiradas das vivências não estimulam a atitude de tomar nas próprias mãos a condução do destino. O desfecho oscila entre o patético e a resignação.

XI

Seria inútil esperar que a tragédia realizasse o que não realizam os contos. Vistos por Voltaire como gênero menor, eles são a expressão de um exercício literário próximo do dia a dia; por isso, seriam os candidatos naturais para captar algum tipo de atividade individual concreta moralmente relevante. Já a tragédia, até esse momento, extrai sua excelência e prestígio da distância em relação ao familiar (Mattos, 1996, p. 96).

Essa convicção é reiterada nos *Comentários a Corneille*, redigido por ocasião da edição, feita por Voltaire, de suas tragédias, em 1764. Lê-se aí que Corneille foi o primeiro a seguir na direção do afastamento do prosaico; porém, não teria logrado emancipar-se de sua época, refratária de uma mistura indesejável entre estilos. Até então, observa Voltaire (1968-, vol. 54 II, *Commentaires sur Corneille*, p. 16), "as fronteiras que distinguem a familiaridade burguesa da nobre simplicidade ainda não tinham sido instituídas".[31] Voltaire (1968-, vol. 5 [1728-1730], *Discours sur la tragédie*, p. 169) já havia assentado sobre esse mesmo empecilho – que ele atribui ao pouco caso que se fazia outrora da doutrina da divisão de gêneros – a censura que dirigia a Shakespeare no "Discurso sobre a tragédia", redigido e publicado em inglês em 1727 e traduzido para o francês por Desfontaines em 1732. Shakespeare, dizia neste texto, não teve outro mestre a não ser seu gênio; e isso foi o que lhe possibilitou encenar com liberdade a ação, contornando, desse modo, o que viria a ser o principal desafio para os tragediógrafos na França, onde a tragédia havia se tornado, no momento em que ele escreve, algo muito próximo de uma simples conversação. Contudo, os méritos que Voltaire reconhece em Shakespeare, assim como os momentos excepcionais que os *Comentários* de 1764 apontam em Corneille, são prejudicados, nos dois casos, pela falta de delicadeza e aprumo da língua. No caso francês, tal como interpretado por Voltaire, o modelo realizou-se apenas com o advento de Racine. À época de Corneille, lê-se nos *Comentários*, "uma mistura de termos familiares e nobres desfigurava todas as obras sérias. Foi Boileau quem, primeiro, ensinou a arte de sempre falar convenientemente, e foi Racine quem, primeiro, empregou essa arte em cena" (Voltaire, 1968-, vol. 54 II, *Commentaires sur Corneille*, p. 58-59).

Assim, embora, desde o *Discurso sobre a poesia épica* (1726), Voltaire enxergasse no gosto pela conversação o risco considerável de destituir de vez a ação do âmbito do trágico,[32] em momento algum ele vê nesta

---

31. Segundo o juízo de Voltaire (1968-, 54 II, *Commentaires sur Corneille*, p. 10), *El Cid*, por exemplo, é "uma obra marcada por enormes defeitos", mas que assim mesmo "pode tocar, quando animada por uma paixão viva, e por um grande interesse". Já *Medeia* "é a tentativa de gênio vigoroso e sem arte, que em vão já faz alguns esforços contra a barbárie que cerca seu século" (p. 30).

32. "Entre os franceses, [a tragédia] costuma ser uma sequência de conversações em cinco atos, com uma intriga amorosa. Na Inglaterra, a tragédia é autenticamente uma ação; e, se os autores desse país juntassem à atividade que anima suas peças um estilo natural dotado de decência e regularidade, eles superariam em pouco tempo os gregos e os franceses" (Voltaire, 1968-, 3B, *Discours sur la poésie épique*, p. 400).

tendência – que o "Discurso sobre a tragédia" associa ao efeminamento da sociedade francesa – a mão de Racine. Ao contrário, e como se lê nos *Comentários*, a tragédia raciniana é vista por Voltaire como a expressão bem-acabada do equilíbrio entre assombro e delicadeza. Boileau e Racine, afinal, teriam mostrado que o teatro "é a representação da verdade" (p. 11) – uma verdade cuja expressão, adverte, passa pelo respeito à divisão dos gêneros. Tanto que, a seus olhos, Corneille permanece o mais das vezes no registro tragicômico, sem aceder à autêntica tragédia: "Acreditou-se por muito tempo, na França, que não seria possível manter-se no trágico contínuo, sem mistura de 'alguma familiaridade'" (p. 60). Mas o fato de que os poetas franceses não gozem da mesma liberdade que os poetas ingleses não constitui apenas desvantagem: "É exatamente a esse constrangimento da rima e à severidade extrema de nossa versificação que devemos as obras excelentes que possuímos em nossa língua" (p. 160). Foi o que demonstrou Racine, ao conjugar exatidão e elegância (p. 121) de um modo que Corneille não atingiu nem mesmo em *Cinna*, aquela que Voltaire considerava a sua melhor tragédia: "*Cinna* distancia-se desse verdadeiro, tão necessário e tão belo" (p. 131).

A verdade almejada pela tragédia, portanto, não tem nada que ver com o burguês e o familiar. A única concessão feita por Voltaire (1968-, vol. 3B, *Discours sur la poésie épique*, p. 399) diz respeito à presença do amor em cena. Voltaire reconhece a inscrição social do gosto; ao mesmo tempo, percebe – e nisto teve companhias ilustres – que na França o gosto se efeminou.[33] É essa mudança que tem em mente, quando faz Titus declarar sobre sua paixão por Tullie: "O amor, do

---

33. Esse aspecto da vida cultural francesa não passou despercebido fora da França. No início do século, já havia sido sugerido por J. Addison (1711), em um ensaio sobre Shakespeare. Na Alemanha, I. Kant (2018, p. 103) irá proclamá-lo o principal elemento do caráter nacional do país vizinho: "Na França, é a mulher quem dá o tom a toda reunião e sociedade." Veremos adiante como este tópico, além de ser abordado por Voltaire, reaparece em Rousseau e Diderot – fazendo apostar numa assimilação de três problemáticas numa só: *nivelamento, efeminamento, modernidade*. Aliás, a definição da modernidade como autonomia (Rousseau, Kant) combateu a delicadeza e a frivolidade então associadas ao feminino. Para as implicações disso nas objeções

qual por seis meses venci a violência/ O amor teria sobre mim este terrível poder!" (Voltaire, 1968-, vol. 5, *Brutus*, III, 7, v. 293-294, p. 238). É, assim, o efeminamento do público o que exige que as tragédias também passem a falar do amor. "Se *Zaïre* obteve algum sucesso, devo-o muito menos à qualidade de minha obra do que à prudência que assumi ao falar do amor da maneira mais delicada que pude" (Voltaire, 1968-, vol. 50, "*Épitre dédicatoire à M. Falkener*", p. 145). Conversação, galanteio e delicadeza, caros à órbita poética do rococó, são incorporados à tragédia. "Como ousaríamos representar em nossos teatros, por exemplo, a sombra de Pompeu, ou o gênio de Brutus, em meio a tantos jovens que tomam as coisas mais sérias somente como ocasião para dizer uma boa palavra?" (Voltaire, 1968-, vol. 5, *Discours sur la tragédie*, p. 165). Mas essa concessão ao gosto atual é relativa: não se pode comprometer, por causa disso, a elevação característica do gênero. Dar espaço ao amor, então, surge como a condição para que se possa reaver "grandeza" e "assombro" no corpo de uma língua e junto a um público que se tornaram avessos à espontaneidade. E já se vê que, embora a interpretação que Voltaire faz do trágico leve em conta aspectos ligados à questão da forma assumida pela mediania em seu país, como é o caso do efeminamento, isso passa ao largo de qualquer impulso em direção ao cotidiano.

Que lição tirar daí para o quadro mais geral, cujas linhas principais já se pode começar a vislumbrar a esta altura de nossa reconstrução? Enquanto, para a geração de Pascal, a miséria possui um sentido trágico (Goldmann, 1956), sua secularização por Voltaire deu vez a dois desenvolvimentos que, por meios diversos, procuram fazer jus à recusa do antidualismo pascaliano. De um lado, Voltaire redesenha a tragédia como ocasião em que o indivíduo, triunfando sobre suas paixões ou sucumbindo a elas, habita o regime elevado; de outro, no regime cotidiano do conto, ele ironiza o indivíduo em sua inaptidão para a liberdade. A convicção de que "o homem é aquilo que deve ser"

à pintura rococó, ver M. Hyde (2006), cuja interpretação retomamos num ensaio sobre o tema (Figueiredo, 2015).

(Voltaire, 2019, "25ª Carta", p. 166; trad. p. 47) é reiterada por Voltaire no fim de sua vida, quando, ao editar, com Condorcet, os *Pensamentos*, corrige novamente Pascal: na verdade, o homem "está em seu lugar como o resto da natureza".[34] Mas essa adequação metafísica não suscita a imitação séria do indivíduo concreto como alguém que se singulariza por intermédio da afirmação de si. A ideia de que "tudo está conforme a ordem" (Voltaire, 2019, "25ª Carta", p. 171; trad. p. 49)[35] encontra uma expressão positiva apenas no regime extramundano da tragédia; somente personagens extemporâneos como Tito (*Brutus*, 1731) podem afirmar, sem correr o risco de se tornarem ridículos, que "o homem é livre, a partir do momento em que quiser sê-lo" (Voltaire, 1968-, vol. 5, *Brutus*, [1728-1730], p. 208) – ou, com maior contundência: "Eis o que sou, e o que quero ser" (p. 210).[36]

A comparação com Watteau revela, agora, seu melhor alcance. Vimos como, no fundador do rococó francês, a descoberta do alcance dramático do indivíduo moderno destitui a composição de toda unidade narrativa, fazendo esmaecer as realizações individuais. Mas Watteau soube reverter isso em trunfo, dado que sua poética antidualista não busca abrigo numa concepção especulativa da história, que poderia fornecer o significado das ações humanas à revelia do que sabem de si mesmos os agentes. Voltaire, de seu lado, confina a ação individual ao regime da tragédia, ao custo de suprimir de seu âmbito todo aspecto material e mundano. Assim, a convicção de que "uma peça de teatro é uma experiência sobre o coração humano" (Voltaire, 1968-, vol. 54 – III, *Commentaires sur Corneille*, p. 27) requer suprimir de sua representação toda experiência que se avizinhe do

---

34. "Essa eloquente tirada prova apenas que o homem não é Deus. Possui seu lugar como o resto da natureza, imperfeito porque somente Deus pode ser perfeito, ou, melhor dizendo, o homem é limitado, Deus, não" (Voltaire, 1968-, vol. 80A, *Eloges et Pensées de Pascal*, p. 222).

35. Ver também como conclui a "25ª Carta": "Raciocinando apenas como filósofo, ouso dizer que há muito orgulho e temeridade em pretender que por nossa natureza deveríamos ser melhores do que somos" (Voltaire, 2019, p. 179; trad. p. 52).

36. ["*Voilà ce que je suis, et ce que je veux être*"] (*Brutus*, II, 2, v. 127).

prosaico: "a tragédia quer apenas o verdadeiro, mas um verdadeiro raro e trágico" (p. 1.029). Com isso, aumentam as suspeitas de que a recusa do dualismo metafísico pascaliano, marca distintiva das *Cartas filosóficas* e de outros escritos, não implicou consigo, no âmbito literário, a expansão da ação dramática para as circunstâncias concretas da vida em sociedade. A comparação entre Voltaire e Watteau conduz a esta curiosa alternativa (menos surpreendente quando se leva em conta a peculiaridade da cultura francesa nessas primeiras décadas do século XVIII): ou a ação permanece confinada no regime elevado, como ocorre nas tragédias voltairianas, ou se vê esmaecida, como nos seus contos filosóficos e na pintura de Watteau. Inexiste unidade entre afirmação de si e cotidiano.

CAPÍTULO IV

A inversão do dualismo: Rousseau e Diderot

"A espécie de felicidade de que preciso não é tanto a de fazer o que eu quero, mas a de não fazer o que eu não quero."
(J.-J. Rousseau)

I

A estreia filosófica de Diderot em junho de 1746 inscreve-se sem dificuldades no conjunto de problemas discutidos aqui, a começar porque os *Pensamentos filosóficos* constituem seu próprio acerto de contas com Pascal, logo no início do texto classificado por Diderot como "supersticioso". A motivação de fundo é semelhante à que anima Voltaire nas *Cartas inglesas*. Mira-se em Pascal para acertar o jansenismo. A despeito da repressão aos jansenistas, crescente no reinado de Luís XIV em diante (Arnauld fora exilado na Bélgica; P. Quesnel, autor das *Reflexões morais*, condenado por Roma; a abadia de Port-Royal, destruída em 1709; a bula *Unigenitus*, como vimos, foi publicada por Clemente XI em 1713), o movimento, como também já lembrado, havia readquirido força na primeira metade do século XVIII, quer por meio de sua expressão parlamentar (cf. Cornette, 2005, p. 134),[1] quer com as camadas populares de Paris – aparecendo no centro dos episódios transcorridos entre 1727 e 1732, ligados aos convulsionários de Saint-Médard, a igreja situada nas vizinhanças da primeira residência de Diderot quando de sua chegada à capital em 1728. A irradiação do fenômeno dos convulsionários apoiou-se muito

---

1. Para a retaliação aos jansenistas, ver Lepape (1995).

no crédito que o testemunho dos milagres obteve junto a segmentos populares e a setores médios e altos ligados ao jansenismo. Opondo-se a eles, Diderot evoca a autoridade da razão em assuntos ligados à religião. Ela deveria sobrepor-se contra alegações fatuais de toda sorte. Diderot propõe, então, que o testemunho histórico – sobre o qual os convulsionários apoiavam seu proselitismo – seja válido somente sob a condição de não colidir com parâmetros que, se vistos mais de perto, são extrafatuais.

> Menos um fato possui verossimilhança, mais o testemunho da história perde seu peso. Acreditaria sem esforço em um único homem que me anunciasse que Sua Majestade acaba de conseguir uma vitória sobre os aliados; mas desacreditaria inteiramente, se toda Paris me assegurasse que um morto acaba de ressuscitar em Passy (Diderot, 1994, I, *Pens. filosóficos*, I, p. 33, § 46).

Parâmetros extrafatuais, lê-se em seguida, podem ser tomados como base para a crença: "Uma única demonstração me toca mais do que cinquenta fatos. Graças à extrema confiança que possuo em minha razão, minha fé não está à mercê do primeiro saltimbanco" (Diderot, 1994, I, *Pens. filosóficos*, I, p. 35, § 50). "Sou mais certo de meu juízo do que de meus olhos", lê-se no fim desse mesmo parágrafo. Diderot fala de uma demonstração do mesmo modo que, adiante, irá falar de um quadro: ela "toca" <*frappe*>, isto é, possui eficácia não apenas sobre a razão, como também sobre nossa sensibilidade. Nas *Adições aos pensamentos filosóficos*, acréscimo redigido em 1762 e publicado na *Correspondência literária* de 1763, ele acresce que, quando os fatos possuem o testemunho de poucos homens, "são insuficientes para demonstrar uma religião que deve ser igualmente crida por todo mundo" (Diderot, 1994, I, *Adições*, § 19, p. 43). "Provar o Evangelho por um milagre é provar uma absurdidade por algo contra a natureza" (§ 21, p. 43). Fica sugerido que o fatual pode ser antinatural; por isso, a história somente será válida se as evidências fatuais estiverem de acordo com a natureza, interpretada por Diderot como noção correlata à razão. O ataque ao jansenismo, nos *Pensamentos filosóficos*, apoia-se no recurso à ideia de "natureza", cuja reinterpretação progressiva, como logo se perceberá, tem consequências para além da religião.

Essas posições conduzem Diderot à defesa de que a religião seja naturalizada, aproximando-se, assim, da razão. No desfecho de *Da suficiência da religião natural* (obra que foi redigida no fim de 1746 e publicada por Naigeon em 1770 e 1798), ele cogita o que sucederia se a religião natural se difundisse entre todos os homens:

> Será nessa ocasião que formarão uma única sociedade, banirão dentre eles essas leis bizarras, que parecem não ter sido imaginadas senão com o propósito de torná-los maus e culpados; que não escutarão nada mais do que a voz da natureza; e que recomeçarão a serem simples e virtuosos. Como vós fizestes para vos tornardes tão infelizes como sois? Como vos lamento e vos amo! A comiseração e a ternura me conduziram, vejo bem, e vos prometi uma felicidade à qual vós haveis renunciado e que vos escapou para sempre (Diderot, 1994, I, *Da suficiência da religião nat.*, p. 63-64, § 27).

A natureza é virtuosa, um eventual recomeço poderia modificar o rumo da história humana. Isso ainda não é Rousseau (e logo não será mais o que pensa o próprio Diderot), mas o trecho antecipa parte da terminologia, da retórica e das oposições que serão empregadas logo adiante pelo cidadão de Genebra no *Discurso sobre as ciências e as artes* (1750) e no *Discurso sobre a origem e os fundamentos da desigualdade entre os homens* (1755). Até onde vão essas afinidades iniciais?

Noutro momento de sua vida, mais de vinte anos depois de ter redigido seus *Pensamentos filosóficos*, Diderot afirmará ter sido responsável pela estratégia retórica posta em prática por Rousseau no 1º *Discurso* diante da questão feita pela Academia de Dijon. A crer em Diderot, tudo se deu em 1749, quando Rousseau o visitou na torre do castelo de Vincennes, onde se encontrava preso por conta da publicação da *Carta sobre os cegos* (1749). Na versão que apresentará do episódio em 1773/1774, Diderot escreve que, embora jamais tenha lhe passado pela cabeça levar a sério a intuição, teria sido ele quem sugeriu a Rousseau que defendesse a tese de que o desenvolvimento da civilização em nada contribuiu para a moralidade. Ir contra as convicções do *establishment* literário seria sucesso garantido – no que acertou, já que o 1º *Discurso* foi considerado a melhor dissertação do concurso. Claro, a versão de Rousseau é outra. Como relata a Malesherbes, na carta de 12 de janeiro de 1762, ele estaria a caminho de Vincennes quando, ao ler a questão proposta pela Academia, foi tomado por um incontrolável furor filosófico. A "multidão de grandes verdades" que se abateu sobre ele teria sido, em suas palavras: "bem esparsamente distribuída nos três principais de meus escritos, a saber: esse primeiro discurso [sobre as ciências e as artes], aquele sobre a desigualdade e o tratado de educação, obras inseparáveis e que perfazem juntas um mesmo todo" (Rousseau, OC. I, *Carta a Malesherbes de 22 de jan. de 1762*, p. 1.136; trad. p. 24-25).[2] Seja onde se queira situar a verdade nesta história, o fato é que o próprio Rousseau admite haver uma única intuição subjacente aos dois *Discursos* e também ao *Emílio ou Da educação*. Com isso, estamos autorizados a buscar as articulações internas aos dois *Discursos* e talvez identificar linhas de força que levam adiante as questões examinadas por aqui. Voltaremos depois a Diderot.

II

A primeira coisa comum aos dois *Discursos* reside em que ambos respondem a questões que suscitam investigações de natureza histórica.[3] O que não constitui, exatamente, novidade: se, desde as *Cartas*

---

2. A versão que Diderot (1994, I, *Refutação de Helvétius*, p. 784-785) fornece do encontro aparece entre 1773 e 1774. Quanto à ruptura dos dois *philosophes*, ver Delon (2013, 168 ss.).
3. O 1º *Discurso* vê-se com este problema: "Se o restabelecimento das ciências e das artes contribuiu para purificar os costumes"; o 2º *Discurso*, com este: "Qual é a origem da desigualdade entre os homens, e se ela é permitida pela lei da natureza." As questões foram divulgadas pela Academia de Dijon, respectivamente, em outubro de 1749 e em novembro de 1753, ambas no *Mercure de France*.

inglesas, a história já havia adquirido cidadania filosófica na França, no fim da década de 1740, ela parece ter se tornado familiar. Deve ter contado para isso a radicalização ideológica por que passava a sociedade francesa no período. Lepape (1995, p. 157 ss.) situa entre o fim do ano de 1748 (com a difusão de *O espírito das leis*, de Montesquieu, na capital francesa) e 1750 (a distribuição do *Prospecto da Enciclopédia*, de Diderot e D'Alembert, e a redação por Rousseau do primeiro *Discurso*) uma mudança na atmosfera intelectual, concomitante a perturbações da rotina política em função da súbita perda de prestígio de Luís XV junto ao povo de Paris. De acordo com J. Cornette (2005, p. 136 e 138), "na história do reino, a data de 1748 marca, com o tratado de Aix-la--Chapelle que pôs fim à guerra de Sucessão da Áustria, um momento de ruptura". No plano político, "a metade do século foi marcada por uma ofensiva filosófica sem precedentes", que questionou, em diversas direções, "os fundamentos do poder real e o funcionamento da autoridade". A. Zysberg (2002, p. 167 e p. 181 ss.) também vê neste período um momento decisivo: se, após a crise de 1730-1732, havia sido estabelecida uma trégua entre a coroa e o parlamento de Paris, ela foi rompida com a revolta do clero diante do imposto do *"vingtième"* e aprofundada com o desgaste do rei, devido ao episódio da "recusa dos sacramentos" (1746), no qual teve papel central o arcebispo de Paris, Christophe de Beaumont. O ponto já chamara a atenção de Michelet (1987, I, p. 52):

> Esses dez anos são a crise do próprio século (1744-1754). O rei, esse deus, esse ídolo, torna-se um objeto de horror. O dogma da encarnação real perece sem volta. E em seu lugar eleva-se a realeza do espírito. Montesquieu, Buffon, Voltaire, publicam neste curto intervalo suas grandes obras; Rousseau começa a sua.

Como constatará Voltaire (*Dictionnaire phil.*, [art. "Bled"] *apud* Bernardi, 2002, p. 34) na última edição (1770) do *Dicionário filosófico*: "por volta de 1750, a nação, saciada de versos, tragédias [...] e de disputas teológicas sobre graça e as convulsões, se pôs a raciocinar sobre o trigo."

Até ali, contestações mais diretas do *status quo* provinham da frente jansenista. Mesmo Voltaire, no início de sua carreira literária, evitava polemizar frontalmente com os "grandes", no que também podia haver pragmatismo: as chances de lograr êxito como escritor, especialmente como tragediógrafo, seriam ínfimas caso não assumisse uma postura cautelosa. Com Rousseau (OC. III, 1º *Discurso*, p. 21; trad. p. 56), há uma mudança de tom. O 1º *Discurso* levanta objeções ao autor das *Cartas inglesas*, a quem recrimina por ter cedido ao compromisso de agradar a um público que teria se efeminado. "Diga-nos, sr. Arouet, o quanto haveis sacrificado de belezas másculas e fortes à falsa delicadeza, e o quanto o espírito de galantaria tão fértil em pequenas coisas vos custou às grandes". No entanto, o texto em que figura essa ironia é uma peça apresentada à Academia de Dijon, que reúne em torno de si integrantes dos círculos cultos que tinham no autor das *Cartas inglesas* uma de suas principais referências. Dir-se-ia que, nesta transição, a ambiguidade calculada de Voltaire dá lugar ao exercício livre do paradoxo; será através dele que Rousseau irá retomar o nivelamento, a questão que circulava na cultura francesa desde Port-Royal.

Viu-se como a igualdade essencial dos homens havia sido explicada pela sua natureza pecadora. Após esse tema ser difundido por escritores ligados à abadia de Port-Royal no século XVII e ingressar no século XVIII perdendo em tragicidade, quando a superficialidade ligada ao indivíduo nivelado foi acolhida como merecedora de uma poética não heroica, ele ressurge outra vez associado à postulação de uma natureza humana universal. Mas, como ficará claro pela discussão dos dois *Discursos* de Rousseau, a historicidade do ser do homem vê-se envolvida numa dialética inédita, no interior da qual o axioma antropológico descortina horizontes até então desconhecidos.

A apresentação do tema, no 1º *Discurso*, insiste sobre o aspecto processual do nivelamento. Este é concebido como o estágio mais desenvolvido da "uniformidade vil e enganosa" (Rousseau, OC. III, 1º

Discurso, p. 8; trad. p. 42) que a civilização impôs aos costumes. Eis o que condensa a expressão "povos policiados", isto é, povos formados por indivíduos destituídos do sentimento de sua "liberdade original" – e que, por isso, amam sua própria escravidão. O "gosto delicado e fino", a "doçura de caráter", a "urbanidade de costumes", a "espécie de polidez" (p. 7; trad. p. 41) são vistos sob a perspectiva de uma história humana, ao longo da qual o parecer se afasta progressivamente do ser:

> Hoje, quando as pesquisas mais sutis e um gosto mais refinado reduziram a arte de agradar a princípios, reina em nossos costumes uma uniformidade vil e enganosa, e os espíritos parecem ter sido todos postos numa mesma fôrma. A polidez põe exigências intermináveis, a conveniência ordena que sejam cumpridas; seguem-se os usos, e não o próprio gênio. Ninguém mais ousa parecer o que se é, e nessa coerção perpétua os homens que formam o rebanho chamado de sociedade farão todos, nas mesmas circunstâncias, as mesmas coisas, se motivos mais poderosos não os desviarem (Rousseau, OC. III, 1º *Discurso*, p. 8; trad. p. 42-43).

O aspecto processual do nivelamento articula-se, assim, com a postulação de uma "liberdade original" que teria desaparecido no curso dos tempos. Os primeiros persas, os citas, os germanos, mesmo Roma, "nos tempos de pobreza e ignorância" (Rousseau, OC. III, 1º *Discurso*, p. 11; trad. p. 46), dão testemunho desse passado. Mas, sobretudo, Esparta, por oposição a Atenas, representa, aos olhos de Rousseau, a cidade das "ações heroicas" (p. 13; trad. p. 48). Essas referências, por meio das quais se efetua a crítica do presente, mobilizam de modo livre elementos da história. E isso faz pensar que as diferenças nos costumes variam de acordo com a modalização temporal assumida pela natureza humana, isto é, pelo modo por meio do qual os homens se socializam temporalmente. Rousseau (p. 8; trad. p. 42) observa que, ali onde ainda não prevaleciam os costumes modernos, as condutas eram diversas. "A natureza humana, no fundo, não era melhor, mas os homens encontravam uma segurança na feliz possibilidade de se interpenetrarem uns aos outros".[4] A partição entre um "antes" e um "depois", instituída no 1º *Discurso*, demarca o espaço em que surgiu o fenômeno da dissimulação moderna, causadora daquela "uniformidade vil e enganosa" a que, grosso modo, é assimilado o nivelamento, a mediania dos indivíduos.

Pode-se estranhar que Rousseau, a quem Robespierre atribuirá autêntico amor pelo povo, praticamente não fale deste último na obra de 1750. Mesmo ao examinar a questão do luxo – que, em B. Mandeville (A *fábula das abelhas*, 1714), J.-F. Melon (*Ensaio político sobre o comércio*, 1734) e Voltaire ("O mundano", 1736), enveredava pela discussão dos efeitos da divisão social do trabalho e da existência de ociosos e trabalhadores –, Rousseau atém-se mais aos efeitos maléficos que este produz sobre seus supostos beneficiários, os ricos, do que nas implicações que possui para os pobres. Quase nenhuma referência é feita à "gentalha <*la canaille*>".[5] Ele observa, por exemplo, que os indivíduos passaram a ser avaliados pelo que consomem, não pelo que são: "Os antigos políticos falavam em costumes e virtude; os nossos falam de comércio e dinheiro" (Rousseau, OC. III, 1º *Discurso*, p. 19; trad. p. 54). Mais adiante, ao discutir a especialização das profissões característica da sociedade atual, Rousseau é um pouco mais enfático. Antecipando uma discussão que o ocupará no 2º *Discurso*, afirma que a divisão social do trabalho teria eliminado os verdadeiros "cidadãos". Os poucos que subsistiram, acresce, são os camponeses, cujo trabalho não é sequer reconhecido: "É o estado a que são reduzidos; tais são os sentimentos que obtêm de nós aqueles que nos dão o pão e o leite das crianças" (p. 26; trad. p. 60).

---

4. Ideia que reaparece no livro II de *Do Contrato social*, quando, levantando as condições favoráveis à legislação fundada no direito, Rousseau (OC. III, *Do contrato social*, p. 390; trad. p. 555) afirma que o único povo completamente adequado a ela é aquele "no qual cada membro pode ser conhecido de todos".

5. Para os aspectos envolvidos na querela do luxo, é indispensável ver Monzani (2011, Cap. 1). Quanto a Mandeville e Rousseau, ver Leite (2019). O termo em questão, *gentalha*, aparece em 1755, de modo sarcástico, mas positivo (ver Rousseau, OC. III, 2º *Discurso*, p. 156; trad. p. 199).

Essa assimilação entre camponeses e cidadãos reaparecerá numa nota do 2º *Discurso*, em que se afirma que o luxo "oprime e arruína o lavrador e o cidadão" (Rousseau, OC, 2º *Discurso*, IV, p. 206; trad. p. 260). Também será o eixo em torno do qual gira o *Projeto de constituição para a Córsega* (redação de 1765), em que Rousseau defende a democracia agrária como a organização sociopolítica mais adequada para a ilha.[6] Já o 1º *Discurso* é lacônico neste ponto, e os camponeses são mencionados de passagem, nada tendo que ver nem com autor, nem com seu público. Embora a correspondência e os textos autobiográficos apontem noutra direção, sublinhando a origem modesta de Jean-Jacques,[7] um leitor do 1º *Discurso* poderia acreditar que a crítica desferida ao *status quo* é interna ao grupo responsável por sua sustentação. Reforçando essa impressão, Rousseau faz uma descrição pormenorizada dos comportamentos e usos enraizados em segmentos sociais privilegiados, revelando circular livremente por eles. Embora, já por esses anos, declare seu gosto pelo isolamento – "continuarei a escrever como sempre fiz, como um ser isolado que não deseja nem teme nada de ninguém, que fala aos outros por eles e não por ele" (Rousseau, OC. III, 1º *Discurso*, p. 104; trad. p. 139) –, Rousseau também dá a entender que seu distanciamento dos círculos visados pelo 1º *Discurso* teria sido voluntário. Fala por aqueles dos quais terminou por se afastar, mas até certo ponto, uma vez que *permanece falando*

---

6. Como assinala F. Calori (2018), na reflexão sobre a Córsega, Rousseau supera a oposição, recorrente nos fisiocratas, entre monarquias agrícolas e repúblicas citadinas. A proposição da democracia agrária leva em consideração o futuro da dinâmica do desenvolvimento demográfico e econômico da ilha; não se trata, conclui, de um modelo atemporal, assentado em princípios abstratos.

7. Veja-se, por exemplo, a resposta de Rousseau a Mme. de Francueil, que o havia recriminado por ter abandonado os filhos ao orfanato: "Perdoai-me, Madame; a natureza quer que o façamos, pois a terra produz o suficiente para alimentar a todos; é o estado dos ricos, o vosso estado, que rouba ao meu o pão de meus filhos" ("Carta de 23 de abril de 1751" *in* Rousseau, 1967, I, p. 52).

para eles. O 1º *Discurso* aparenta ser a crispação na superfície em que o público dos salões mirava seu reflexo, a ocasião para uma autocrítica.

Se o texto não é, portanto, um libelo contra a exploração dos pobres pelos ricos, como o escrito se vincula à questão social? Indiretamente, por meio das implicações do exame que Rousseau efetua da variante assumida pelo nivelamento nos círculos cultos da França setecentista. Convém não esquecer que o regime de visibilidade que pesava sobre esses grupos remonta à dependência do cortesão diante do rei, exacerbada com a consolidação do absolutismo. Esse processo, ao longo do qual a existência do cortesão se viu destituída de todo viés elevado, fornecera, na segunda metade do século XVII, a matéria social das reflexões morais de La Rochefoucauld e La Bruyère. No primeiro quartel do século XVIII, prestou-se também como inspiração poética do rococó e se perpetuou na corte de Luís XV, na qual a vida era cadenciada por um conjunto de ritos e cerimônias sem fim. "O gesto mais ordinário, o olhar, a expressão, eram estudados como no teatro" (Mitford, 2010, p. 53). Essa semiologia do poder organizava uma hierarquia estrita, que infletia em filiações, favores e todo tipo de retribuição simbólica, num comércio que irradiava de Versailles para a nação. La Rochefoucauld e La Bruyère haviam apresentado essa organização da circulação e distribuição do poder como se ela fosse uma estrutura atemporal, tornando perenes seus modos de subjetivação. A adoção da forma sentencial promovia esse traço de atemporalidade, e tal leitura casava com a premissa jansenista conforme a qual as relações intramundanas estão invariavelmente marcadas pelo selo do amor-próprio. Voltaire, pudemos ver, historicizou o debate. Não apenas estava consciente de que as questões possuem geografia como também cuidou de inscrevê-las na diacronia das nações, atravessadas por peculiaridades a que procurou atentar, em especial ao comparar França e Inglaterra. Ocorre que esse mesmo discernimento também o levou a prodigalizar episódios de adulação dos grandes. A menção que lhe dispensa o 1º *Discurso* não deixa dúvida de que Rousseau condena qualquer concessão neste sentido, permitindo-nos um primeiro balanço. Rousseau, por abordar o regime de aparências (a forma assumida pelo nivelamento nos círculos cultos da França) como resultado de uma particularização histórica, alinha-se, metodologicamente, a Voltaire; por outro lado, o diagnóstico que apresenta desse fenômeno e sua insistência em caracterizá-lo como "efeminamento" e enfraquecimento moral mostra que, a seus olhos, o autor de "O mundano" faz parte do problema, pois é partidário de uma sociabilidade marcada pela tibieza dos costumes.

III

Com o 2º *Discurso*, essa questão revela seu inteiro alcance. Em 1755, Rousseau (OC. III, 2º *Discurso*, p. 171; trad. p. 216) inscreve as formas de sociabilidade ligadas à produção da aparência entre os fatores que acompanham a instituição da desigualdade entre os homens, e, entre eles, não se encontram nem progresso, nem civilização, como supôs Voltaire, mas a "escravidão e a miséria".

Examinando isso mais de perto, o luxo produz riqueza e miséria ao mesmo tempo. Promovê-lo, dirá Rousseau (OC. III, *Considerações sobre a Polônia*, p. 1.003; trad. p. 73) na década de 1770, conduz à formação de "um povo intrigante, ardente, ávido, ambicioso, servil, e velhaco como os outros; sempre, sem nenhum meio termo, em um dos dois extremos da miséria ou na opulência, da licenciosidade ou da escravidão". Como se vê, é a questão do "meio termo <*milieu à l'un des deux extrêmes*>" – ou melhor, de sua ausência – o que exige soluções políticas. Tal convicção já atravessa a reconstrução feita no 2º *Discurso*, em cujo desfecho a gravidade da questão social torna Rousseau cético diante das alegadas virtudes do comércio e do luxo. Voltaire propunha, em "O mundano", uma espécie de *laissez-faire* nos costumes, afiançado pela intuição de que a persecução de fins egoístas pelos agentes vivendo em sociedade produz, no mais das vezes, um resultado harmônico para o conjunto. Mandeville (2017, p. 64) já havia lançado mão desse argumento em sua "Investigação sobre a origem da virtude moral", quando, afirmando que o orgulho faz parte da essência do homem, concluía residir nisto a prova mais cabal da "insondável profundidade da Sabedoria Divina". A afirmação de que a prosperidade das "abelhas canalhas" é assegurada pelo fato de que "cada parte estava cheia de vício/ o todo, porém, era um paraíso" (Mandeville, 2017, p. 27)[8] sugere que Mandeville se apoiava em algum tipo de providencialismo – suspeita redobrada pela retomada desse argumento por Adam Smith, cuja "mão invisível" assemelha a uma versão laicizada da providência divina.[9] Curiosamente, essa ideia, associada geralmente à filosofia de língua inglesa, teve origem na França, remontando ao núcleo intelectual já conhecido do leitor. Segundo D. Wootton, uma versão prévia do conceito de mão invisível passou a circular na Inglaterra a partir da tradução dos *Ensaios de moral*, de P. Nicole (1625-1695) – autor, juntamente com A. Arnauld (1612-1694), de *A lógica ou a arte de pensar* (1662), uma das obras mais conhecidas de Port-Royal.[10]

Nos seus *Ensaios*, Nicole (1733, II, p. 81) aprofunda o deslocamento semântico das categorias morais que vimos culminar na dissolução do herói clássico ao longo da segunda metade do século XVII francês. A "glória humana", por exemplo, pivô da nobreza guerreira, é reduzida ao produto da consideração de alguém por parte daqueles que mal o conhecem ou o amam. Juízos, assim, "que só servem para nos enganar, levando-nos a julgar a nós mesmos, não segundo a verdade, mas a opinião alheia". O mesmo vale para a distinção: Nicole (p.

---

8. ["*Thus every Part full of Vice, /Yet the Whole Mass a Paradise*"].
9. Ver Smith (1869, IV, Cap. 1, p. 163), ali onde o autor também menciona a "Providência". Há ressalvas a essa interpretação; veja-se, por exemplo, Biziou (2003) e E. G. Fonseca (1993).
10. A edição responsável pela divulgação de P. Nicole em língua inglesa intitulava-se *The grounds of sovereignty and greatness* (Londres, 1675; edição original, *Essais de morale*, 1671; consultou-se, aqui, a edição em francês de 1733 [reimpressão Slatkine], citada no corpo do texto). Na capital inglesa, o livro foi reeditado em 1685 e ganhou nova tradução em três volumes da obra de P. Nicole (*Essays*, 1677-1680). Locke traduziu três dos ensaios para a condessa de Shaftesbury, atestando sua recepção nos círculos filosóficos britânicos (Locke, 1828; ver Yolton, 2000). Como observa Wootton (1986, p. 75), "por um estranho paradoxo, devemos ao jansenista Nicole a primeira formulação clara da nova filosofia da sociedade comercial".

86-87), convergindo com o exame que Pascal efetuara das "grandezas de estabelecimento", assimila-a ao relevo obtido por certas pessoas, consideradas de "qualidade" (*gens de qualité*): "Todos esses juízos são falsos. Pois não há felicidade alguma em receber dos outros essas marcas de honradez; e consiste numa injustiça visível aprazer-se em ser objeto de uma admiração que nasce da corrupção dos homens". Com o "valor" não poderia ser diferente: "Os cavalheiros <*Gentilshommes*> preferirão sofrer qualquer outra censura, que a de carecer de coração, pois sabem que o mundo associou ao valor a mais alta estima" (p. 88). Mas as virtudes não são estimadas de modo objetivo: além de serem questionáveis em si mesmas, oscilam segundo a aprovação que os agentes logram obter junto aos demais. No entanto, apesar da equivocidade que atravessa de ponta a ponta a distribuição dos méritos morais, ameaçando tornar tudo aparência, Nicole reconhece nesta economia uma vantagem e uma astúcia:

> O amor dos homens para conosco sendo, assim, tão necessário para nos manter firmes, somos naturalmente levados a buscá-lo e a fomentá-lo. E como sabemos por experiência própria que amamos aqueles que nos amam; assim, amamos ou fingimos amar os outros, a fim de conseguir sua afeição. Eis o fundamento da civilidade humana, que nada mais é do que um comércio de amor-próprio, no qual se busca fomentar o amor alheio, testemunhando aos outros nossa afeição (Nicole, 1733, II, p. 116).[11]

Se, a partir dessas referências, voltarmos a Rousseau, poderemos inscrever o 2º *Discurso* em uma cartografia intelectual mais abrangente do que se poderia presumir considerando apenas seu acerto de contas com Voltaire – e isso numa linha que se alonga em dois sentidos. De um lado, a questão do luxo, presente nos dois *Discursos*,

---

11. A mesma ideia neste passo: "Todas as coisas do mundo reduzem-se por si mesmas a uma espécie de equilíbrio, e os bens e males de condições variadas se balançam de tal modo, que os encontramos quase em todas essas coisas em uma igual proporção" (Nicole, 1733, II, p. 3).

opõe Rousseau a Mandeville e, por conta da recepção que a *Fábula das abelhas* irá ganhar nas Luzes escocesas, aos primeiros teóricos da economia liberal. Mas a mesma linha reconduz, na via de mão dupla aberta por Nicole, à polêmica sobre o significado do amor-próprio, sistematizado, na França, pelo círculo de Port-Royal. Recorde-se, como já observado, que a "razão dos efeitos" discutida por Pascal apontava para este mesmo nexo entre amor-próprio e ordem universal que comparece nos *Ensaios de moral*, de Nicole.

A tese do 2º *Discurso* é a de que o amor-próprio, ao invés de ser inerente ao homem, como é o caso do amor de si mesmo,[12] possui um aparecimento relativamente tardio na história. Ele resulta de uma dinâmica social específica e que irrompe em um curso de eventos que não era inelutável. Não se poderia antever, nos primórdios do gênero humano, que os indivíduos assumiriam sua feição atual: "é preciso observar que a sociedade iniciada e as relações já estabelecidas entre os homens exigiam que eles tivessem qualidades diferentes das que traziam de sua constituição primitiva" (Rousseau, OC. III, 2º *Discurso*, p. 170; trad. p. 215). A primeira mudança que afetou de modo decisivo o gênero humano corresponderia à transição da vida solitária para a vida em grupo. Se o amor-próprio não existe no "verdadeiro estado de natureza", é porque, nele, o indivíduo vive só: "não é possível que um sentimento, que nasce de comparações que ele não pode fazer, venha a germinar em sua alma" (Rousseau, OC. III, 2º *Discurso*, p. 219; trad. p. 280). Para que o amor-próprio surgisse e se firmasse, foi preciso que o homem se modificasse profundamente, que travasse contatos recorrentes com seus semelhantes, até vir a habitar pequenas comunidades (a época das "cabanas rústicas"), e, nesta forma primitiva de

---

12. A diferenciação entre amor de si e amor-próprio, decisiva para se compreender a diferença entre Rousseau e Pascal, não precisou esperá-lo para ter circulação, pois teve precursores na França. Um estudo sistemático dos debates suscitados por Port-Royal teria de deter-se em autores como Jacques Abbadie, Marie Huber, Vauvenargues, entre outros. Veja-se nota de Starobinski (*in* Rousseau, OC. III, 1996, p. 1.376) e, sobretudo, o já mencionado estudo de McKenna (1990).

vida social, começasse a exercer suas comparações e preferências. Só então pôde formar em seu espírito a ideia de consideração:

> [...] cada qual começou a olhar os outros e também a querer ser olhado, e a estima pública teve um preço. Aquele que cantava ou dançava melhor, o mais belo, o mais forte, o mais hábil ou o mais eloquente, tornou-se o mais considerado; e assim foi dado, a um só tempo, o primeiro passo para a desigualdade e para o vício (Rousseau, OC. III, 2º *Discurso*, p. 169-170; trad. p. 213).

Um pouco adiante, Rousseau (OC. III, 2º *Discurso*, p. 171; trad. p. 215) afirma que, apesar disso, esse estágio intermediário constituiu a época mais feliz para o gênero humano – o que, na análise conjunta do passo, se explica pelo fato de que a propriedade fundiária ainda não tinha sido introduzida nem reconhecida como legítima; o amor-próprio permanecia, assim, refreado pela "indolência do estado primitivo".[13] Depois disso, com a invenção e generalização da propriedade privada e da especialização da força de trabalho, lançaram-se os pilares sobre os quais se edificou a civilização tal como a conhecemos. Mas essa evolução foi adiante apenas porque, em determinado momento, indivíduos reconheceram na propriedade privada uma instituição legítima, assim como terminaram aceitando especializar-se nesta ou naquela atividade. "O primeiro que, tendo cercado um terreno, arriscou-se a dizer: 'Isto é meu' e encontrou pessoas bastante simples para acreditar nele, foi o verdadeiro fundador da sociedade civil" (p. 164; trad. p. 206). A causalidade dos fenômenos associa-se a fatores circunstanciais, nem por isso menos decisivos na explicação das transições por que passou a história. Esta comporta enunciados, ações e consentimentos (tácitos ou explícitos) da parte dos indivíduos, inscritos em formas de socialização cada vez mais complexas. Por isso, não há por que

---

13. "O justo meio não é um estado quimérico ou edênico e não se encontra fora da história; trata-se de um período simples, feliz e moderado, no qual o movimento entre trabalho e lazer desempenha funções essenciais na dinâmica que caracteriza essa etapa" (Vargas, 2018, p. 138-139).

imaginar o fim que a providência teria reservado ao homem, para explicar onde ele foi parar: "a maior parte de seus males são obra sua" (Rousseau, OC. III, *Fragmentos políticos*, p. 477).

A reincidência dos temas do círculo de Port-Royal nas análises do 2º *Discurso* é patente. Agora, todavia, considera-se que a desigualdade resultou de uma mudança na estrutura subjetiva dos indivíduos, motivada pela interação entre eles, e não por qualquer desígnio ou castigo divinos. A "qualidade de agente livre" e a perfectibilidade singularizam o ser humano entre os animais – e, como acresce Rousseau (OC. III, 2º *Discurso*, p. 142; trad. p. 183) em seguida, reiterando o que se encontra nos *Fragmentos políticos*, na capacidade de aperfeiçoar-se reside "a causa de todas as desgraças do homem". Deus, portanto, fica de fora.[14] O leitor, em contrapartida, é parte do problema, já que está inscrito em um ordenamento social cujas vantagens e desvantagens é hora de reavaliar, como já alertava o 1º *Discurso*. Eis a novidade. Pois Nicole, na trilha aberta por Pascal – cujo discurso sobre os grandes é reproduzido no segundo volume dos *Ensaios morais* –, não ignorava que as regras que dão arrimo à vida social são arbitrárias. Mas, apesar de admitir que o nascimento em uma família nobre não constitui qualquer vantagem moral objetiva, fazia a defesa das preferências e privilégios outorgados aos bem-nascidos, "pois é necessário que haja ordem entre os homens" (1733, II, p. 85). As vantagens da ordem, assim, justificavam o *status quo*. Outra coisa é enxergar nessa arbitrariedade motivo bastante para questionar a organização social vigente. Convencido disso, Rousseau, ao invés de cultivar as virtudes do silêncio, irá tecer aquilo que Nicole (1733, II, p. 363) alertava não passar de "proposições temerárias sobre os costumes".

Mas por que o leitor de Rousseau se interessaria pelo que ele tem a dizer sobre o assunto? O 2º *Discurso* fornece indicações, posto que o leitor é duplamente concernido pelo texto. Por um lado, e a despeito

---

14. O que não faz de Rousseau (OC, IV, *Emílio*, p. 581) um ateu. Ao contrário, como se lê na *Profissão de fé do vicário saboiano*: "Esse Ser, que quer e que pode, este Ser ativo por si mesmo, este Ser [...] que move o universo e ordena todas as coisas, chamo-o Deus."

de tudo que separa a civilização dos tempos primitivos, quem realiza a leitura mantém, sob aspectos essenciais, uma equivalência com o indivíduo natural, nosso ancestral que perambulava pelas florestas. Por outro, o simples fato de pôr-se a ler atesta que a história cindiu essa identidade e introduziu reflexão e diferença onde, originariamente, não havia sequer linguagem, apenas uma sucessão ininterrupta de vivências imediatas. De fato, a representação surge apenas com a passagem para a sociedade (Mattos *in* Fortes, 1997). Assim, a mediação da leitura incita o leitor a cogitar a cisão que o habita. A ideia não é, como sugeriu maldosamente Voltaire, convidar-nos a abandonar a civilização e retornar aos tempos primitivos; ao contrário, trata-se de praticar, "do interior da vida social, uma fidelidade longínqua da natureza perdida" (Starobinski) – o que não significa ceder a algum tipo de rememoração de um passado sagrado e perdido. Quer-se atuar de um modo diverso sobre si mesmo e os demais, a partir do diagnóstico efetuado sobre o presente. Visto que o amor-próprio admitiu graus diferentes no curso de uma evolução histórica mediada pelos homens, por que não espreitar a oportunidade de modulá-lo por uma atuação diversa sobre si e os semelhantes ali onde isso for factível?

O nome disso é política, só que compreendida em um significado mais amplo que o habitual. As observações sobre o ato da leitura já apontavam na direção desta compreensão mais abrangente do termo. A rigor, tudo o que constituir ocasião para a transformação subjetiva dos indivíduos será "político". Nicole (1733, II, p. 83) já convidava seu leitor a operar uma metamorfose subjetiva, limitando-a, porém, à intimidade do devoto. Deus, afinal, não solicita de todos as mesmas coisas: "o que é virtude a um, pode ser vício para outro." Por conta dessa equivocidade, carece preservar-se da ilusão, frequente entre os piedosos, "de meditar pouco sobre suas próprias obrigações e de aplicar-se muito sobre a dos outros". Retomando as *Escrituras* (Romanos, II, 2), Nicole (1733, II, p. 100) insistia sobre a tarefa do cristão de renovar-se a fim de reconhecer a vontade divina; mas advertia que essa "transformação" deveria restringir-se a si mesmo; nesta tarefa, acrescentava, o autêntico cristão guia-se apenas por Deus (p. 331).

No outro extremo, Rousseau (OC. III, *Do contrato social*, I, 6, p. 361; trad. p. 519) inclui no seu empreendimento de transformação das estruturas da subjetividade uma teoria da soberania que estipula sob quais condições o poder político se torna legítimo, o que, como se sabe, passa por uma "associação" entre os indivíduos requerendo deles uma mudança de perspectiva. Nos antípodas de Port-Royal, assim, a transformação subjetiva transcorre *in totum* e assume uma expressão política, ultrapassando a singularidade de cada um de nós.

Há, no entanto, escritos em que Rousseau enaltece o autoisolamento, sugerindo que a transformação do "eu" possa prescindir da transformação dos demais. Há textos até mais extremados, que dão a entender que a transformação de si requer desistir completamente dos outros. Rememorando a Malesherbes quais teriam sido os momentos mais preciosos de sua existência, Rousseau (OC. I, *Fragmentos autobiográficos*, p. 1.139) evoca suas "caminhadas solitárias, esses dias rápidos mas deliciosos, em que fico comigo mesmo", entregue à "inteira natureza e seu inconcebível autor". E, no primeiro dos *Devaneios do caminhante solitário* (publicação póstuma em 1782), o manuscrito inacabado e descoberto em seus aposentos em Ermenonville, regozija-se por ter encontrado "um intervalo de plena quietude e de repouso absoluto" (Rousseau, OC. I, *Devaneios*, p. 998; trad. p. 25), quando, caluniado e detratado por todos, deu costas ao mundo. Na 3ª Caminhada, a quietude é não apenas o *locus* privilegiado da metamorfose subjetiva, como aparenta ser sua condição necessária. A decisão de empreender uma "reforma" de si mesmo (o que teria, ao fim, resultado numa "grande transformação <*révolution*>") coincidiu, assim, com o autoconfinamento: "É dessa época que posso datar minha inteira renúncia ao mundo e esse gosto vivo pela solidão que não mais me abandonou a partir de então" (Rousseau, OC. I, *Devaneios*, p. 1.015; trad. p. 44).

Outros textos, em contrapartida, rebatem essas conclusões. Nos *Fragmentos políticos*, por exemplo, aprende-se que somente tornando-se sociável o homem "converte-se em um ser moral, um animal razoável, o rei dos outros animais e a imagem de Deus na terra" (Rousseau, OC. III, *Fragmentos políticos*, p. 477). O que, já o sabemos, não constitui propriamente vantagem. Como se lê na *Profissão de fé do vicário saboiano*, "os animais são felizes, apenas seu Rei é miserável!" (Rousseau, OC. IV, *Emílio*, p. 583). Mas, porque o tema pascaliano da miséria passou a ser mediado pela história, tornar-se eventualmente menos miserável já não diz respeito ao indivíduo solitário, envolvendo desde sua origem o comércio com os demais. Se, como ensina o 2º *Discurso*, o afastamento da condição original do homem corresponde à progressiva inserção do indivíduo numa trama intersubjetiva que termina saturada por relações de competição e de poder, neste caso, qualquer reforma subjetiva passará por questionar as modalidades de relação do "eu" com seus semelhantes, uma vez que, não fosse por essa trama de relações, o amor-próprio e a concupiscência não teriam se desenvolvido. Sob a perspectiva dessa outra série de textos, não há transformação de si mesmo que não envolva a transformação dos outros. Se se aceita que, em seu isolamento, o homem natural não configura, a rigor, um sujeito, então a subjetividade do indivíduo não natural será, por definição, intersubjetiva.

Haveria contradição entre esses dois conjuntos de textos? É mais prudente falar numa tensão contínua entre dois vetores, que, complementares, se qualificam reciprocamente. Ao invés de projetar sua sombra no coração das Luzes para negá-las em seu sabido apego à práxis, a figura do caminhante solitário iluminará, sob outra perspectiva, a promessa de felicidade que motiva a crítica social e a reflexão política. Na oscilação entre esses dois polos, o leitor será instigado a ver, no exílio, o reencontro de um indivíduo com a essência do gênero humano, o que corresponde à experiência sem a qual ele próprio, como cidadão, não encontraria as condições indispensáveis na tarefa de refundar a Cidade. É para essa experiência (vivenciada por um sujeito que, novo paradoxo, universaliza-se ao confinar-se em sua máxima individualidade, como é o caso do narrador dos *Devaneios*)[15]

15. Como diz Starobinski (*in* "Introduction au *Discours sur l'origine de l'inégalité*" in Rousseau, OC. III, p. LI), "[...] ele somente se separou e se singularizou para melhor designar o universal, indicando-o a um só tempo na ordem dos fatos e na ordem do dever".

que se deve atentar, a fim de reaver a unidade subjacente à repolitização que vai se prefigurando como chave de leitura dos textos de Rousseau. Tal repolitização – que, num constante vaivém, oscila entre a teoria política e o afastamento do convívio social – almeja sempre o descentramento do sujeito. O intuito é deslocá-lo do lugar em que se alojou no decurso da história e reposicioná-lo na relação com seus semelhantes. Para tanto, não é preciso, e tampouco seria possível, suprimir ou negar a sociedade de interesses em que se encontram inscritos. Mas Rousseau crê ser possível reconfigurá-los, desde que não naturalizemos os modos de subjetivação que resultaram da introdução da propriedade privada e da divisão social do trabalho e que terminaram por moldar o indivíduo moderno, a um só tempo retido na superfície da aparência e atravessado pelo amor-próprio. Sob a ótica comparativa que perseguimos aqui, o projeto de Rousseau fornece uma alternativa à antropologia política de J. Locke.[16] Comparado ao defensor da propriedade privada como direito natural do agente individual, Rousseau aponta para uma forma de subjetivação mediada pela comunidade, instância na qual, de acordo com *Do contrato social*, tem origem todo o direito.

IV

Podemos então concluir que a repolitização do debate é motivada pela articulação entre dois gestos teóricos solidários: a recusa de princípios explicativos transcendentes e a reinterpretação do amor-próprio como um sentimento artificial, que se generalizou apenas com a vida em sociedade. Ponto de partida de Rousseau, mas também obstáculo com que esbarra de saída, a alienação tem como causa as prerrogativas irrestritas que foram assumidas pelo amor-próprio.

---

16. Comparando Locke a Rousseau, Balibar (2004, p. 12) antecipa nosso ponto ao afirmar que o autor do *Segundo tratado sobre o governo civil* teria sido o primeiro a cogitar "a constituição do sujeito no movimento de apropriação".

Desenha-se o círculo. Se o amor-próprio é engendrado pela razão; se "a reflexão o fortalece" e "mergulha o homem em si mesmo" (Rousseau, OC. III, 2º *Discurso*, p. 156; trad. p. 198), então, a fim de desfazer este ensimesmamento contraditório, no qual a busca por estima depende do juízo alheio,[17] será necessário exercer a reflexão a contrapelo, de modo a tornar a referência ao outro e a si mesmo a ocasião de uma experiência menos alienada do sujeito. Como suspeitávamos, isso elege como alvo principal da repolitização o arco da intersubjetividade, pois, desde que a clivagem entre o ser e o parecer extrapolou seu limite aceitável – no momento em que, "para benefício próprio, foi preciso mostrar-se outro do que se era na realidade" (Rousseau, OC. III, 2º *Discurso*, p. 174; trad. p. 220) –, este mesmo espaço foi sendo comprimido a ponto de tornar o "eu" cego aos outros e a si mesmo. Ampliada desse modo, a política difere de seu sentido tradicional: o escritor que politiza não saberá contentar-se com a comemoração de episódios republicanos legados pela história, nem com exemplos de povos distantes, nos quais os indivíduos são, a um só tempo, grandes e iguais. Apesar de contar com seu núcleo normativo, exposto no Livro I do *Contrato social*, a política tampouco irá findar numa teoria cuja aplicação pudesse transcorrer à revelia da filosofia da linguagem (*Ensaio sobre a origem das línguas*), da filosofia da educação (*Emílio ou Da educação*), da arte de escrever romances (*Júlia ou a Nova Heloísa*). A repolitização envolve atuar em todos esses níveis, com o intuito de fazer com que paixões e interesses, mediados por novas modalidades de reflexão, não se guiem exclusivamente pelo amor-próprio.

Mas como realizá-lo? O método aplicado no 2º *Discurso* instrui sobre a questão. Rousseau, seguindo a mesma via de Diderot no texto sobre a religião, examina a civilização a partir de uma realidade extra-fatual, o homem natural, solitário. Assume ser não apenas admissível, como também proveitoso negligenciar a história efetiva ali onde se

---

17. Nesta direção, lê-se nos *Fragmentos políticos*: "nossa fraqueza nasce de nossa cupidez, nossas necessidades nos aproximam na medida em que nossas paixões nos dividem e, quanto mais nos tornamos inimigos, menos podemos dispensar-nos uns aos outros" (Rousseau, OC. III, *Fragmentos políticos*, p. 479).

busca "esclarecer a natureza das coisas" – sobretudo quando se trata da natureza humana:

> Comecemos, então, por afastar todos os fatos, pois que não levam à questão. Não se devem tomar as pesquisas, as quais podem introduzir o assunto, por verdades históricas, mas apenas por raciocínios hipotéticos e condicionais, mais apropriados a esclarecer a natureza das coisas do que a mostrar sua verdadeira origem, semelhantes a este que cotidianamente fazem nossos físicos sobre a formação do mundo (Rousseau, OC. III, 2º *Discurso*, p. 132-133; trad. p. 171).

Pode-se ser tentado a tomar essas significações extrafatuais por ideias abstratas ou conceitos gerais que aguardassem o seu manual de uso, o código de sua aplicação. Até porque seria inútil buscar-lhes uma correspondência imediata em nossos sentidos; elas não são significações empíricas. Mas, apesar de ninguém jamais ter se deparado com o homem natural, ou exatamente por causa disso, a primeira parte do 2º *Discurso* fornece um quadro pormenorizado dele, faz com que o leitor possa vê-lo: "[...] vejo <*je vois*> um animal menos forte que uns, menos ágil que outros, mas, de maneira geral, o mais bem organizado de todos." Visão complementada por descrições que recorrem a elementos literários: "Vejo-o fartando-se sob um carvalho, saciando-se no primeiro riacho, encontrando seu leito ao pé da mesma árvore que lhe forneceu o repasto: eis satisfeitas suas necessidades" (Rousseau, OC. III, 2º *Discurso*, p. 134-135; trad. p. 173). Trata-se de verdadeira "imitação", híbrido entre conceito e imagem – o que faz pensar que, sem os elementos poéticos utilizados para figurar o homem natural, não seria possível conceitualizá-lo.[18] A "natureza" assemelha-se a este conceito-imagem, que transporta o leitor a um lugar diverso de sua paisagem habitual, um *tópos* ao qual

---

18. Registre-se que a imitação não coincide com a visão, mas a supera: "A impressão sucessiva do discurso, que age através de golpes redobrados, oferece-vos uma emoção bem melhor do que a presença do próprio objeto, diante do qual, com um olhar, tereis visto tudo" (Rousseau, OC. V, *Sobre a origem das línguas*, p. 377, trad. p. 113).

ele se vê afiliado sob o modo dialético da identidade e da diferença. Por meio da gênese metafórica do presente, o texto, ao invés de visar o não lugar do pensamento utópico, transporta o leitor para sua ubicação mais íntima, isto é, a si mesmo. Qualquer um pode recriar e experimentar a figura do homem *in natura* – que nada mais é, afinal, que uma construção mental compartilhada entre o leitor e o escritor.

Literatura? Retome-se, a partir dessas observações, a questão pelo estatuto das significações extrafatuais ou "não objetivas". Se todo signo linguístico é, de início, o invólucro de alguma paixão, por que seria diferente com a "natureza"? Em princípio, portanto, nenhum empecilho em assumirmos o estatuto ficcional do "homem natural". Ao invés de uma realidade mística e extradiscursiva, a "natureza" consiste no *tópos* retórico a partir do qual a reflexão moral interpreta o presente. Será dizer que a inquirição da sociedade do artifício se apoia no recurso ao artifício? Que, em consequência, a crítica é refratária de seu objeto – e, assim, devolvida ao paradoxo? Mas isso tampouco faz problema, caso se reconheça que a crítica é desde o início parasitária daquilo que lhe serve de mote. "Como em tudo isso me propus mais a atacar os erros do que a estabelecer novas verdades, confesso de boa-fé que, quando as obras de meus adversários não mais subsistirem, as minhas se tornarão perfeitamente inúteis" (Rousseau, OC. III, *Fragmentos políticos*, p. 516). A crítica pratica o paradoxo em obediência a seu objeto paradoxal, o homem que ama sua própria escravidão. Eis-nos de volta àquela "intuição global" que, segundo H. Gouhier (*in* Rousseau, OC. IV, p. CLXXXI), restou após o furor que acometeu Rousseau a caminho de Vincennes – isto é, "a situação paradoxal de um ser cuja existência contradiz a essência". Tal exteriorização ou exclusão transcorre somente ali, onde a razão intercede, onde as paixões se tornam sociais; mas, como o mal pode trazer seu antídoto, neste caso, se bem moduladas, razão e paixões propiciarão reaver em algum nível a equivalência com a liberdade perdida. Admitir a divisão interna ao homem é, deste modo, acatar, como aponta Salinas Fortes (1976, p. 27), que "a dissociação comanda, talvez, as articulações do discurso e governa sua divisão". Em vista disso, recusar o paradoxo equivaleria a dar um passo para fora do âmbito da investigação, demarcado pela existência deste ser paradoxal que é o homem; seria apostar numa exterioridade imaginária, paralela à utopia de uma comunicação desinteressada, sem inter/esse ("estar entre os seres") – isto é, que se recusasse a ser comunicativa.

V

Foi Bento Prado Jr. (2018) quem melhor lançou luz sobre a dimensão retórica da filosofia de Rousseau, apresentada no *Ensaio sobre a origem das línguas* (publicação póstuma em 1781). Nele são discutidas as relações entre a ordem do discurso e a ordem das coisas. Se é correto afirmar que "a poesia foi conhecida antes da prosa" – o que não poderia ser diferente, "visto que as paixões falaram antes da razão" (Rousseau, OC. V, *Sobre a origem das línguas*, p. 410; trad. p. 161) –, se conclui então que a primeira função da linguagem foi expressiva, não representativa. É verdade que este aspecto "retórico" do discurso terminou apagado pela ascensão do "paradigma gramatical", conforme o qual a linguagem é a emanação de um pensamento universal e objetivo. Mas esta última concepção é errônea, consiste no engano causado pela dissociação progressiva da palavra e do canto, efetuada pelas línguas modernas, mais voltadas para o cálculo do que para a imitação. As palavras não são, como se quis acreditar, o revestimento secundário de uma estrutura autônoma, de um *logos* situado à parte de toda expressão determinada. Quem mais, além deste ser ensimesmado em que se transformou o indivíduo moderno – alguém que tagarela sem dizer nada –, para imaginar que a linguagem estaria apta a capturar a essência das coisas, à revelia do significado moral que as palavras evocam?

A uniformidade da gramática, base dessas falsas conclusões, é, no entender de Rousseau (OC. V, *Sobre a origem das línguas*, p. 409; trad. p. 158), o resultado da trajetória social da linguagem, no curso da qual a história das línguas particulares – ligadas a modos de vida e tipos de organização social diversificados – foi apagada em prol da exatidão do idioma, supostamente neutro, do entendimento. A depender desse léxico inexpressivo, os indivíduos permanecerão presos ao desconhecimento de si mesmos; e de que tipo de reflexão sobre a Cidade seriam capazes enquanto forem reféns de uma fala que não comunica nada além dos idiotismos do amor-próprio? Se, como aponta o *Ensaio sobre a origem das línguas*, a linguagem também é condicionada pelas vicissitudes da história; se as variações que admite podem torná-la mais ou menos ajustada às paixões, ela também interfere e modifica essas mesmas paixões, possibilitando entrever o horizonte político para as mudanças em sociedade, sempre intersubjetivas. Não surpreende que os princípios da justiça também sejam flexionados conforme a conjuntura viabilize esta ou aquela aproximação do ideal buscado pela repolitização da estrutura do sujeito, da qual a linguagem, em sua abertura intrínseca, constitui parte essencial (ver Falabretti, 2011).

Por conta disso, a relação entre os princípios do direito político, que prescrevem a subordinação das vontades particulares à vontade geral, e os casos nos quais os interesses são efetivamente negociados, exigirá sempre mediações. Já em *Do contrato social*, lembrado pela crítica conservadora como utopia desligada da realidade, lê-se (em um passo que aproxima Rousseau de Montesquieu) que, "além das máximas comuns a todos, cada Povo encerra em si uma causa que o ordena de uma maneira particular e torna sua legislação adequada unicamente a ele" (Rousseau, OC. III, *Do Contrato social*, p. 393; trad. p. 557).[19] Prevê-se, assim, um vaivém entre o particular e o geral, ao longo do qual a consideração das particularidades é condicionada ao princípio de que os homens nascem livres e iguais. No escrito sobre a Córsega, por exemplo, Rousseau realiza, a um só tempo, dois desenvolvimentos diferentes e complementares. Nas palavras de Bernardi

---

19. Não há consenso entre os intérpretes sobre como Rousseau cogitou a aplicação dos "objetos gerais de toda boa instituição" a casos concretos. No Brasil, seu principal enquadramento remonta a Salinas Fortes (1976). Mais recentemente, a comparação de Rousseau a Montesquieu resultou em classificá-lo como "realista" (Moscateli, 2010, p. 138-149).

(2018, p. 197), "o preâmbulo refere a investigação projetada aos princípios gerais de toda legislação, enquanto o 'plano de governo' parte da situação concreta da ilha, a fim de fixar os princípios particulares que lhe convêm".[20] Disso resulta que, se, de um lado, a proposição da reforma política dos corsos requer familiarizar-se com "uma multidão de conhecimentos relativos à Nação e ao país",[21] de outro, esses conhecimentos tampouco seriam úteis caso não houvesse maneira de subsumi-los a uma reflexão em que o coletivo possui prerrogativas diante do particular, como requer uma legislação fundada na ideia de justiça. Há, desse modo, ajuste ou modulação do discurso ao público a que o autor se dirige, possibilitando a aplicação dos princípios políticos (as "máximas comuns a todos") aos casos concretos que a suscitaram.[22]

Realizada tal modulação, pode-se contornar a impressão do "divórcio inevitável entre a teoria e a prática" (Jean Fabre). Basta que não se perca de vista a duplicidade de planos em que transcorre a investigação. Numa sociedade discernível pela razão, fundada no direito, os indivíduos igualam-se na submissão às leis. Neste plano, discute-se como aquela uniformidade de rebanho (1º *Discurso*) produzida historicamente (2º *Discurso*) poderia ser revertida na igualdade jurídica estabelecida pela teoria política e por certa paridade econômica (*Do contrato social*). A avaliação dos homens inscritos na história toma por parâmetro a convicção de que os indivíduos são livres e iguais entre si do ponto de vista da razão. Ao mesmo tempo, a consideração

20. Daí o aparente equívoco da crítica conservadora, que viu em Rousseau a fonte dos "construtores de sistema" que animaram a Assembleia de 1789 (Burke, 1982, p. 167); ora, como atesta o escrito sobre a Córsega ou sobre a Polônia, Rousseau não ignorou a "administração". Para a diferença entre escala e realidade na política de Rousseau, ver, além de S. Fortes (1976), M. Nascimento (1988) e N. Bignotto (2010, p. 120-127).
21. O passo compõe a carta de J.-J. Rousseau ao capitão M. Buttafoco de 22 setembro de 1764, que não é fornecida no volume III da *Obras completas* (ed. Pleîade). Ver Rousseau (2018, p. 50).
22. O mesmo se coloca para as *Considerações sobre o governo da Polônia* (redigidos entre 1771/1772 e publicados em 1782), que, todavia, apresentam mais dificuldades, uma vez que, nelas, a prudência faz o legislador contrariar o *Contrato social* no que tange a aspectos essenciais, quando admite a representação política ou negligencia a soberania popular (ver Fortes, 1976, p. 31 ss.).

das condições efetivas sob as quais se encontram os homens depara-se com o nivelamento produzido no curso da história, isto é, sua alienação. Diante disso, cogita-se uma intersubjetividade menos comprometida pelo egoísmo. Todo legislador, quando busca instituir um povo,

> deve sentir-se em condição de alterar, por assim dizer, a natureza humana; de transformar cada indivíduo, que por si só é um todo perfeito e solitário, em parte de um todo maior do qual este indivíduo recebe, de alguma forma, sua vida e seu ser (Rousseau, OC. III, *Do contrato social*, p. 381; trad. p. 545).

O legislador atua para conservar a transformação subjetiva dos indivíduos implicada pelo pacto na origem do corpo político.[23] Daí por que outorgar boas leis exija reunir quesitos tão extraordinários. É necessário conhecer as paixões humanas sem ser desviado por elas; ser capaz de "traduzir" suas ideias "na língua do povo", o que requer "fazer os Deuses falarem" e, sobretudo, "ser acreditado quando se anuncia como intérprete deles" (p. 383-384; trad. p. 547-548). O vínculo entre retórica, exegese e bom governo faz da transformação dos sujeitos numa intersubjetividade balizada pelas semelhanças com os outros o cerne da política.

VI

Que balanço tirar dessa alternância entre os dois primeiros *Discursos* e de breves incursões a outros escritos de Rousseau? Salta à vista, em primeiro lugar, o lugar central que o amor-próprio possui na sua reflexão antropológica. Recorrente nos escritos autobiográficos, o amor-próprio é apresentado, nos dois primeiros *Discursos*, como o

---

23. "A 'alienação total' que funda o contrato social é, primeiro e sobretudo, uma operação que tem lugar no sujeito e que afeta sua relação consigo mesmo" (Crétois, 2014, p. 202).

fator decisivo para a explicação da condição sob a qual se encontram os homens. Vimos como esse aspecto já havia sido pontificado por autores ligados a Port-Royal. Rousseau difere deles quando sustenta que nosso estado atual resulta de escolhas ou consentimentos mais ou menos conscientes que prevaleceram no curso da história. A miséria associada ao amor-próprio não remete, por isso, ao dogma da queda, mas a um quadro diacrônico, no interior do qual paixões e interesses surgiram e se desenvolveram à medida que os indivíduos foram se socializando. A disputa de Rousseau com Christophe de Beaumont dá a medida dessa inflexão. O arcebispo jesuíta de Paris havia baseado seu ataque ao *Emílio* na alegação de que o argumento da bondade natural fere diretamente o dogma do pecado original, caro aos jansenistas e à pedagogia eclesiástica. Na carta datada do fim de 1762, Rousseau contra-argumenta nestes termos:

> O princípio fundamental de toda a moral, sobre o qual refleti em todos os meus escritos, e que desenvolvi nesse último com toda clareza de que era capaz, é que o homem é um ser naturalmente bom, que ama a justiça e a ordem, que não há nenhuma perversidade originária em seu coração, e que os primeiros impulsos da natureza são sempre corretos. Fiz ver que a única paixão que nasce com o homem, a saber, o amor de si, é uma paixão em si mesma indiferente quanto ao bem e ao mal, que só se torna boa ou má por acidente e segundo as circunstâncias em que se desenvolve. Mostrei que todos os vícios que se imputam ao coração humano não lhe são em absoluto naturais; falei da maneira como nascem e, por assim dizer, segui sua genealogia, mostrando como, por uma contínua deterioração de sua bondade originária, os homens se tornam, enfim, o que são (Rousseau, OC. IV, *Carta a Beaumont*, p. 935-936, trad. p. 48).

Não há diferenças com relação ao que havia sido apresentado no 2º *Discurso*. Mas o passo interessa porque, ao polemizar com o arcebispo, o texto lança luz sobre a secularização que Rousseau efetuou da "miséria". A seus olhos, nossa condição atual, marcada pela alienação de si, não decorre da expulsão do Éden; liga-se, antes, a circunstâncias e acontecimentos transcorridos na história humana. A miséria readquire o sentido econômico e material que havia recebido nas *Cartas inglesas* e em certos contos de Voltaire. Mas a convergência termina aí, pois Rousseau, ao efetuar a genealogia de nossos vícios, reprova a feição habitual adquirida pelas atividades mundanas. É que a "calculação" característica do *homo economicus* representaria uma variação sofisticada, o aprofundamento extremado de um cálculo remoto, quando os habitantes dos primeiros agrupamentos humanos se comparavam uns aos outros, quando começavam a orientar-se pelo amor-próprio. O distanciamento em relação a Voltaire, portanto, deve-se à visão negativa da concupiscência, o que aproxima Rousseau do território familiar ao círculo de Port-Royal. Reaproximação parcial: o acordo acerca dos malefícios associados ao amor-próprio é seguido, no caso de Rousseau, pelo engajamento na repolitização dos indivíduos, na metamorfose política de uma subjetividade histórica que teria sido desde o princípio intersubjetiva.

Essa transformação não incorpora os méritos ligados à acumulação. Ao contrário, nossa inscrição no circuito de produção de bens materiais dificulta a transformação do sujeito visada pela repolitização do nivelamento. Se admitirmos que a ideologia burguesa requer o enaltecimento de virtudes ligadas à ascese intramundana, o projeto de Rousseau, como já foi observado pela literatura, possui um viés antiburguês – o que talvez explique o prestígio que obteve junto à nobreza empobrecida das províncias, assim como o apoio que encontrou em algumas famílias da grande aristocracia (Lepape, 1995, p. 200). A generalização da *calculatio* moral engendrada pelo amor-próprio explica, no 1º *Discurso*, o achatamento dos indivíduos. O amor-próprio sequestra o indivíduo de si mesmo, privando-o inclusive da possibilidade de individualizar-se, pois a verdadeira individuação requer manter relações não instrumentais com seus semelhantes. O aspecto processual do nivelamento constitui razão para desacreditar que a instância individual, entregue à própria sorte, possa fazer alguma diferença. Em seu lugar, há o trabalho de exegese sobre si e sobre os outros, consigo e com eles. Em conformidade com isso, Rousseau não recusa a propriedade privada, mas tem clareza de que será preciso de tempos em tempos desconcentrá-la, subordiná-la ao interesse público, o que equivale a fornecer uma "versão republicana" da propriedade, nos antípodas da vertente liberal inaugurada por Locke (Crétois, 2014, p. 169).[24]

Por isso o advento da propriedade teve de ser recolocado no tecido da história – uma história que corresponde não aos acontecimentos fatuais, mas às mudanças da relação de si para consigo e com os demais. Uma vez que esse exame revela a diferença entre o que somos e o que éramos de partida, a consciência histórica corresponde à ciência da distância irremediável que separa o "eu" de sua primeira natureza. Em contrapartida, esse sujeito recolocado diante de sua trajetória é o próprio leitor, convidado a desenhar uma experiência menos inautêntica de si mesmo, na qual convergem saber histórico, teoria política e vivências pessoais. Como se lê desde o 1º *Discurso*, "é um grande e belo espetáculo ver o homem [...] voltar-se para si mesmo a fim de estudar o homem e conhecer sua natureza, seus deveres e seu fim" (Rousseau, OC. III, 1º *Discurso*, p. 6; trad. p. 40).

Paradoxalmente, o ganho da volta para si é o descentramento subjetivo. A consciência da miséria projeta o horizonte das transformações realizáveis neste mundo no âmbito do indivíduo e da comunidade. Reinterpretado à luz da história pensada por Rousseau, o esquema dualista faz cogitar modificações no equilíbrio entre ser e dever ser. Com isso, a secularização do conceito de "miséria" associa-se à politização da história, reativando o dualismo pascaliano, mas colocado, agora, de ponta-cabeça. A distância do homem para consigo (sua cesura interna) não se contenta mais em constatar o que separa sua condição efetiva de sua origem. Se a alienação é interna à história do sujeito, a política, como expansão da consciência temporal, fornece

---

24. Nas palavras de E. Balibar (2004, p. 21): "em Rousseau, é a comunidade que, de alguma forma, não cessa de *destituir o trabalho* do que ele produz, para o atribuir simbolicamente ao indivíduo tornado cidadão, isto é, uma parte indivisível do soberano."

a ocasião para transformá-lo. O mesmo argumento que explica o presente como distanciamento faz o tempo e a linguagem tornarem-se instrumentos da transformação moral dos indivíduos.

Por aí também se vê o equívoco das leituras que acusam Rousseau de ter negligenciado a expressão individual. A crer nestes críticos, seu verdadeiro objetivo teria sido o de criar "um novo tipo de homem, uma criatura puramente política", o que equivaleria a promover "a desaparição do indivíduo na entidade coletiva com a qual ele se confunde e da qual toma o princípio de sua existência" (Talmon, 1966, p. 60). Ora, sob a perspectiva de sua reinscrição na "mão francesa", a ideia de que o indivíduo é uma fabricação puramente política revela outro aspecto, bem menos opressivo. É provável que, com isso, Rousseau quisesse dizer que o indivíduo é genuinamente livre somente no interior da associação civil. Fora da reciprocidade instituída pelo acordo entre todos os membros do corpo político, a liberdade pode ser prejudicial – é o abuso da sociedade dos livres proprietários, numa economia que produz indivíduos desiguais e que, ao naturalizar desigualdades, lhes recusa toda sorte de generalidade normativa.

VII

E Diderot? Nós o deixamos quando, reafirmando sua profissão de fé deísta, anunciava os progressos que se poderia esperar para a humanidade, caso a religião natural prevalecesse sobre as religiões positivas. Se isso acontecesse, formar-se-ia uma única sociedade no interior da qual os homens escutariam "a voz da natureza". Foi esse o hiato que Rousseau prolongou na dialética entre, de um lado, o estágio concreto em que se encontram os homens e, de outro, o que eles seriam se se tornassem diferentes do que são. Diderot, de seu lado, abandonará o deísmo dos *Pensamentos filosóficos* e, após flertar com o ceticismo, tornar-se-á materialista – o que causou seu encarceramento no castelo de Vincennes. No nível da interpretação, essa virada impõe responder a uma pergunta específica: poderá haver espaço, no interior de uma filosofia que se tornou materialista, para desenvolvimentos dualistas?

Observe-se, de antemão, a amplitude que Diderot irá conferir a suas atividades. Ao longo dos anos de 1750 (logo após sua estreia na defesa da religião natural), sua carreira literária diversifica-se. Participa da querela dos bufões em 1752; a partir de 1756, passa a colaborar na *Correspondência literária*, de F. Melchior Grimm (1723-1807), na qual, de 1759 a 1783, faz as vezes de crítico de arte; em 1757, publica seu primeiro drama, *O filho natural*; no ano seguinte, aprofunda sua incursão como dramaturgo, com *O pai de família*, seguido do *Discurso sobre a poesia dramática*. Em 1760, compõe o romance *A religiosa* e, no ano seguinte, o *Elogio a Richardson*. A redação de *O Sobrinho de Rameau*, talvez seu texto mais desconcertante, teve início entre 1761 e 1762, estendendo-se até 1773. Até sua morte, em 1784, Diderot publicará diálogos ("Ele é bom? É malvado", 1771), comporá romances (*Jacques, o fatalista*, 1773), discutirá religião, física e metafísica. Além das tarefas que assumiu como diretor da *Enciclopédia* (o primeiro volume é publicado em 1751), para a qual redigiu verbetes políticos e estéticos. Não bastasse a versatilidade temática, Diderot mobilizou muitos gêneros de abordagem: diálogo filosófico, contos, romance, teoria dramática, crítica artística e verbetes. Porque intercala a sátira ao estilo elevado, Diderot é ainda mais coringa que Rousseau.

Uma solução para classificá-lo consiste em fazer da própria versatilidade a unidade de seu pensamento. Unidade furtiva e avessa a toda posição determinada, que evita corporificar-se em doutrina. A reflexão de Diderot, seguindo essa linha, desconheceria a adesão a dogmas, a teses, a convicções; sua "verdade" residiria na atitude de visitar todos os assuntos e examiná-los sob as mais diversas perspectivas, revirando pelo avesso certezas e convicções correntes. Não reside, nesta liberdade irrestrita de questionamento, a prerrogativa da filosofia diante da religião, dos costumes, da majestade? O pensar móvel de Diderot seria a expressão mais radical da atitude crítica – aquela que, como reivindicará Kant um pouco mais tarde, constitui a marca daqueles tempos.

Quem abriu esta linha de interpretação, adaptando-a a propósitos exegéticos mais amplos, foi Hegel, ao discutir, na *Fenomenologia do espírito* (1807), o escrito de Diderot que Goethe havia terminado de traduzir e publicar na Alemanha, *O Sobrinho de Rameau*.[25] Por intermédio do diálogo entre o "Eu", que representa o ponto de vista filosófico tradicional, e o Sobrinho, uma personagem entre o boêmio e o vagabundo, Diderot teria exposto, segundo Hegel, a força irresistível do cinismo mais debochado, capaz de inverter qualquer crença ou valor em seu contrário.

> O conteúdo do discurso que o espírito profere de si mesmo e sobre si mesmo é, assim, a inversão de todos os conceitos e realidades, o engano universal de si mesmo e dos outros. Justamente por isso, o descaramento de enunciar essa impostura é a maior verdade (Hegel, 2002, p. 360).

A fala debochada do Sobrinho, que, segundo Hegel, retoma expedientes argumentativos da sofística clássica, aparece como exemplo bem-acabado da cultura ilustrada, capaz de voltar as armas da crítica em todas as direções. "Essa linguagem universal revela a vaidade da cultura e contém sua verdade. Ela opõe sua dialética negativa à alma honesta que não pode salvar o bem e o verdadeiro e os manter em sua pureza" (Hyppolite, 1956, II, p. 402). Através do embate entre o Sobrinho e o Filósofo, Diderot teria se contentado em revelar que a razão ilustrada dissolve seus conteúdos tão logo se põe a cogitá-los.

Resta saber onde exatamente situar Diderot neste dispositivo discursivo. Ele é o Filósofo que faz as vezes de princípio narrativo e que, no curso do diálogo, aparece como o "Eu"? Ou a autoria abre, em relação a este "Eu", uma distância que o diferencia daquele que o encena – este Filósofo que, ao fim, se descobre incrédulo e perplexo

---

25. Em 1798, foram publicadas as *Œuvres de Denis Diderot* (quinze volumes), sob os cuidados de Jacques-André Naigeon. Mas elas não incluíam *O Sobrinho de Rameau*, publicado pela primeira vez na tradução alemã de Goethe.

com a indiferença do Sobrinho diante de todo parâmetro moral? As coisas complicam-se quando se descobre, logo no início, que o Filósofo também tem o hábito de abandonar seu espírito à "mais completa libertinagem", deixando a seu encargo "seguir a primeira ideia sábia ou louca que se apresente" (Diderot, 1994, II, *O Sobrinho de Rameau*, p. 623; trad. p. 29-30). Por aí já se vê que o Sobrinho desenvolve aspectos do seu interlocutor, o que explica por que possa revelar ao Filósofo, pela distorção de um jogo de espelhos, a verdade da própria filosofia.[26] Supor que a dissolução dos parâmetros normativos propugnada pelo Sobrinho corresponda à posição global do próprio Diderot implica abandonar toda hipótese quanto a seu engajamento com a paixão da igualdade implicada pelo axioma antropológico. Pois aceitar que somos iguais sob determinadas relações requer avançar um enunciado forte, conforme o qual o gênero humano dispõe de uma substância moral comum que, nessa medida, transcende a instância singular representada por cada um de nós. Ao invés disso, o conjunto de sua obra apareceria como o exercício permanente da crítica, tornando inútil buscar teses positivas sobre a condição moral da humanidade. Sua originalidade residiria no "dinamismo de um pensamento em busca de si mesmo" (Couty, 1972, p. 12) – entenda-se, em um pensamento avesso a toda síntese conclusiva. Com efeito, diversamente da dialética hegeliana, que é conclusiva, a dialética personificada pelo Sobrinho "é sem fundo, interminável [...] numa palavra, é negativa" (Arantes, 1996, p. 41). Daí o embaraço: projetar a sombra do negativo identificado por Hegel em *O Sobrinho* sobre toda a obra de nosso autor inviabilizaria qualquer tentativa de descobrir, em Diderot, outra expressão daquele dualismo que, como já tivemos a chance de constatar, torna-se, na segunda metade do século XVIII, fonte de enunciados normativos.

Uma forma provisória de contornar esse impasse reside em testar essas suspeitas mirando outros textos. O quadro apresentado com base no comentário de Hegel altera-se significativamente quando levamos em conta, por exemplo, os verbetes políticos redigidos para a

---

26. Garroux (2018) fala acertadamente em um "jogo de espelhos móveis".

Enciclopédia. Colas Duflo (2013a, p. 465; ver Vernière *in* Diderot, 2018, p. 26) lembra que, apesar de ser marcada pela improvisação, a reflexão política presente nesses verbetes está voltada para a atualidade, na qual procura interferir. A observação vem a calhar porque nos desembaraça da obrigação de atribuir a Diderot uma dialética (negativa ou conclusiva) concebida sob a ótica do hegelianismo. Pois, ao insistir na matriz especulativa hegeliana, deixa-se de cogitar que, talvez, para Diderot, a verdade seja provisória, isto é, relativa à conjuntura ou às questões que a suscitaram. E por que excluir de antemão a hipótese de que a própria filosofia tenha sido encarada por Diderot como "positivamente conjectural" (Bourdin, 1999, p. 90)? Tomando então por referência de fundo essa outra expressão central da cultura ilustrada, que foi a *Enciclopédia*, pode-se examinar se, na diversidade de seus textos e sem detrimento de sua mobilidade, Diderot não deparou com dualidades similares a que viemos investigando até aqui.

VIII

Mas que dualidade poderia sobrevir ali onde tudo aparenta ser superfície? Procuremos variar o caminho, para ver se não nos deparamos com a resposta.

O primeiro conto de Diderot, "As joias indiscretas" (1747), tem origem em um episódio galante. Mme. de Puisieux lhe teria lançado o desafio de escrever, em quinze dias, um conto de fantasia "erótico-exótico" (Versini *in* Diderot, 1994, II, p. 20), na linha de Crébillon filho, o modelo sendo *As mil e uma noites*, então em voga. Respondendo ao desafio, Diderot cria a fábula protagonizada por Mangogul e Mirzoza, na verdade, Luís XV e Mme. de Pompadour, e se põe a escrutinar o universo cortesão de Versailles e suas ressonâncias na capital. O enredo toma como ponto de partida um tema comum a Pascal e a Watteau: o tédio. Enfastiado, Mangogul é aconselhado por sua preferida a buscar a ajuda de Cucufa, o gênio, para descobrir "as aventuras galantes da vila" (Diderot, 1994, II, *As joias indiscretas*, p. 30). O gênio o atende e ele recebe um anel que, além de deixá-lo invisível, faz com que, quando dirigido a uma cortesã, seus brincos comecem a falar em voz alta suas aventuras amorosas e sexuais. L. Versini, indagando se há algo de sério em *As joias indiscretas*, menciona o estudo de A. Vartanian, que havia apontado como o conto explora os vínculos entre erotismo e filosofia. O escrutínio da sociabilidade cortesã, por isso, é realizado sem condenar *in toto* o plano das aparências. Ao invés de sublimar-se no recurso às essências, como se pode dizer que faz Rousseau ao fabricar ficcionalmente a noção de homem primitivo juntamente com a adoção de um tom elevado, a operação de Diderot permanece no regime da espirituosidade e do humor – trata-se de um passatempo à disposição do meio que imita e uma crítica. Um meio que, no reflexo desse universo imaginado, também é instado a descobrir o caráter arbitrário de suas próprias convenções: no distante reino do Congo, em que Diderot situa a trama, é costume os cavalheiros despedirem-se das damas beijando-lhes o olho esquerdo.

O que será do outro par, enraizado em um patamar mais profundo que o da diferença entre as culturas – representado, portanto, pela natureza em oposição à convenção em seu conjunto? Difícil responder a isso considerando apenas *As joias indiscretas*, que está ligado por origem à órbita dos salões. Mas também é inútil buscar pela verdadeira natureza na estreia de Diderot no gênero do diálogo filosófico. Em *O passeio do cético* (redigido em 1747 e publicado em 1830), Aristo e Cleóbulo entretêm-se passeando por três alamedas: a dos espinheiros, a dos castanheiros e a das flores. Elas correspondem às questões "da extravagância das religiões, da incerteza dos sistemas da filosofia e da vaidade dos prazeres do mundo" (Diderot, 1994, I, *O passeio do cético*, p. 73; trad. p. 9-10). Mais relevante é observar que elas evocam as forças sociais em curso: 1) o partido devoto, em guerra com os *philosophes*; 2) os próprios filósofos, em sua incessante disputa interna; 3) a dissipação mundana, isto é, o *monde* dos salões, cuja atmosfera também pairava na corte de Luís XV, em especial após 1745, quando começa o "reino" de Mme. de Pompadour.

Diderot não explicita qual sua posição diante da divisão ternária escolhida para estruturar o texto. Uma escolha que "nos conduz por todas as opções: não apenas através das três alamedas, como também de suas diferentes veredas" (Versini *in* Diderot, 1994, I, p. 67).[27] Não se chega a qualquer desfecho conclusivo: as três partes superpõem-se numa indefinição calculada. Seríamos tentados a dizer que a dialética negativa, cuja certidão de paternidade Hegel emitiu para o Diderot de *O Sobrinho*, já opera como princípio que permeia a estruturação de *O passeio do cético*. Sendo, porém, este o caso, será preciso investigar se o motivo negativo não se articula com elementos positivos desde a segunda metade da década de 1740, ganhando tipos diversos de combinação em cada escrito.

N'*O passeio do cético*, afora a primeira parte, que dá tratamento satírico aos excessos da devoção religiosa – os mesmos excessos que haviam sido expostos nos *Pensamentos filosóficos* e no pequeno texto que fez seguir a eles, *Da suficiência da religião natural* (redação em 1746, publicação em 1770) –, todo o resto é um passeio impreciso e ameno. No interior da alameda dos castanheiros, Cleóbulo e Aristo relacionam as teses disputadas por partidários de várias filosofias, sem se inquietarem em defendê-las ou refutá-las. Logo de partida, o leitor é advertido de que ali "se fazem sistemas e poucos versos" (Diderot, 1994, I, *O passeio do cético*, p. 102; trad. 90) – conclusão que, pesando sobre a atividade filosófica em geral, deixa claro que a especulação sistemática dos filósofos é apenas um hábito entre outros, certamente não dos mais razoáveis.[28] No ingresso na terceira alameda, a das flores, a dupla perpassa "menos uma alameda do que um jardim imenso onde

---

27. C. Duflo (2013a, p. 128) chama a atenção para a "indeterminação narrativa" presente na estética literária de Diderot: "há sempre um momento, em Diderot, no qual o leitor ignora a quem reportar a intenção que lê, esta indecidibilidade sendo frequentemente provisória e, por vezes, definitiva." Em *O passeio do cético*, o mesmo expediente informa a reflexão filosófica.
28. Uma leitura diversa da nossa entende que "a atmosfera que o leitor encontra em *O passeio do cético* é a da mais pura e clássica discussão metafísica e religiosa" (Piva, 2008, p. 84).

encontramos tudo o que pode agradar aos sentidos" (Diderot, 1994, I, *O passeio do cético*, p. 120; trad. p. 139). Talvez aí esteja o que mais se aproxima de uma natureza – só que, contrariando expectativas, é uma natureza tão sensível, pulsional e requintada, que admitiria ser classificada como "rococó". Como é advertido o leitor, adentrou-se no território em que "o galanteio fixou seu império". O que não vai, já o sabemos, sem sua contrapartida existencial: "O prazer está por todo lado; mas, por toda a parte, o tédio cruel se esconde por trás do prazer" (Diderot, 1994, I, *O passeio do cético*, p. 121; trad. p. 141). A mistura de fruição sensível, valorização da aparência e inexistência de teleologia torna o universo mundano irredutível à sistematização dos pensamentos:

> Nada de sério ou ordenado passa por aquelas cabeças. A simples palavra sistema inquieta-as. [...]. Um filósofo que raciocina, e que deseja se aprofundar, é para elas um animal tedioso e pesado. Um dia em que eu queria conversar com Temira sobre nossas sublimes especulações, ela foi tomada por uma crise de vapores e, voltando-se para mim com olhos lânguidos, disse: Chega de me atormentar, preocupa-te com tua felicidade e faze a minha. Eu obedeci, e ela me pareceu tão contente com o homem, quanto tinha estado descontente com o filósofo (Diderot, 1994, I, *O passeio do cético*, p. 123; trad. p. 145-146).

Tudo se resumiria a uma narrativa licenciosa? No desfecho, Cleóbulo, tendo se separado de Aristo, vaga pelos bosques da alameda dos prazeres em busca de descanso e dissipação. Após uma rápida troca de palavras com uma moça de olhos negros, depara-se com "uma tropa de jovens loucas que davam gargalhadas, provocavam os passantes e faziam trejeitos para todos os viajantes" (Diderot, 1994, I, *O passeio do cético*, p. 130-131; trad. p. 167). Junta-se a elas por um momento; mas, quando vê que suas chances de conquista são nulas, dirige-se a outra jovem – "uma loura, mas dessas louras que um filósofo deveria evitar". Ou não, pois Cefisa possuía um discurso ornado e se deleitava em raciocinar; como logo se dá conta Cleóbulo, "era até mesmo consequente". Ao ouvi-lo dizer que o Criador proibiu os prazeres mundanos, retruca:

> Não conheço teu príncipe; mas autor e motor de todos os seres, bom e sábio, como se diz, teria posto em nós tantas sensações agradáveis só para nos afligir? Dizem que ele nada fez em vão; e qual é pois a finalidade das necessidades e dos desejos que as seguem, senão a de serem satisfeitos? (Diderot, 1994, I, O *passeio do cético*, p. 131; trad. 169).

Com a entrada em cena de Cefisa, a dissipação mundana passa a rivalizar com a própria filosofia. Professando uma tese cara ao materialismo que logo adiante será assumido por Diderot, Cefisa demonstra que o desejo sexual possui mais força que os melhores argumentos, o que, nem por isso, faz do *logos* o inimigo do prazer mundano. Bastará exercitá-lo sem a vã ilusão de que seria possível desmaterializar-se. O enraizamento material do discurso promove a cumplicidade entre moralidade e conversação, aproximando Diderot dos desenvolvimentos que havia tomado o rococó pelos idos da década de 1640. Embora o princípio formal do texto evoque a superposição de planos que vimos praticada na pintura por Watteau, o enlace entre amenidade e licenciosidade afasta Diderot da melancolia que ainda paira sobre seus quadros, aproximando O *passeio do cético* mais da atmosfera retratada nas pinturas de François Boucher (Fig. 11). A despreocupação com o fechamento narrativo já não remete ao conformismo de uma temporalidade sem história, mas ao fato de que nossa organização material faz do existir um contínuo inconcluso, cujas necessidades se repõem indefinidamente. Melhor, portanto, atendê-las e usufruir o tempo. Neste caso, não se trata de dialética inconclusiva, mas de materialismo.

Não surpreende, portanto, que o território do mundano revele elementos positivos, nem que o materialismo possa conjugar-se com o engajamento no âmbito dos costumes. Nem bem dois anos após o *Passeio do cético*, Diderot (1994, I, verbete "Enciclopédia", p. 374; trad.

vol. 2, p. 170-171) irá abraçar completamente a *Enciclopédia* – um empreendimento em que a vocação antissistemática da mundanidade se associa ao caráter fragmentário e provisório inerente ao "dicionário razoado". O público, agora, ultrapassa consideravelmente a sociedade dos salões: "o homem do povo e o douto terão sempre igualmente motivo para desejar uma enciclopédia e se instruir com ela." Há também o elemento edificante, pois a instrução volta-se para o bem comum – o que vale como tomada de posição. Como diz d'Alembert (2015, vol. I, p. 139) no "Discurso preliminar" (1751), a obra é uma aposta na "regeneração das ideias".[29] Diderot (1994, I, verbete "Enciclopédia", p. 368; trad. vol. 2, p. 163) irá acrescentar que o projeto só poderia ser realizado por literatos e artistas "ligados pelo interesse geral pelo gênero humano e por um sentimento de benevolência recíproca". Aí o aspecto "positivo" da reflexão diderotiana, orientada para mudar a maneira geral de pensar – um combate que, como observou Franklin de Mattos (2001, p. 25-30), irá prolongar-se, a partir de 1757, no teatro diderotiano. Mas, vamos por partes.

IX

Diderot redigiu inúmeros artigos para a *Enciclopédia*, cobrindo um período que vai de 1751 a 1772. São ideias que intérpretes e editores agruparam sob a rubrica de questões estéticas, políticas e filosóficas, baseados na classificação dos textos que a própria *Enciclopédia* fornece dos verbetes no primeiro tomo – o célebre "Sistema Figurado". Mas isso não significa que exista uma divisão estanque entre os âmbitos tratados. A política possui ênfase fortemente moral, o que, por sua vez, explica por que vá se prolongar na estética. Além disso, a adesão ao materialismo, confirmada por diversas contribuições de seu punho,

---

29. Em muitos passos do "Discurso", D'Alembert (2015, vol. I, p. 207) aponta que a pura erudição é infrutífera e nos previne para que não confundamos "a cultura do espírito com o abuso que pode ser feito dela".

constitui outro fator decisivo no desenvolvimento de suas concepções práticas.

A leitura de um verbete tardio como "Hobbismo", que integra o tomo VIII, publicado em 1765, exibe, retrospectivamente, a articulação precoce instituída por Diderot (1994, I, "Hobbismo", p. 452; trad. vol. 4, p. 186) entre materialismo e reflexão sobre os costumes e a sociedade. No verbete, classificado sob a rubrica de "História da filosofia antiga e moderna", nosso autor apresenta "desejo" e "aversão" como "as causas do primeiro esforço animal" – um processo que, quando acompanhado de imagens, explica o pensamento, a deliberação e a vontade. Esta última não pode se exercer sem mirar algum objeto que o indivíduo procura ou rejeita, o que, como Diderot (1994, I, verbete "Vontade", p. 506) cuida de advertir noutro verbete, deveria bastar para tornar a ideia de liberdade supérflua: "sempre há um objeto na ação da vontade", ela jamais se exerce livremente, isto é, no vazio. Ao supor que a vontade seja capaz de fornecer a si mesma e de modo independente um objeto, a concepção metafísica de liberdade induz a pensar que quem possui um vício seja culpado e quem comete um erro seja inocente. "No homem que possui um vício, supomos uma liberdade que o torna culpado a nossos olhos; o erro normalmente diz respeito à natureza; desculpa-se o homem, acusa-se a natureza". Mas, acresce Diderot (1994, I, "Vontade", p. 506; trad. vol. 5, p. 158-159), essas distinções são desprovidas de sentido: "consegue um homem dominar-se para não ser pusilânime, voluptuoso, colérico, mais do que para não ser vesgo, corcunda ou beberrão?". Não é que a existência de condicionamentos de ordem biológica, psicológica, social e educacional, que pesam sobre nossos desejos, decisões e, de modo geral, sobre nossas condutas, suprima a possibilidade de mudança. Ao contrário, as mudanças transcorrem a todo tempo e as direções variam de acordo com os fatores em jogo. Isso reconduz à questão do engajamento. Pois que tipo de materialismo se daria ao luxo de ignorar o conflito, a disputa, a tomada de partido? "O caráter nasce do temperamento, da experiência, do hábito, da prosperidade, da adversidade, das reflexões, dos discursos, do exemplo, das circunstâncias.

Mudai essas coisas, e o caráter mudará" (Diderot, 1994, I, "Hobbismo", p. 453; trad. vol. 4, p. 187). A mudança é cogitada a partir de uma base social efetiva – o que novamente convida a tomar posição e interferir em sociedade.

É o que se deduz da glosa de Hobbes, pretexto encontrado por Diderot para expor teses materialistas com as quais simpatiza: aderir ao materialismo e tomar o partido das Luzes são gestos compatíveis. Uma articulação que, embora possa parecer surpreendente,[30] não é nova. Nos verbetes "Autoridade política" (1751) e "Direito natural" (1755), aponta-se que o significado metafísico da liberdade, requisito das doutrinas do livre-arbítrio, subordina as modificações do "caráter" (saudadas no verbete "Hobbismo") à imprevisibilidade; fossem baseadas no livre-arbítrio, seriam literalmente *arbitrárias*.[31] Diderot, ao contrário, defende que os condicionantes de nossas condutas dispõem de uma estabilidade que se sujeita à mudança paulatina dos hábitos, das práticas e das mentalidades. Tomar o partido das Luzes e do materialismo significa, a partir do reconhecimento de que essas mudanças são possíveis, promover a emancipação política dos homens.

Em acordo com isso, no verbete "Autoridade política", Diderot retoma a contraposição entre positividade e natureza, de que já havia lançado mão no debate acerca da religião natural, para refutar a doutrina do direito divino dos reis. Embora reconheça que a divisão entre governantes e governados seja necessária para a "manutenção da sociedade", acresce que sua instituição deve ser feita "pela razão e com medida, e não de maneira cega e sem reserva, a fim de que a criatura não se atribua impropriamente direitos do Criador". Visto que o "natural" vale pelo "razoável", o Príncipe não pode alegar o direito divino, sobrenatural, para governar seu povo como bem lhe

---

30. Como afirma M. G. de Souza (2015, p. 71), "embora afirme que o curso dos acontecimentos humanos é determinado pela força das coisas, [o filósofo] compreende, todavia, a sua atividade de escritor como intervenção efetiva que pode transformar ou acelerar a cadeia dos acontecimentos".

31. "O ato livre é, por excelência, irracional, pois cria a desordem, introduzindo o imprevisível no mundo" (Proust *apud* Pujol, 2015).

aprouver. Ao invés de legitimar o caráter absoluto do poder real, a religião, desde que interpretada como religião natural – isto é, "conforme a reta razão" –, impõe limites a seu exercício. Logo, apesar de não questionar diretamente a autoridade da monarquia, Diderot (2018, "Autoridade política", p. 13; trad. IV, p. 39) defende que sua legitimidade envolve os governados: "O príncipe recebe de seus próprios súditos a autoridade que tem sobre eles, e esta autoridade é limitada por leis da natureza e do Estado." Há leis da natureza, há um direito natural – que, apesar de necessitar de correções, imprime direção à reflexão política.

Desde 1751, são visíveis as divergências de Diderot com a teoria política que será desenvolvida por Rousseau. Aos olhos de Diderot, o homem é naturalmente sociável e o contrato político é um pacto de submissão da sociedade primitiva ao Príncipe. Diferentemente de Hobbes, Diderot acredita que o poder, quando exercido contrariamente à natureza, possa ser contestado. Mas contestar não significa resistir. A fim de evitar que o Príncipe exorbite, é aconselhável fortalecer a opinião pública e o controle de homens instruídos sobre o poder. Diderot (2018, "Autoridade política", p. 14; trad. IV, p. 39) espera que os súditos se tornem esclarecidos, sinalizando ao Príncipe como desempenhar sua função – a promoção do bem comum.[32] O mesmo intuito o faz concluir que o "príncipe não pode dispor de seu poder e de seus súditos sem o consentimento da nação e independentemente da resolução assinalada no contrato de submissão". Os limites dessa posição não tardariam a ficar claros. Em fevereiro de

---

32. A partir da leitura conjunta dos verbetes "Autoridade política" e "Direito natural", Bernardi (2007, p. 267) conclui que Diderot "é conduzido a uma versão moralizante do despotismo esclarecido". Para a alternativa a essa interpretação, ver Duflo (2013a, p. 465 ss.) e, mais diretamente, S. Pujol (2015). Entre nós, M. G. de Souza (2002, p. 152) já havia chamado a atenção para a presença, no pensamento de Diderot, da "questão da necessidade da violência revolucionária", apesar de reconhecer que, à exceção dos fragmentos escritos para a edição da *História*, de Raynal (1781), Diderot aborda o assunto de modo alusivo e indireto.

1752, o conselho do Rei interditou a *Enciclopédia*, alegando que a obra divulgava "máximas propensas a destruir a autoridade real".

A decisão foi revertida em 1753, e, no tomo publicado em 1755, o verbete "Direito natural", seguido do asterisco, certifica nova contribuição de Diderot. A indagação pelo que é o direito é formulada como equivalendo à pergunta pelo fundamento da justiça. Mas Diderot (2018, "Direito natural", p. 29; trad. IV, p. 102) responde à questão pela natureza da justiça transpondo-a para o âmbito da moral, como é atestado pelo lugar do verbete no "Sistema Figurado" da *Enciclopédia*. Um passo inicial do texto parece justificar a escolha: "de todas as noções de moral, aquela do direito natural é uma das mais importantes e das mais difíceis de determinar."

Esse assinalamento explica por que a revisão a que Diderot submete o jusnaturalismo seja mediada pela expectativa de mudanças no âmbito dos costumes. Essa extensão aparenta seguir-se das fraquezas que Diderot identifica nas soluções jusnaturalistas clássicas. Visto que a natureza não coincide com o cosmos dos antigos, não há como recorrer a ela para definir direitos e deveres conforme o suposto lugar dos homens na ordem cósmica. Menos ainda pode-se levar a sério o argumento de que a natureza tenha origem divina e que o homem, como obra de Deus, goze de determinados direitos e deveres enquanto sua criatura (Bernardi, 2007, p. 263). Resta, então, Hobbes, com quem Diderot procura acertar contas no terreno da política. A figura do "raciocinador violento", posto em cena por Diderot, assemelha-se ao homem lobo do homem do *Leviatã*. Obedecendo ao que lhe dita a voz da natureza, esta personagem é uma ameaça constante; sua felicidade implica a infelicidade alheia. Mas, como o "raciocinador violento" quer ser justo, ele outorga aos demais o mesmo direito de subjugá-lo ou tirar sua vida. A questão, então, passa a ser como demonstrar que sua reivindicação jamais poderia valer como direito. Hobbes já o havia feito, mas noutra direção. No *Leviatã*, o estado de natureza era apresentado como situação em que, todos pretendendo ter direito a tudo, ninguém tinha direito a nada. A explicação era a de que, abandonados a si mesmos, os homens não dispõem de uma medida comum para individualizar direitos e estabelecer limites recíprocos. Aos olhos de Hobbes (1978, p. 100; trad. p. 147; ver Moura, 2001, p. 43-61), somente o Estado estaria apto a fornecer essa *ratio* – mas isso exatamente por edificar-se sobre a submissão total de todos a um "poder comum que os mantenha em respeito, e que dirija as suas ações para o benefício comum".

Se Diderot não aceita sem mais a solução de Hobbes, é por ser, a um só tempo, materialista e editor da *Enciclopédia* – caso se prefira, "iluminista". E materialismo e ilustração são compatíveis, mas desde que o direito não esteja fundado na força. O verbete "Autoridade política" já apostava na limitação do poder do monarca pela sociedade; em sua versão ilustrada, espera-se que o Príncipe exerça seu mando apoiando-se na opinião pública qualificada pelo progresso dos costumes. Essa convicção irá prolongar-se no verbete "Direito natural": a desejável limitação de poder do Príncipe vale para todos. Ninguém poderá definir, sozinho, o que é a justiça: "é absurdo exigir que os outros queiram o mesmo que ele quer" (Diderot, 2018, "Direito natural", p. 32; trad. vol. 4, p. 104).

Com isso, Diderot afasta-se de Hobbes. Ao invés de mergulhar o indivíduo na guerra de todos contra todos até que ele se dê conta de que o melhor é submeter-se ao Estado – essa pessoa artificial que, definindo por sua conta o que é a justiça e dotado da espada, assegura uma morte não violenta àqueles que se pautarem pelo direito –, Diderot assume haver uma razão que pode comunicar-se a cada um, estabelecendo, para a justiça, parâmetros exteriores ao simples exercício do poder. Contorna-se o recurso à submissão incondicional ao *Leviatã*, uma vez que a racionalidade jurídica preexiste à divisão entre governantes e governados. Através da refutação do "raciocinador violento", Diderot reitera o argumento de 1751, favorável à subordinação do Príncipe à sociedade, pois um e outro descobrem-se membros de uma universalidade preexistente, da qual participam como organismos naturais – uma comunidade que, de quebra, fornece medida eficaz ao direito de natureza:

Mas, se tiramos do indivíduo o direito de decidir sobre a natureza do justo e do injusto, onde apresentamos essa grande causa? Onde? Diante do gênero humano; é a ele que cabe decidi-la, porque o bem de todos é sua única paixão. As vontades particulares são suspeitas; elas podem ser boas ou más, mas a vontade geral é sempre boa, nunca se engana, nunca se enganará (Diderot, 2018, "Direito natural", p. 32-33; trad. vol. 4, p. 104-105).

Eis, então, onde se situa o fundamento da justiça. Esta é discernível, desde que nos situemos no plano do "gênero humano" transformado em sujeito da oração: o gênero humano deve decidir o que é justo, porque "o bem de todos é sua única paixão". O estatuto dessa generalidade é impreciso; não surpreende que já se tenha apontado nesta "subjetivação do gênero" uma escolha infortunada, que termina por lhe conferir um estatuto "puramente metafórico" no texto (Bernardi, 2007, p. 266). A.-J. Chaumeix (1758-1759, p. 69) talvez não estivesse longe da verdade quando, à época, objetou que, definido nestes termos, o gênero humano não passaria de um "ser de razão". Mas será que Diderot – que, noutros textos, defende as virtudes da aparência e da ilusão – teria visto nisto um problema? Não se pode descartar a hipótese de que a indeterminação que pesa sobre a gênero humano lhe pareça vantajosa. Por meio dessa norma moral indeterminada, o agente transporta-se a um horizonte diverso daquele de seus interesses concretos e particulares,[33] sem, por isso, desmaterializar-se: as representações que "dão o que pensar" possuem eficácia sobre nossos afetos e inclinações, e a questão passa a ser determiná-los por uma subjetivação de segunda ordem, que seja movida pelo interesse comum, pela vontade geral.

Diferentemente de Rousseau, que faz dessa mudança de perspectiva uma das condições para a instituição da soberania política,

---

33. Em nota de rodapé à edição francesa, P. Vernière chega a aproximar essa posição de Diderot (2018, p. 32) a Kant: "Sem ser uma moral da autonomia, a ideia de Diderot conduz, não obstante, ao critério kantiano da universalização da ação."

Diderot (2018, "Soberanos", p. 54; trad. IV, p. 333) limita a transformação subjetiva requerida pela vida em sociedade aos princípios do direito natural, reinterpretado à luz do tribunal do gênero humano. Se o Príncipe for bom intérprete da vontade geral, governará realizando o bem comum. E já se vê que esse utilitarismo, embora se apoie na ideia de que o poder requer o "consentimento dos povos", dependerá de uma espécie da aproximação entre o monarca e seus súditos, a ser promovida pela ilustração. Uma solução de compromisso até certo ponto esperada, quando se tem em vista a "antinomia profunda entre absolutismo e representação de tipo parlamentar moderna" (Cosandey; Descimon, 2002, p. 118).[34] À falta de uma oposição representativa institucionalizada, onde mais apoiar o desejado controle sobre o Príncipe, senão na progressiva convergência entre a natureza de quem legisla e governa e a natureza dos governados? O recurso à palavra revela-se, então, ingrediente necessário para iluminar convergências factíveis – e será no terreno dos costumes que os valores progressistas ganharão sua maior eficácia.[35]

X

E o que esperar neste terreno? A crer na ficção que Diderot (1994, *A religiosa*, p. 288; trad. 47) começou a redigir em 1760 e que só concluiu vinte anos depois, a justiça possui pela frente um longo caminho. *A religiosa* é um romance epistolar em que é contada a história de Suzanne Simonin, uma jovem recolhida pela família em um convento, por ter

---

34. Recorde-se que a última realização dos Estados Gerais antes de sua convocação em 1789 havia ocorrido em 1614.
35. A ligação entre eloquência e liberdade política, investigada por G. Goggi (2013), é abordada por M. G. de Souza (2002, p. 151 ss.), que ressalta sua veemência revolucionária. Seguindo uma via diversa, buscaremos assinalar que Diderot, ciente da eficácia "ideológica" das letras e das artes, se engaja na guerra (da qual já faz parte a *Enciclopédia*) travada no território dos costumes. O nexo entre retórica e política desloca-se, assim, aprofundando a função persuasiva de que serão investidas as letras e as artes.

nascido de uma traição conjugal. Após relutar muito, Suzanne aceita fazer o noviciado. Neste ínterim, procura extrair da mãe a autorização para abandonar a vida religiosa: "Sustentava-me um sentimento secreto: o de que era livre, e de que minha sorte, por dura que fosse, poderia modificar-se." Seus apelos, no entanto, mostram-se inúteis. Conduzida ao convento de Longchamp, é acolhida por uma madre superior gentil e compreensiva, a Sra. de Moni, que intercede por ela junto à mãe, também em vão. No dia dos votos perpétuos, Suzanne é tomada de um transe: "não sei o que fiz, nem o que disse" (p. 300; trad. 63). Os votos, em todo caso, são realizados. A Sra. de Moni falece logo em seguida e a nova madre superiora, a Irmã Sainte-Christine, torna a vida de Suzanne um martírio: perseguições, castigos, penitências... "Flutuava entre o abandono e o desespero, na medida em que me submetia ao rigor de minha sorte ou em que pensava em entregar-me a meios violentos. Havia, no fundo do jardim, um poço profundo: com que frequência fui até lá e o contemplei!" (p. 305; trad. 69). Decidida a tirar a própria vida, Suzanne só muda de ideia ao perceber que, com isso, favoreceria a madre superiora e seu círculo. Decide, então, solicitar a resilição dos votos. "À força de nos ocuparmos de uma coisa, sentimos sua justiça, e mesmo sua possibilidade; tem-se força bastante quando se está dentro dela" (p. 306; trad. 71).

Examinada a fundo, essa afirmação traz implícita a reinterpretação do tema jansenista do divertimento, implicado pela questão da miséria. Não era Pascal quem nos ensinava que somos capazes de nos ocupar de qualquer coisa, desde que nos desviemos do pensamento sobre nossa condição miserável? O exemplo que vem à mente é o da caça, mas ele se aplicava às ocupações intelectuais ou à busca por reputação. O mesmo valeria para a redação da *Enciclopédia* ou para a militância política. Suzanne "diverte-se" em cogitar meios para escapar à prisão; como acresce a heroína e atesta por si mesmo o leitor de suas cartas, tal ocupação origina o sentimento da justiça, que ganha, assim, um horizonte para sua realização. Opera-se, com isso, um deslocamento – posto que, agora, o divertimento não é reduzido à distração de nossa miséria, tornando-se motor de transformações que podem fazer a vida menos miserável. Trocando em miúdos, o divertimento, se bem orientado, vale como energia que investe a justiça de eficácia prática. Por aí já se entrevê qual será a aposta poética de Diderot. Pois isso que Suzanne aplica ao ideal de justiça também corresponde à natureza do próprio romance. No que mais consiste a ficção, senão numa *diversio* portadora de consequências morais sobre os costumes?

Essa hipótese ajuda a explicar como se combinam os dois planos em que Diderot segmenta seu escrito. O primeiro deles reside neste que acabamos de apresentar, no qual o leitor acompanha as desventuras de Suzanne e que, no conjunto, denuncia as condições desumanas a que eram submetidas as jovens em instituições eclesiásticas, verdadeiros cárceres agora postos à luz na vertente dos romances de Samuel Richardson. Após o confronto com a madre Sainte-Christine, Suzanne obtém autorização para ser transferida ao convento de Sainte-Eutrope, onde fica à mercê de uma superiora que a assedia sem cessar em busca de favores sexuais. Suzanne intenta e realiza uma fuga clandestina – e a narrativa se encerra com o seu apelo ao marquês de Croismare, o destinatário das cartas em que sua desventura é apresentada. Muito diverso é o plano de fundo, desvelado por um texto publicado duas vezes na *Correspondência literária*: em 1760, assinado por Grimm, o editor e amigo de Diderot, e, na segunda vez, por este último, em 1780. Nas duas versões, muito semelhantes, conta-se qual teria sido, afinal, a origem do romance. Vejamos isso.

Um dos frequentadores do salão de Mme. d'Épinay, o marquês de Croismare, havia decidido retirar-se por algum tempo em suas terras na Normandia. Percebendo que seu retorno era sempre postergado, Diderot e seus próximos, que nutriam verdadeira amizade pelo marquês, elaboraram a estratégia para trazê-lo de volta. O marquês ficara chocado com a história verídica de uma religiosa, Marguerite Delamarre, que, com o intuito de anular seus votos, procurou a justiça em 1758, alegando tê-los realizado coagida pela família. Sem saber ao certo seu nome, o marquês chegara a interceder junto a conhecidos no Parlamento em favor da causa da jovem. Apesar disso, Marguerite

Delamarre passaria a maior parte de sua vida enclausurada na abadia de Longchamp. Aproveitando-se da desinformação do marquês, Diderot e Grimm passaram a escrever-lhe cartas como se fossem a jovem religiosa, só que sob o nome de Suzanne Simonin. O marquês ficava então sabendo, pela correspondência com a moça, que ela conseguira escapar do convento, refugiando-se na casa de uma dama em Versalhes – mas que, a partir daquele momento, só poderia contar com o auxílio de seu destinatário. E rogava ao marquês que voltasse a Paris logo que possível. Só que Croismare, embora prometendo recebê-la em seus domínios na Normandia, não arredava pé. Diderot e Grimm adoeceram e acamaram sua personagem, prolongando o embuste, até que perceberam que a única saída era matá-la, pois o marquês se mostrava cada vez mais perturbado com a intriga. Tudo isso é relatado no "Prefácio-anexo" de Diderot, a peça publicada por Grimm em 1770 e retomada com algumas modificações por Diderot dez anos depois. "Passávamos a ceia a ler, em meio a grandes risadas, as cartas que fariam chorar nosso bom marquês, e líamos, com as mesmas grandes risadas, as honradas respostas que esse digno e generoso amigo mandava". Foi neste ínterim, quando Croismare já havia mordido a isca, mas descartava voltar da Normandia para a capital, que Diderot (1994, "Prefácio-anexo", p. 407; trad. 8), a fim de persuadi-lo a receber sua personagem, "pôs-se a escrever detalhadamente a história de nossa religiosa".

Essa interposição de planos faz com que o conjunto se aparente a uma boneca russa, em que a história de Suzanne Simonin, "cheia de quadros patéticos" (Diderot, 1994, V, "Carta a Meister de 27 de setembro de 1780", p. 1.309), é "encaixotada" pelo relato feito por Grimm e retomado por Diderot sobre a farsa que pregaram em Croismare. As coisas não param aí. Pois, como observou a literatura, quem garante que o episódio inicial com o marquês, cuja veracidade é atestada por diversos testemunhos, não tenha sido romanceado até atingir sua última coloração, vinte anos depois, quando foi publicado por Diderot junto com a narrativa de Suzanne Simonin? A hipótese de que nosso autor tenha fabulado partes do "Prefácio-anexo" ganha plausibilidade pelo fato de que a versão elaborada inicialmente por Grimm sofreu correções e pequenos acréscimos. E o que teria levado Diderot a fazê-los? Baseada nessas suspeitas, a literatura viu no "Prefácio-anexo" uma "mistificação de segundo grau",[36] voltada para reforçar o caráter realista da narrativa. Isso porque, ao apresentar o embuste tramado contra o marquês como sendo o relato de um acontecimento verídico, Diderot capitaliza a credulidade do leitor, reinvestindo-a, em seguida, na narrativa de Suzanne, a fim de reforçar a "verdade" do romance. Uma verdade que deve ser presentificada pelos leitores, pois, para toda ideia, vale o que Suzanne Simonin já havia compreendido aplicar-se à justiça: "tem-se força bastante quando se está dentro dela."

Assim como a eficácia romanesca depende do impacto que o relato de Suzanne exerce sobre o leitor, assim também a eficácia artística repousará no efeito que as imagens produzem sobre o espectador. Nos textos de crítica pictórica redigidos para a *Correspondência literária* entre 1759 e 1781, em que dá conhecimento das exposições feitas no grande salão do Louvre, Diderot serve-se amplamente do léxico da força: o bom artista é aquele que atinge, que comove o público. Como se verá a seguir, essa convicção está na base da orientação poética defendida por Diderot em escritos como "Conversas sobre O filho natural" (1757), o *Discurso sobre a poesia dramática* (1758), o *Elogio a Richardson* (redigido em 1760) e os *Ensaios sobre a pintura* (1766). Não surpreenderá que, neles, a questão política esteja no horizonte. Se, como se viu há pouco, a justiça é uma questão moral associada a uma indeterminação de princípio, é de se esperar que as representações poéticas formalizadas valham como interpretações sensíveis da generalidade pela qual responde a ideia de humanidade. Uma generalidade que só existe, porém, através de suas interpretações literárias, pictóricas e dramatúrgicas – isto é, sensíveis. Talvez por aí possamos responder às ressalvas quanto à presença de um modo dualista de

---

[36]. É esta a interpretação compartilhada por G. May e Jacques Chouillet, retomados por F. de Mattos (2004, p. 95-109).

reflexão, que, como se quer argumentar aqui, incide em certos escritos de Diderot. Afinal, por que o materialismo seria irredutível à figura da universalidade, se se admite que toda "transcendência" emana de uma formalização sensível, de uma organização particular da matéria?

XI

Eis o que pode explicar por que, para Diderot, o pintor, ao invés de contentar-se em promover a ilusão de realidade (a ilusão dos sentidos), deva dar o que pensar. A ilusão de realidade deve transportar-nos a uma realidade moral. Essa exigência é levantada a diversos pintores comentados nos *Salões*. *A castidade de José*, de J.-B. Deshays (1729-1765), por exemplo, constitui, a seus olhos, o melhor quadro do *Salão de 1763*. Não por conta de seu acabamento técnico, mas por ser "o mais sedutor" (Diderot, 1994, IV, *Salão de 1763*, p. 258), isto é, o que mais dá a pensar. Em contrapartida, Noël Hallé (1711-1781) é criticado em mais de uma ocasião: "não tem nada na cabeça, e é um mau pintor" (Diderot, 1994, IV, *Salão de 1761*, p. 205), assim como P.-A. Baudouin (1723-1769), que, em *Frinéia acusada de impiedade diante dos areopagitas* (c. 1763), dispensou a um tema dotado de beleza um tratamento "fraco e comum", fazendo das personagens da narrativa verdadeiras "miniaturas" (Diderot, 1994, IV, *Salão de 1763*, p. 274-275).

Nos *Pensamentos separados sobre a pintura, a escultura e a poesia* (redigidos entre 1775 e 1781), encontramos Diderot (1994, IV, *Pensamentos separados*, p. 1.013) identificando o gosto a esse fagulhar do espírito: "Não basta ter talento, é preciso acrescentar a ele o gosto. Reconheço o talento em quase todos os quadros flamengos; quanto ao gosto, é inútil procurá-lo aí." O pintor tem de voltar-se para o elevado: "Por que as obras dos Antigos possuem um caráter tão grandioso? Porque eles frequentaram a escola dos filósofos." Seria errôneo imaginar que, através do elogio da antiguidade, Diderot visasse limitar a eficácia retórica da pintura aos temas da pintura histórica tradicional. Ao contrário, e como fica especialmente claro nos *Ensaios sobre a pintura*, a natureza que se oferece à força imitativa do artista também se encontra nos afazeres domésticos, nas festas campesinas, nas esquinas da cidade e nas ruínas ermas com que se depara o viajante solitário. Para captá-la, já não bastam os sentidos da visão, é preciso armar-se com o olhar do ideólogo: "Duas qualidades essenciais, ao artista – a moral e a perspectiva" (Diderot, 1994, IV, *Pensamentos separados*, p. 1.019).

    A moral, portanto. Tê-la em mente faz com que o artista ou homem de letras encontre, a partir do sensível, "verdades" situadas além do registro sensorial imediato. Já se viu nisto o indício de certa aproximação de Diderot com o platonismo, e não custa lembrar como Voltaire o apelidara – "o irmão Platão" (Bourdin, 1996, p. 197). Não espanta, assim, que J. Chouillet, um dos seus principais intérpretes, tenha observado que o literato concebido por Diderot situa a verdade acima da história fatual. "O romancista se acha portanto diante da verdade histórica na mesma situação que o filósofo de Platão quando volta para as trevas da caverna" (Chouillet, 1973, p. 514, *apud* Mattos, 2004, p. 86). Literatura e pintura se oporiam à *doxa* transmitida pela história, como, em Platão, a episteme se contrapõe à opinião. Com esta diferença: a ciência em pauta não concerne mais ao céu inteligível do platonismo, mas – e com isso reavemos a meada – à natureza humana. Feita a transposição, a dualidade recobra eficácia: enquanto "a história mais verdadeira está cheia de mentiras", o romance "está cheio de verdades", porque descreve a essência do humano. "A história pinta alguns indivíduos: tu pintas a espécie humana. [...] O coração humano, que foi, é e será sempre o mesmo, é o modelo segundo o qual tu copias" (Diderot, 1994, IV, *Elogio a Richardson*, p. 162; trad. p. 23). Essa generalidade requisita o tom elevado – nisto, Diderot difere francamente de Watteau – como atesta Dorval, seu alter ego em *O filho natural* (1756):

> [...] na arte, como na natureza, tudo está encadeado; se nos aproximamos de um lado do verdadeiro, nós nos aproximaremos de muitos outros lados dele. É então que veremos em cena situações naturais,

que um decoro inimigo do gênio e dos grandes efeitos proscreveu. Não me cansarei de gritar aos nossos franceses: A Verdade! A Natureza! Os Antigos! Sófocles! Filoteto! (Diderot, 1994, IV, *Conversas sobre O filho natural*, p. 1.155; trad. p. 135).

É a moral, portanto, o que sela o compromisso entre o verdadeiro e o natural, justificando a impostação elevada da comédia séria, gênero teatral privilegiado por Diderot. Por ser moderna, sua matéria descarta a grandeza individual do herói clássico. Põe em seu lugar a natureza humana, como, no juízo de Diderot, ilustram os romances de Richardson. O mesmo desafio coloca-se diante do dramaturgo. A defesa e o elogio, efetuados por Diderot, da "condição" no teatro moderno, em detrimento do "caráter" das personagens, repõe a antinomia entre a natureza humana e a singularização dos indivíduos. Diderot (1994, IV, *Conversas sobre O filho natural*, p. 1.177; trad. p. 166) argumenta que, diante de um *caráter* apresentado no palco, "um espectador podia dizer a si próprio: 'não sou eu'." A *condição*, em contrapartida, impõe ao espectador reconhecer "que a situação que está sendo apresentada diante dele seja a sua; ele não pode desconhecer seus deveres. É absolutamente indispensável que ele aplique a si mesmo o que ouve". É a *condição*, portanto, o que assegura nossa identificação com a cena através da evocação de ideias morais abrangentes. Isso assegura que a mimesis provocará no espectador noções tais como o bem, o mal, a virtude e o dever – ideias que não existem independentemente de nós, no céu das ideias platônicas, mas se encontram no sentimento de cada membro do gênero humano. Daí por que, no *Discurso sobre a poesia dramática*, Diderot (1994, IV, *Discurso sobre a poesia dramática*, p. 1.280-1.281; trad. p. 41) acrescenta que os deveres do homem mereçam a atenção do dramaturgo, especialmente em povos corrompidos: "Indo ao teatro poderão safar-se da companhia dos perversos que os cercam; é lá que encontrariam aqueles com que gostariam de viver; é lá que verão a espécie humana tal qual é, reconciliando-se com ela." Logo, ao invés de apresentar ao público uma individualidade exemplar, o poema dramático cumpre sua função ao reforçar as características que o espectador possui em comum com seus semelhantes. Esta é a vantagem da *condição*: ela é incaracterística. A identificação do espectador é assegurada, fornecendo à imitação sua eficácia na estruturação de nossa consciência moral.[37]

Isso explica por que personagens de extração nobre, como é o caso de Clairville, um dos protagonistas de *O filho natural*, se comportem como burgueses. A baliza é menos sociológica do que ideológica; a vida privada tende a igualar os indivíduos uns com os outros, como já havia descoberto Mme. de La Fayette quase cem anos antes, só que, nem por isso, concluir-se-á que todos somos "desgraçados". A ambientação em regime doméstico revela que os indivíduos são, no fundo, de boa índole.

> Não se deve acusar a natureza humana, mas as miseráveis convenções que a pervertem. Com efeito, o que nos comove tanto como a narrativa de uma ação generosa? E que infeliz ouviria friamente os lamentos de um homem de bem? (Diderot, 1994, IV, *Discurso sobre a poesia dramática*, p. 1.282; trad. p. 45).

De acordo com isso, Diderot redobra sua aposta na mimesis como mecanismo de identificação do público com as desventuras de uma condição humana, para cuja representação a família burguesa, unida pelas virtudes da composição poética, fornece a desejada generalidade. O mesmo princípio vale na pintura. "Tornar a virtude amável, o vício odioso, o ridículo saliente, eis o projeto de todo homem honrado que toma da pena, do pincel ou do cinzel", afirmará Diderot nos *Ensaios sobre a pintura*,[38] aprofundando o que preconizava por meio de Dorval em 1756.

---

37. A propósito das prerrogativas da *condição* em Diderot, consulte-se o estudo de Portich (2008, p. 119 ss.).

38. "Que um malvado esteja em sociedade, que nela carregue a consciência de alguma infâmia secreta, aqui ele encontra o seu castigo. [...] Se seus passos o conduzem ao Salão, que ele tema deter seus olhares sobre a tela severa! É a ti [i.e., ao pintor] que cabe celebrar, eternizar as grandes e belas ações, honrar a virtude desventurada e

XII

Nesta direção, vale considerar a reinterpretação que Diderot efetua da teoria clássica dos gêneros. O ponto é examinado através da apresentação de uma disputa acalorada entre pintores de história e pintores de gênero. Conforme o pintor de história, seus adversários são "cabeças estreitas, sem ideias, sem poesia, sem grandeza, sem elevação, sem gênio"; eles se arrastam de modo irrefletido atrás da natureza, "que não ousam perder de vista um momento". Não imitam, mas reproduzem e, pior, elegem como tema o que há de mais prosaico: "são pessoas de pequenos assuntos mesquinhos, de pequenas cenas domésticas tomadas a partir da esquina das ruas, a quem não se pode conceder nada além da mecânica do ofício." Em contrapartida, o pintor de gênero enxerga, na pintura histórica, "um gênero romanesco, em que não há verossimilhança nem verdade, onde tudo é desmedido, que nada tem de comum com a natureza, onde a falsidade se revela, quer nos caracteres exagerados, que não existiram em parte alguma". Tudo é imaginado, a ponto de ninguém ser capaz de apontar onde transcorrem os incidentes e os temas sob nosso olhar. Ninguém saberia dizer de onde provém esse estilo "que se chama grande e sublime e que não tem em absoluto nenhum modelo na natureza". Eis como Diderot (1994, IV, *Sobre a pintura*, p. 505-506, trad. 2000, p. 202/203) resume o certame: "Vedes de fato, meu amigo, que se trata da querela da prosa e da poesia, da história e do poema épico, da tragédia heroica e da tragédia burguesa, da tragédia burguesa e da comédia gaia."

No centro da rivalidade entre os dois tipos de artista figura a natureza. Associam-se a ela verossimilhança e verdade. Somadas as objeções de lado a lado, o artista moderno vê-se diante de um duplo risco, em que falta ou excesso de imaginação arriscam comprometer a eficácia estética da obra. Contentar-se em copiar servilmente a

arruinada, censurar o vício feliz e honrado, amedrontar os tiranos" (Diderot, 1994, IV, *Sobre a pintura*, p. 501; trad. p. 197-198).

natureza, como faz o pintor de gênero, equivaleria a despojar a pintura de toda elevação. Preso aos aspectos técnicos, o pintor de gênero renuncia facilmente à reflexão. Faz má pintura por falta de espontaneidade. Já o pintor histórico – contra-ataca seu adversário, o pintor de gênero – produz quimeras, "em que não há nem verossimilhança nem verdade", pois perdeu toda e qualquer medida "com a natureza". Tudo aí é "falsidade" ou "imaginação" que só existe na "cabeça vazia" do pintor, que busca uma grandeza e uma sublimidade sem correspondência com o "modelo da natureza".

Qual partido toma Diderot? Nem um, nem outro. Embora admitindo a pertinência da divisão entre pintura de gênero e pintura histórica, ele altera o critério de sua partição:

> Dá-se indistintamente o nome de pintores de gênero, seja àqueles que se ocupam apenas das flores, dos frutos, dos animais, dos bosques, das florestas, das montanhas, seja àqueles que tomam emprestadas as suas cenas da vida comum e doméstica; Téniers, Wouwermans, Greuze, Loutherbourg, Chardin, Vernet mesmo, são pintores de gênero. Entretanto, eu protesto que o Pai que faz a leitura à Família, o Filho Ingrato e o Noivado, de Greuze; que as Marinhas, de Vernet, que me oferecem toda sorte de incidentes e de cenas, são para mim quadros de história tanto quanto os Sete Sacramentos, de Poussin, a Família de Dario, de Le Brun ou a Susana, de Van Loo (Diderot, 1994, IV, *Sobre a pintura*, p. 506; trad. p. 203).

Essa redefinição do parâmetro de divisão entre gênero e história promove um grupo de artistas tradicionalmente considerados pintores de gênero à categoria de pintores históricos.[39] Pois todo aquele que pinta os seres "não viventes, não sencientes, não pensantes" pratica pintura de gênero; já os que pintam "seres que vivem, pensam e

---

39. O ponto não escapou aos intérpretes, como atestam essas linhas de Bayle (2003, p. 4): "[...] não obstante seu descontentamento quanto ao estado geral da pintura de história em sua época, Diderot buscava menos subverter a hierarquia dos gêneros que renovar seu mais prestigioso elemento."

sentem", estes são pintores de história (Diderot, 1994, IV, *Sobre a pintura*, p. 506; trad. p. 203). Quanto à opinião tradicional, conforme a qual a pintura histórica possui prerrogativas morais diante da pintura de gênero, ela permanecerá intocada. Os artistas que eram classificados como pintores de gênero e que foram promovidos por Diderot a pintores de história ao fim terão de atender ao princípio instituído por teóricos tradicionais como Félibien ou Dubos ao qualificar a expressão artística da Grande Maneira; apenas não terão mais de atentar-se à classe social das personagens. O fator decisivo é que a *inventio* permaneça ligada ao bom, grande, elevado e sublime – não por acaso, a mesma adjetivação com que havíamos nos deparado no verbete sobre "Direito natural". Suponhamos que um artista tenha optado por inspirar-se em cenas do cotidiano burguês; desde que seja capaz de enobrecê-lo, será pintor de história; já não haverá por que dizer que sua tela seja "sem poesia, sem grandeza, sem elevação, sem gênio".

XIII

Desse ideal pictórico dá exemplo um quadro de Jean-Baptiste Greuze (1725-1805), o artista que nosso crítico-filósofo considerava especialmente dotado "de espírito e de gosto" (Diderot, 1994, IV, *Salão de 1761*, p. 227).

Embora Greuze tenha percorrido um caminho autônomo, Diderot contribuiu para o seu reconhecimento como grande artista por seus contemporâneos. Foi também por referência a Diderot que a crítica do século XIX consolidou o "cânone Greuze" – isto é, a reunião entre sentimentalidade, valores rurais e burgueses, doutrina fisiocrata e vida doméstica (Tocchini, 2016). Apesar de sua pintura não se restringir a esse aspecto programático, foi em decorrência dele que o artista se consagrou à época. Considere-se, por exemplo, *A prometida da vila* (1761; Fig. 12), que obteve acolhida fora do comum por parte do público e da crítica. O quadro, conforme se lê no *Mercure de France* de outubro de 1761, tornou-se "a pintura que Paris inteira retorna para contemplar no Salão [de 1761]" (ver Bayle, 2003, p. 262). O episódio retratado é o da celebração de um pré-contrato matrimonial.[40] A prometida, que Diderot descreve como "charmosa, decente e reservada", entrecruza o braço com o noivo. Diderot (1994, IV, *Salão de 1761*, p. 233) observa que a irmã mais velha, à direita, atrás da criança que mexe nos documentos do notário, "morre de dor e inveja". Era ela quem, primeiro, deveria casar-se. A prometida é ladeada por uma irmã mais nova, comovida pela separação que se avizinha. A mãe, "uma boa camponesa que beira os sessenta", antecipa em lágrimas a despedida da filha (p. 234). Completam o quadro o patriarca e o futuro genro, além de outras duas crianças, que mal compreendem o que se passa.

Na linha de Tocchini, Colin Bayle (2003, p. 262) registra que a cena apresentada por Greuze põe em evidência temas associados às Luzes: "a importância da agricultura, as ligações familiares, o crescimento da população, a legitimidade do contrato civil." Mais relevante, porém, é o fato de que, para realizar esse intuito, Greuze mobiliza expedientes formais que promovem a inscrição das diferentes personagens sob a unidade de uma única ação. Surpreendentemente, as figuras são distribuídas conforme uma economia compositiva aparentada com a que havíamos examinado, quando discutimos o quadro de Le Brun sobre as conquistas de Alexandre na Pérsia.[41] Os elementos da cena apresentada por Greuze subsumem-se igualmente a um princípio único, que ordena a narrativa. "Há doze figuras; cada uma delas em

---

40. Não é simples verter *L'accordée de village*, porque a *accordée* se diferencia da *fiancée* (noiva), apesar de os dois termos terem se amalgamado (assimilação, de resto, presente em Diderot). À época, porém, o noivado era uma celebração religiosa; no quadro, não há nenhum padre. O *accordée* era "uma promessa de casamento", anterior ao noivado (Ehrard; Ehrard, 2014, p. 39).

41. Diderot, aliás, exprime-se positivamente acerca de Le Brun, que associa aos valores da antiguidade. "Disse em algum lugar que os costumes antigos eram mais poéticos e mais pitorescos que os nossos: digo o mesmo de suas batalhas. Qual a comparação entre o mais belo Van der Meulen com um quadro de Le Brun, tal como *A passagem do Granicus*! Os costumes adoçando-se, a arte militar aperfeiçoando-se quase suprimiram as belas-artes" (Diderot, 1994, IV, *Pensamentos separados*, p. 1.031).

seu lugar, fazendo o que deve fazer. Como encadeiam-se todas! Como vão ondulando-se e piramidando-se" (Diderot, 1994, IV, *Salão de 1761*, p. 232). O materialismo evocado pela ideia de encadeamento associa-se, agora, com uma economia retórica que valoriza a unidade compositiva como o melhor recurso para "golpear" o espectador e fazer tocar, nele, o acorde da humanidade.

É fácil adivinhar que essas escolhas colocam-nos em um universo muito distante das inovações compositivas de Watteau. Greuze simplesmente reata com o partido formal tomado pela Grande Maneira. Altera-se, claro, o assunto. Ao invés de depararmos com um motivo mitológico ou religioso, ou com os feitos de uma personagem elevada, somos introduzidos na cena de uma família rural relativamente próspera, cujo cotidiano a composição converte em tema de uma narrativa patética e elevada. O grande homem, personificado por Alexandre na tela de Le Brun, cedeu lugar ao gênero humano, que faz as vezes de princípio narrativo, pois o que pretende comover não é a afirmação de si individual, mas o quadro moral formado por todos os indivíduos, em sua ligação e dignidade recíprocas. O drama encontra expressão através da representação do cotidiano da vida doméstica burguesa, marcada pela sentimentalidade (ver Fig. 13). Por conta do partido formal tomado por Greuze, as personagens são subsumidas ao princípio que assinala sua função específica na economia narrativa. Ao pintar o cotidiano de modo vibrante e grandioso, o artista aproxima ser e dever ser, uma vez que o comum e o ordinário assumem ares condizentes com a presumida vocação moral dos homens – cuja exposição faz economia de qualquer traço individualizante que não seja recuperável no plano geral. Eis o significado moral daquele "encadeamento" valorizado por Diderot. O tom elevado é o efeito desse encaixe do sensível com o geral, que, em sua plasticidade, realiza a definição da "justiça". Compreende-se que a elevação da Grande Maneira seja reposta num contexto que não é mais clássico, mas moderno. Como se lê no *Salão de 1767*: "É preciso falar de coisas modernas à antiga" (Diderot, 1994, IV, *Salão de 1767*, p. 711).

Esse repique do clássico no moderno, como já antecipamos ao discutir a defesa que Diderot faz da *condição*, compromete a imitação poética do indivíduo em sua singularidade. A eleição da vida doméstica burguesa como matéria de história em sentido elevado requer subsumir as personagens ao princípio unificador da humanidade; relegadas à sua particularidade isolada, não saberiam despertar no espectador sua consciência moral. Isso faz com que o heroísmo da comédia séria ou da pintura moral favoreça a alegorização do indivíduo, apresentado como exemplo concreto da "justiça", do "dever", dos sacrifícios da "virtude". Tudo se passa como se, para atender às expectativas de ordem moral levantadas às belas-artes e às belas-letras, o artista ou dramaturgo diderotiano devesse cuidar para que as personagens permaneçam ao alcance da generalização. Neste ponto, é preciso dar crédito a Charles Palissot (1730-1814) – o célebre adversário dos *philosophes* que será tripudiado em *O Sobrinho de Rameau* –, quando aponta as deficiências do Diderot dramaturgo. Observando a contaminação do texto teatral pela especulação filosófica, Palissot (*apud* Garroux, 2018, p. 76), após criticar o aspecto artificial e forçado dos diálogos de *O filho natural*, põe o dedo na ferida: "De fato, nenhum contraste: o velho Lysmond, Dorval, Constance, Rosalie e até mesmo o criado André, são todas as pessoas mais honestas do mundo. O olho de um lince não perceberia aí a menor diferença."

XIV

No seu ensaio sobre a origem do drama burguês, P. Szondi (2004, p. 109) argumenta que "o século XVIII é o século não só da burguesia, mas também do aburguesamento – de um processo de igualização que começou muito antes de a guilhotina operá-lo violentamente na última década". Szondi refere-se ao período que antecedeu a Revolução, isto é, as Luzes, quando se assistiu à invenção dramatúrgica da família burguesa e à difusão da sentimentalidade doméstica.[42] De nossa parte, nada a objetar – apenas acrescentando aí a versão secularizada do indivíduo cindido, apto a projetar, com base em sua diferença interna, seu pertencimento moral à condição humana.

Essa mesma cisão, como vimos, já se encontrava operante na consciência trágica do ser destituído posto em circulação por Port-Royal. Se a pista for boa, a origem do "processo de igualização" mencionado por Szondi deve recuar para bem antes das Luzes – para um tempo marcado por uma experiência social que, de início, foi muito menos burguesa do que nobre. Como se argumentou aqui, a antropologia, compreendida como realidade que une moralmente os seres humanos a despeito de suas diferenças individuais, ganhou corpo na França em meados do século XVII. Desse momento em diante, a lógica dualista da contrariedade não cessou de comparecer pontualmente na cultura filosófica, literária e pictórica, numa recorrência que faz tomá-la como uma das principais linhas de força da consciência moral em via de formação. Foi daquele primeiro nivelamento que resultou a igualização de comportamentos e atitudes sedimentada no conformismo rococó – o fenômeno que Rousseau tem em vista sob a rubrica do refinamento, no 1º *Discurso*, e que comparece, pelas mãos de Diderot, sob o modo amenizado da conversação galante e do comentário espirituoso. Os dois filósofos seguirão caminhos distintos – Diderot mantendo uma relação ambivalente com a cortesania, incorporada em sua reflexão pela opção por diálogos sem fechamento narrativo, pelo recurso massivo a digressões e pontadas sarcásticas ou pela técnica do emolduramento. Como registrou M. Delon (2013, p. 158), "é através dos jogos mais superficiais do rococó que Diderot situa as grandes questões filosóficas". O comentário de Hegel a respeito do *Sobrinho de Rameau* descobre esse motivo, só que mantém silêncio sobre o fato de que Diderot o combina com a tomada de partido pelo gênero humano. Por isso, apesar de sua cumplicidade com o rococó, ele reata com a elevação da Grande Maneira – que, ao

---

42. A propósito da propagação do sentimento na França setecentista, ver a antologia organizada por A. Grenet e C. Jodry (1971).

ser transposta para uma realidade burguesa, inflete na heroicização da condição humana. A articulação entre nivelamento e dualismo recebe, assim, uma solução diversa de Port-Royal, o que possui consequências no plano cultural. Sem atentar a esse novo lance, através do qual o elevado é reposto no jogo, não se nota a cumplicidade de fundo que, com o aval de Diderot, faz adivinhar a transição da pintura moral de Greuze ao neoclassicismo de J.-L. David (1748-1825).

Será plausível concluir pela permanência de uma estrutura comum subjacente a essas interpretações tão distantes no tempo? Recorde-se a tensão de base que animava os escritores e artistas ligados a Port-Royal. Para caracterizar a condição humana, considerava-se o que, com a queda, o homem havia deixado de ser. Essa dialética entre ser e não ser engendrava a primazia da negatividade: para dizer o ser, cabia dizer o não ser. Mas esse esquema foi sofrendo mudanças conforme o passar do tempo. Ligado de início ao trágico (Pascal), o negativo tornou-se galante (Mme. de La Fayette, Racine) para, em seguida, perdendo seu empuxo dialético inicial, assumir uma feição conformista (Watteau), até recobrar novamente suas prerrogativas por meio da crítica da cultura e da superficialidade modernas (Rousseau). O artista enaltecido por Diderot opera no âmbito desta última variante do dualismo: para ser pintor de história, deve pintar o cotidiano como se pintasse algo de extraordinário. Para que a realidade se torne expressiva, tornou-se necessário tomá-la *pelo que ela não é*, transformá-la segundo o modelo da natureza humana. Assim, ao invés de deter-se no cotidiano, o artista converte-o em história. A operação tem um preço, representado por certo quiprocó de escala; pois como tornar grandioso algo que, à primeira vista, é pequeno e indiferenciado? A solução é o recurso à alegorização da instância individual, teorizado e praticado por Diderot e presente na pintura moral de Greuze. É isso o que permite pensar a história das sociedades. A condição moral universal – o "ente de razão", como havia advertido à época A. Chaumeix (1758-1759, II, p. 69) – faz da atualidade o objeto de uma apropriação intersubjetiva, abrindo-se, com isso, à transformação política.

Conclusão

I

Em aforismo redigido entre abril e junho de 1885, Nietzsche afirmava que a "moral usual na Europa" não possui utilidade alguma para seu projeto de "tornar o homem mais forte e mais profundo". A moral então em voga, articulada à doutrina da igualdade de direitos e da compaixão pelo sofrimento alheio, é interpretada por Nietzsche como a expressão do "verdadeiro instinto do rebanho, que nada mais faz que desejar nostalgicamente o bem-estar, a supressão dos perigos, a vida fácil". O consenso em torno dela é tão amplo que ninguém mais tem dúvida de que "seja a própria e única moral". Por isso, acresce Nietzsche, desde jovem ele venerava os filólogos e historiadores, que não cessavam de descobrir, na antiguidade, o reinado de uma moralidade diversa, sob a qual o homem "via-se mais forte, mais malvado e mais profundo" (Nietzsche, 1988, KSA, 11, *Nachgelassene Fragmente*, p. 34).

Embora na forma de um sobrevoo, o caminho realizado aqui dá ideia do que Nietzsche (1988, KSA, 5, BM §46, p. 67; trad. p. 48) designava como a transvaloração "de todos os valores antigos". Sob vários aspectos, o "clássico" sobre o qual nos detivemos no início deste estudo corresponde ao "antigo" assinalado por Nietzsche – conceito que, em suas mãos, designa menos uma realidade histórica específica do que um tipo que abarca várias realidades culturais, como o indivíduo homérico, o homem do Renascimento e o nobre que circulou na Europa pré-moderna até aproximadamente meados do século XVII. Não que estejamos diante de uma categoria fluida. O que define o leque de variações admitidas pelo tipo antigo é seu antípoda, o indivíduo moderno. Mas nossa convergência com Nietzsche ultrapassa esse aspecto tipológico. Em um passo de *Além do bem e do mal*, ele identifica na "alma francesa" dos séculos XVI e XVII a fonte da "*noblesse* europeia – de sentimento, de gosto, de costume, de todo elevado sentido em que se tome a palavra", essa mesma *noblesse* que teria sido ultrapassada pela formação da mentalidade moderna. Só que, ao aprofundar, no mesmo passo, o aspecto histórico da dissolução do tipo clássico, ele interpreta a formação do espírito moderno na França numa direção muito diversa da indicada aqui:

> [...] não esqueçamos que os ingleses, com sua profunda mediania, já ocasionaram antes uma depressão geral do espírito europeu: isso que chamam de "ideias modernas", ou "ideias do século XVIII", ou também "ideias francesas" – isso contra o que o espírito alemão se ergueu com profundo nojo – foi de origem inglesa, não há como duvidar. Os franceses foram apenas os macacos e comediantes dessas ideias, também seus melhores soldados, assim como, infelizmente, suas vítimas primeiras e mais radicais: pois com a execrável anglomania das "ideias modernas", a âme française tornou-se enfim tão frágil e pálida, que hoje nos recordamos quase incredulamente dos seus séculos XVI e XVII, de sua profunda e apaixonada força, de sua inventiva nobreza. Mas é preciso agarrar com firmeza esta proposição historicamente justa e defendê-la do momento e da evidência: a noblesse europeia – de sentimento, de gosto, de costume, de todo elevado sentido em que se tome a palavra – é obra e invenção da França; a vulgaridade europeia, o plebeísmo das ideias modernas – da Inglaterra (Nietzsche, KSA, 1988, 5, BM, §253, p. 197-198; trad. p. 145-146).[1]

Já se vê a divergência: a França, moderna por anglomania? Nietzsche aparenta ter em mente Voltaire, a um só tempo o principal embaixador das ideias inglesas e figura proeminente das Luzes francesas. Com base no que se discutiu aqui, porém, não há risco em concluir que, bem antes de F. Bacon e J. Locke exercerem influência

---

1. A contraposição efetuada por Nietzsche entre a França nobre e a Inglaterra plebeia retoma outros pares de antípodas, todos girando em torno da oposição principal entre *afirmação da singularidade* e *intuito "nivelador"*: contra Roma, levanta-se a Judeia; contra o Renascimento, a Reforma (ver Mattos, 2013, p. 182).

sobre a geração dos *philosophes*, a inteligência francesa já havia iniciado por conta própria sua "inversão de valores", quando, suplantando o ideário clássico, preparou o terreno sobre o qual realizaria, no curso do século XVIII, sua contribuição à ideia de igualdade de direitos e de liberdade, definidoras do indivíduo moral moderno. Ao menos no que respeita às premissas dessas ideias, assim como da estrutura conceitual em que se desenvolveram, não foi preciso esperar pelas Luzes; logo, não foi preciso aguardar pelos ingleses para que a França se tornasse moderna.

Na Inglaterra, grosso modo, o advento da concepção moderna de liberdade apropriou-se do viés singularizador clássico e o reinterpretou enaltecendo a iniciativa individual. Uma apropriação modificadora, posto que o autodomínio requerido pelo indivíduo reformado, tal como estudado por Weber, contrasta com o herói clássico. Vimos que o retrato que Descartes e Corneille forneceram deste último não é o de alguém que negue os sentidos; ao contrário, a ordenação resultante do concurso entre vontade e entendimento obtido pelo homem virtuoso clássico visava conferir a suas paixões uma expressão adequada, para ser usufruída e aferida neste mundo. Já o reformado calvinista ou puritano torna a vida o âmbito da comprovação diária de sua fé, fazendo da ascese intramundana a conduta comum à "aristocracia espiritual dos santos no mundo desde toda a eternidade predestinados por Deus" (Weber, 2006, p. 110). Daí por que se possa afirmar que a apropriação que as Reformas calvinista e puritana realizaram de noções como "heroísmo" e "aristocracia", caras à moral de relevo, acenam para um universo psicológico e moral inovador em relação à ética cortesã ou à virtude republicana clássica.

A diferença que mais interessou aqui, porém, foi outra – e vimos por que a moralidade moderna em constituição na Inglaterra tampouco se coaduna com as perspectivas jansenistas, difundidas na França a partir de Port-Royal. Pierre Nicole (1733, I, p. 104) ilustra o ponto ao advertir que o intuito de transformação espiritual esbarra no fato de que, como descendentes de Adão, "nosso coração transborda de amor pelo mundo e é vazio daquele por Deus, que é o princípio da renovação da alma". Assim também, aos olhos de Pascal, a salvação requer dar as costas ao mundo e amar apenas a Deus e nada tem que ver com tornar-se ativo nele.² Nada disso colide com a constatação de que Pascal desenvolveu uma reflexão original sobre os costumes, o comércio, as ciências, nem suprime seu ativismo apologético, testemunhos de "uma alma naturalmente militante" (Gouhier, 2005, p. 21). Pois nada disso altera o fato de que, a seus olhos, a teia de relações intramundanas não contribui para certificar-se individualmente sobre o que quer que seja. A diferença com o enfoque que prevaleceu na Inglaterra salta à vista, quando se recorda outra observação de Weber (2006, 147, n. 231) de que o puritanismo "jamais ordenou que se deva amar o próximo mais do que a si mesmo, mas sim como a si mesmo" – o que subentende que o amor-próprio também constitui um dever. Compare-se a essa valorização individual da concupiscência a condenação moral que Pascal (1963, LA 564/Br. 485) faz do amor-próprio e da afirmação de si no âmbito terreno – inúteis, um e outro, para a certificação. A conversão autêntica passa pelo aniquilamento de si mesmo: "a verdadeira e única virtude está, pois, em odiar a si mesmo, pois se é odiável pela concupiscência, e em buscar um ser verdadeiramente amável para amar."³

Nesta aniquilação de si, o mundo deixa de ser permeável a um princípio ordenador enraizado no indivíduo. Dar as costas a Descartes não fez com que Pascal desacreditasse as ciências nem, tampouco, negligenciasse as regras tácitas que possibilitam a vida em sociedade. Mas há uma mudança de enfoque decisiva: assume-se agora que o regime das positividades é ordenado de maneira completamente relativa e arbitrária. Daí por que o conhecimento das positividades

---

2. Como adverte Kley (2002, p. 103), "o jansenismo não desagua em qualquer verdadeira santificação da atividade secular ou das instituições humanas que dela resultam". Weber (2006, p. 73) já registrara o ponto, ao comentar que a "qualificação moral da vida profissional mundana" efetuada pela Reforma era completamente estranha ao "ódio entranhado com que a atitude contemplativa de Pascal sonegava apreço à ação no mundo". Convergindo com isso, ver o já citado estudo de L. C. Oliva (2004).
3. Ver também Pascal (LA 377/Br. 280) e Gouhier (2005, p. 48 ss.).

recorra a um método sem nenhuma familiaridade com as verdades transcendentes. Não que tais verdades inexistam. Ao contrário, é plausível que, na filosofia pascaliana, as essências possuam peso até maior do que para Descartes, que pouco se deteve sobre as verdades eternas (Rocha, 2016). Contudo, para Pascal, o regime das essências permanece incognoscível.

É isso o que explica por que, a seus olhos, a investigação da natureza humana seja indireta e oblíqua. A caracterização do que é o homem requer levar em conta *o que ele não é*, o que deixou de ser. E essa diferença não é enunciável nos termos de uma teoria, de um saber determinado; ela corresponde à consciência subjetiva de que a existência intramundana resulta da diferença que funda a história – que, se havia sido compreendida por Agostinho como peregrinação e retorno à identidade primordial suprimida pela queda, se converte, com Pascal, na anulação de si e na adesão ao corpo místico de Cristo. O igual é obtido à força do apagamento do "eu". Foi a penetração dessa perspectiva dualista, assim como a busca de uma universalidade articulando a transição das duas temporalidades dessa subjetividade cindida, o que afastou os franceses da orientação empirista que ia se difundindo entre os ingleses. O prestígio poético desse sujeito destituído também ajuda a compreender por que o nivelamento na França recém-moderna foi pouco afeito a reinterpretações positivas da liberdade clássica – ao contrário do que ocorreu na Inglaterra, onde, a partir das mediações impostas pela Reforma, infletiu em aposta no valor da singularização dos agentes a partir de uma base comum, experimentada pelos segmentos médios da sociedade.[4]

Essa bifurcação é atestada pelo estudo das palavras. Vale a pena recordar a história de uma delas, lembrada por Tocqueville (1988, II, 9, p. 176):

---

[4] Essa mediania (que também comporta idealizações, mas de outro tipo) foi refletida ao longo da filosofia moral britânica do século XVIII, que, de Shaftesbury (1671-1713) a David Hume, passando por Francis Hutcheson (1694-1746), não cansou de investigar suas implicações morais, sociais e políticas. Ver, a respeito, Nascimento (2009), Pimenta (2013) e Suzuki (2014).

[...] segui através do tempo e do espaço o destino dessa palavra *'gentleman'*, da qual nossa palavra *gentilhomme* era a mãe. Vós vereis sua significação estender-se na Inglaterra na medida em que as condições [sociais] se aproximam e se misturam. Século a século ela se aplica a homens situados um pouco mais abaixo na escala social. Ela então passa para a América com os ingleses. Lá se servem dela para designar indistintamente todos os cidadãos. Sua história é a mesma da democracia.[5]

Na França, entretanto, o termo permaneceu ligado à designação dos membros da casta, atestando o isolamento da nobreza em relação ao conjunto da nação.[6] Na polêmica que travou com Perry Anderson nos anos 1960, E. P. Thompson resvalava no mesmo ponto, ao sustentar que, na Inglaterra, a literatura do século XVIII levara a cabo um "processo de ajuste de estilos", expressão da simbiose social entre a aristocracia e setores ligados à burguesia. E citava T. Smollett (*The expedition of Humphry Clinker*, 1771) que, após listar variados tipos londrinos, de novos ricos a agiotas, passando por empreiteiros e senhores de engenho, dizia: "Todos eles correm para Bath, porque aqui, sem nenhuma qualificação extra, podem misturar-se aos príncipes e nobres da terra." No mesmo texto, Thompson (2014, p. 91 e p. 114) chega a conclusão semelhante à de Tocqueville e com os mesmos intuitos comparativos: na Inglaterra, "não havia 'barreiras de classes fixas' de nenhum tipo".[7]

---

5. Avançando na trajetória evocada por Tocqueville, observe-se que a vocação democrática do *"gentleman"* terminaria tornando-o presente na designação do banheiro público masculino. A lembrança das plaquetas e letreiros torna inevitável a comparação com a indicação nos edifícios residenciais brasileiros: no Brasil, apenas em 2011 uma lei assegurou livre trânsito de *"domésticos"* nos "elevadores *sociais*".
6. Lefebvre (1989, p. 42) fala do "exclusivismo crescente" dos nobres franceses no curso do século XVIII.
7. A fluidez dos conceitos designando classes na Inglaterra do século XVIII também é observada por Stone (2000, p. 82): "a categoria dos *gentlemen* expandiu-se a tal ponto que se tornou sem valor para fins analíticos."

II

Quais etapas este estudo sobre o modelamento do indivíduo moral moderno na França procurou discernir? Viu-se como, a partir do declínio da moral de relevo representada por Descartes e as primeiras tragédias de Corneille, a contrariedade pascaliana fez o homem variar entre grandeza e miséria – os dois polos que se negam e se reportam permanentemente um ao outro. Embora tal concepção tenha sido revista na segunda metade do século XVIII, o homem permaneceu sendo definido, grosso modo, por meio da tensão produzida por seus opostos constitutivos. Sem levar em conta a trajetória percorrida por esse dualismo de base e da antinomia que o instituiu, parece-nos impossível mensurar a contribuição que a mão francesa transmitiu à constituição da subjetividade moderna.

De início, a antinomia exprimiu-se pela consciência trágica de que a existência neste mundo é inautêntica. A instância singular, individual, revela-se incapaz de responder pela ordem do mundo como fazia o indivíduo clássico. Em contrapartida, e associadas à consciência do rebaixamento, ganham circulação representações universalizantes veiculadas pela psicologia, pela economia política e pela filosofia da história. Esses discursos partem da convicção de que os indivíduos devem ser interpretados à luz de noções supraindividuais (a "espécie", a "condição humana", etc.). Certos fragmentos pascalianos sugerem essa direção, assinalando a mudança na forma, cujo princípio se desenraiza do agente para formular-se como teleologia das paixões humanas, configurando uma economia que envolve o indivíduo sem que, todavia, ele possa cifrar qual seu lugar nisto, bem como qual seja o movimento que o envolve e o transcende. Após o intervalo representado pelo rococó e por Voltaire, ao longo do qual o dualismo se viu atenuado, Diderot e Rousseau reatam com o partido da negatividade, instituído por Port-Royal. A humanidade – que, na sua acepção moderna francesa, foi primeiramente fabricada no contexto da exclusão política da nobreza – converte-se na categoria por referência à qual dois protagonistas da Ilustração incorporaram a exigência da participação política dos súditos nas decisões sobre o bem comum. A igualdade moral dos homens formou a base para enunciar a tese de que os indivíduos deveriam tornar-se sujeitos de seu próprio destino. Ora, se nosso exercício filológico estiver correto, a premissa para isso remonta a meados do século XVII, bem antes de a ideologia burguesa firmar-se no debate cultural e político na França.

A ideia já está presente em Tocqueville, para quem a Revolução teria aprofundado o Antigo Regime sob aspectos decisivos. A noção moderna de cidadania, consagrada pela Revolução Francesa, teria começado a ser mapeada quando parte da crítica ilustrada do século XVIII colocou a própria monarquia sob a mira da ação indiferenciadora do absolutismo, no movimento que, cerca de cem anos antes, possibilitara à coroa submeter a seu poder a nobreza de espada. Em suma: muito antes de tornar-se mote do engajamento político das Luzes, a igualdade havia sido reconhecida como característica essencial dos indivíduos, humanizando-os. Existiam, é verdade, os "estados". Mas os autores ligados a Port-Royal não cansaram de alardear que, por trás das diferenças exteriores, somos portadores da mesma substância moral? Pelo menos na França, o "homem" não foi uma invenção burguesa.

Isso, claro, não implica negligenciar o papel que as Luzes tiveram na estabilização e difusão do ideal da "humanidade". Mas elas o fizeram por referência a um quadro preexistente, sobre o qual realizaram uma espécie de inversão. Viu-se através de Diderot e, especialmente, de Rousseau como o dualismo instituído por Port-Royal foi retomado e invertido a partir da segunda metade do século XVIII, consumando uma revolução no plano das ideias. Ao invés da remissão ao pecado de origem, que humanizava o conjunto dos homens dissolvendo suas individualidades numa condição rebaixada, a ser redimida pela via do sobrenatural, Rousseau e Diderot, apesar de criticarem (sobretudo o primeiro) o "rebanho" moderno, mensuraram o que o homem é por aquilo que ele pode ou poderia vir a ser, uma vez inscrito em uma intersubjetividade pautada por ideias comuns.

Essa inversão descortinou à emancipação política o horizonte de sua realização. O que não deixa de ser surpreendente: a indiferenciação entre os indivíduos promovida pelo absolutismo e interpretada sob o prisma da miséria terminaria por antecipar, em sua estrutura e temporalidade cindidas, a fraternidade universal, ensejando a politização da humanidade efetuada no fim do século XVIII. Como observaram F. Furet & Ozouf (1989, p. 1.074-1.075) glosando Tocqueville, quando eclodiu a Revolução, a centralização política e o movimento das ideias do Antigo Regime há tempos tinham tornado a igualdade a "paixão predominante dos franceses". Erigida à condição de carro-chefe da retórica da emancipação, a igualdade edificou-se como princípio por referência ao qual seriam postas em xeque a ordem dos privilégios e a divisão da sociedade por estamentos. Foi desse modo que, reunidos em junho de 1789, os representantes do Terceiro Estado efetuaram a verificação dos poderes dos delegados reunidos nos estados gerais – uma verificação que, até ali, era prerrogativa régia –, alegando, sem qualquer cerimônia, serem todos membros de "uma nação unificada, composta unicamente de cidadãos" (Torres, 1989, p. 337).

III

Qual a posteridade dessa trajetória ao longo da qual foi se configurando a contribuição da França ao significado moderno do indivíduo moral?

Seus primeiros beneficiários foram os alemães. São perceptíveis as afinidades entre a progressiva valorização moral do indivíduo nivelado, tal como efetuada no curso das Luzes francesas, e a reflexão ética e política que penetrou o pensamento filosófico alemão a partir de Kant – ele que via em Rousseau ninguém menos do que o "Newton da moral". Como é sabido, o idealismo crítico kantiano funda-se na distinção entre "fenômeno" e "coisa em si", o que permite considerar uma mesma coisa a partir de dois pontos de vista opostos: a alma, por exemplo, será "determinada" ou "livre" conforme seja considerada sob uma das duas óticas proporcionadas pela revolução copernicana em filosofia (Kant, 2012, p. 35; *KrV*, B XVII). Na *Crítica da razão prática* (1788), essa primeira distinção irá prolongar-se na definição da liberdade como exigência normativa da razão diante da existência singular do agente, inscrito no âmbito sensível das relações mundanas. Em vista disso, Kant definirá a moralidade como o esforço realizado pelos homens para superar a dualidade entre o ser e o dever ser: a personalidade fenomênica deve procurar infletir na personalidade numênica, comum a todos os seres racionais. Como é sabido, a tensão produzida pela mútua remissão entre o efetivo e o normativo não cessou de ressurgir no pós-kantismo, impregnando as contribuições literárias e filosóficas de F. Schiller, do jovem Schelling e de J. G. Fichte, até atingir uma espécie de coroamento especulativo na obra de Hegel.

Mas, afora a recepção que teve no pensamento alemão (e que em parte explica as invectivas de Nietzsche contra a anglomania "irrelevante" e "medíocre" dos *philosophes*), assim como em países que, como a Alemanha daquele período, também se perceberam como culturalmente periféricos,[8] onde mais situar, para além do espaço discursivo examinado aqui, o dispositivo do dualismo e da negatividade? Se não assentirmos em reportar a dialética dos contrários a uma lógica da contradição – que o último Marx iria alojar no coração da sociabilidade capitalista, motivando o projeto de uma ontologia do ser social baseada na negatividade da reflexão (ver Giannotti, 1983) –, neste caso restará tão somente o sentimento de contrariedade associado ao movimento de inclusão/exclusão característico da produção política da igualdade. Subjetivamente, tal experiência reporta a singularidade individual à comum-unidade formada pela sua relação com os outros. Conclusão que bate com a trajetória refeita aqui, no desfecho da qual o indivíduo passou a experimentar-se como subjetividade determinada pela exclusão/inclusão do universal, perfazendo uma experiência que, antes de tornar-se alemã, foi demoradamente francesa.

---

8. Esta é a razão por que já se apontou no "sentimento da dialética" a principal característica da experiência intelectual brasileira (cf. Arantes, 1992).

Haverá alguma atualidade nisto? Quando Tocqueville enuncia suas reticências à democracia saída da Revolução de 1789, aborda a questão examinando seu legado – e foca na sua herança para a história política francesa, diante da qual não hesitou em expressar suas ressalvas. Ao contrário do que se passou na colônia britânica na América do Norte, onde a formação social teria ensejado a participação popular na administração do bem público, na França, o legado do Antigo Regime teria engendrado "um povo composto de indivíduos quase semelhantes e inteiramente iguais", fonte indistinta da soberania e, nessa medida, incapaz de "dirigir e até controlar seu governo". Vê-se por que, segundo Tocqueville (1988, p. 253; trad. 1982, p. 157), o "despotismo democrático" do Terror não era de todo imprevisível. Desabituados das formas do ativismo político, os franceses teriam terminado por subordinar-se a "um mandatário único", plenipotenciário – "de direito, um agente subordinado, de fato, um senhor".

Sob essa perspectiva, tudo se passa como se o indivíduo engendrado pela Revolução se visse lançado em um vazio similar àquele de que já dava notícia Pascal, tornando-se refém de um princípio de estruturação transcendente à sociedade, o Estado centralizador. A antiga paixão dos franceses pela igualdade teria tornado os revolucionários de 1789 indiferentes à liberdade. Compreende-se a objeção recorrente feita contra o modelo republicano francês: ao restringir a liberdade dos indivíduos de se singularizarem e, ao mesmo tempo, destituí-los das cadeias intermediárias que lhes asseguravam o lastro comunitário, o poder absolutista teria vedado o genuíno exercício da liberdade política. Esclarecimento e Revolução teriam deixado intacta a inaptidão dos indivíduos em converter suas práticas em transformações efetivas, uma apatia legada pelo Antigo Regime responsável por comprometer autonomia da sociedade civil diante do poder centralizador.[9] Mas não seria exagero resumir o legado da mão francesa à

---

9. Nesta direção, veja-se, por exemplo, Lebrun (1984, p. 96-97): "É possível que a hipercentralização seja conveniente a um povo que foi educado politicamente por Richelieu, pelos jacobinos e por Napoleão; mas então, por favor, parem de nos falar em vocação democrática francesa, a pretexto de que os parisienses tomaram a Bastilha

paternidade do "indivíduo de rebanho"? Será somente para este ser adoecido que nos transporta essa genealogia – e logo agora, quando soaria extravagante agir como se fôssemos nobres? De que adiantaria retificar Nietzsche e localizar a origem daquela vontade anulada no rebaixamento impingido à nobreza guerreira francesa pela monarquia absoluta, se isso apenas se prestasse a reforçar sua conclusão sobre a mediocridade moderna – cuja matriz, corrigida por Tocqueville, localizaríamos agora não na macaqueação dos ingleses, mas na vocação genuinamente francesa por uma vontade adoecida?

O percurso desenhado aqui não saberia refutar diretamente essa conclusão, a começar porque também acenamos para a existência de vínculos entre o tipo de nivelamento por que passou a França a partir do século XVII e a abrangência da visão dualista do homem, que, em boa medida, animou as promessas de emancipação de 1789. Em todo caso, a existência horizontalizada, matizada na mão francesa, admite interpretações menos aristocratizantes. Se é inegável que o Estado republicano aprofundou aspectos preexistentes ligados ao absolutismo (em especial no que concerne à centralização das decisões políticas e administrativas), por outro lado, a Revolução conferiu ao nivelamento uma feição política inédita, posto que converteu o súdito em cidadão. Nietzsche (com o eventual apoio de Tocqueville) retrucaria: eis, precisamente, onde reside o engodo. E será preciso conceder que a cidadania assim alcançada foi gestada no interior de uma estrutura de poder que, do ponto de vista de sua organização e de seus fins, já havia erigido como tarefa principal da política a fabricação da igualdade. Mas foi precisamente isso o que fez com que os revolucionários – e, antes deles, os *philosophes* – entrelaçassem com o imperativo de ser livre a exigência de ser igual aos demais. Isso é o que basta para demarcar com mais precisão o terreno em que se poderá decidir melhor a questão sobre o legado da paixão francesa pela igualdade. Ao apropriar-se da inversão do dualismo que havia sido

num dia de julho de 1789." Para a reconstrução das críticas feitas até 1830 ao igualitarismo do Estado republicano francês, ver J.-F. Spitz (2000).

realizada pelo Esclarecimento, a eficácia indiferenciadora do Estado burguês renovou ou não a política, conferindo-lhe um sentido inédito diante das formas de subjetivação associadas ao Antigo Regime? E assim a pergunta pelo legado inflete na questão pela atualidade. Pois de pouco adiantaria arrolar, por exemplo, que a definição republicana da liberdade como virtude indissociável da igualdade favoreceu o entendimento de que a nação promove os cidadãos à condição de sujeitos de seu próprio destino se, ao fim e ao cabo, depararmo-nos com eleitores presos à existência gregária e administrada da sociedade de massas. Será mais profícuo aprofundar essa controvérsia por meio de uma nova pergunta – e indagar pelo valor de que se revestiu, até pouco tempo atrás, o princípio conforme o qual o desenvolvimento das singularidades deve subordinar-se à reafirmação contínua de que os indivíduos compõem um mundo ético comum. Não faltará quem aponte ter sido a adesão a esse princípio o que, na segunda metade do século XX, possibilitou ver na democracia um regime em que interpretações disputam sobre o bem comum, numa arena em que são negociadas visões heterogêneas sobre como coexistir socialmente, desde que esse debate não promova ou renove formas de exclusão social. E já se pode discernir o vínculo disso com a paixão da igualdade: ao apresentar-se como espaço simbólico no interior do qual o indivíduo se torna o outro de si mesmo sem encerrar-se sobre si, a democracia interpôs, naquele vão entre o existente e o possível constitutivo da política, a reinvenção contínua da "comum-unidade", engajando a existência singularizada do "eu" com a reinvenção contínua da intersubjetividade.

A ideia dispunha de apelo até um passado muito recente. A distância entre o que o indivíduo é e o conjunto das virtualidades compartilhadas com os seus semelhantes havia criado o intervalo discursivo no qual a indeterminação categorial engendrada pelo dualismo assegurava o espaço requerido para a imaginação política operar suas sínteses. Uma imaginação democrática, nutrindo-se daquela indeterminação de princípio, por referência à qual podem ser formulados novos direitos; uma universalidade em aberto, destituída de conteúdos determinados – o que, por isso mesmo, facultava determiná-los conforme circunstâncias e negociações de ocasião. Nessa hipótese acerca do legado do processo examinado aqui, o viés igualitarista da liberdade admitiu e ensejou, como se somente assim realizasse sua vocação, a imaginação dos cidadãos em conceber pertencimentos inéditos, exigindo a produção de novas equivalências interindividuais, possibilitadas por aquela duplicação de pontos de vista produtora da negatividade, cuja matriz localizamos na transição do clássico ao moderno na França.

Esse programa animou momentos expressivos da história política no curso do século XX. Após a crise de 1929 e, sobretudo, nos Trinta Anos Gloriosos, o ideal redistributivo ligado ao Estado de bem-estar, instituído originalmente na Alemanha de Bismarck, foi implementado em países de tradição liberal nos quais a iniciativa, o mérito, o talento e o esforço individuais sempre constituíram valores arraigados. Se isso aconteceu – a ponto de, numa determinada quadra da segunda metade do século XX, se tornar possível entrever afinidades de fundo entre John Rawls e Claude Lefort, de resto tão diferentes –, foi porque defender a liberdade e garantir ao indivíduo o desenvolvimento de suas aptidões singularizadoras se articulou com a convicção de que existem limites para além dos quais o aprofundamento das diferenças individuais poria em risco o equilíbrio requerido para a democracia realizar a justiça como equidade. Por aí se vê que, embora não sendo um legado direto do processo francês, o prestígio do Estado de bem-estar em certa etapa do século XX atualizou um tipo de subjetivação congênita àquela formação discursiva cujas linhas originárias foram reconstruídas neste ensaio. Compreende-se por que, na França, a crise do Estado de bem-estar seja vivenciada como ameaça à própria democracia. No plano mais abrangente, fica esta pergunta: depois de ter sido tomada como um pressuposto da dignidade humana, o que será feito da igualdade moral entre os indivíduos na transição ora em curso?

Referências

Nota sobre as edições utilizadas

As edições críticas dos principais autores discutidos neste livro e suas abreviações são listadas abaixo, seguidas da referência das respectivas traduções em português utilizadas. Para a referência às demais obras, veja-se "Demais Referências Bibliográficas".

CORNEILLE, Pierre. *Œuvres complètes* (*Textes établis, présentés et annotés par George Couton* (Col. Pléiade. Paris: Flammarion, 1980. Referências a essa obra feitas no corpo do texto seguem este modelo: "Corneille, 1980, 657", onde "1980" refere-se ao primeiro volume da edição mencionada, e 657, à paginação. Por vezes também é fornecida a numeração dos versos ("vv."). Reportei-me a mais de uma edição de Corneille, mas a da Pléiade é a única cuja referência figura no corpo do texto, entre parênteses.

Três outras edições do teatro de Corneille foram consultadas:
CORNEILLE, Pierre. *Théâtre Choisi* (ed. P. Crouzet et alii). Paris: Henri Didier, 1927.
_____. *Théâtre Choisi de Corneille* (ed. M. Rat). Paris: Garnier, 1961.
_____. *Théâtre - II* (ed. J. Maurens) Paris: GF-Flammarion, 1980b.

DESCARTES, René. *Œuvres de Descartes publiées par C. Adam & P. Tannery*. Paris: Vrin, 1996 (12 volumes). Referências a essa obra feitas no corpo do texto seguem este modelo: "1996, AT-X-25", onde AT = Adam & Tannery, "X" indica o volume, "25" fornece a paginação.

Também foi utilizada a edição separada e mais recente de *As paixões da alma* que contém a introdução de G. Rodis-Lewis:

DESCARTES, René. *Les passions de l'âme* (ed. G. Rodis-Lewis). Paris: Vrin, 1994. Para a correspondência com a princesa Elisabeth, também foi consultada a edição organizada pelos Beyssade: DESCARTES René. *Correspondance avec Elisabeth et autres lettres* (ed. M. e J-M. Beyssade). Paris: Flammarion, 1989.

Quanto à tradução para o português, foi utilizada a seguinte edição:
DESCARTES, René. *Descartes – Obras escolhidas* (org. J. Guinsburg, R. Romano e N. Cunha). São Paulo: Perspectiva, 2010. Inclui, entre outras obras do autor, *Discurso do método* e *As paixões da alma*, ambas traduzidas por J. Guinsburg, e *Meditações metafísicas*, traduzida por B. Prado Jr.

DIDEROT, Denis. *Œuvres* (Édition établie par Laurent Versini). Paris: Robert Laffont, 1994. Referências a essa obra feitas no corpo do texto eventualmente incluem a numeração de aforismos.

Para os verbetes políticos redigidos para a *Enciclopédia*, foi utilizada a edição de Paul Vernière:
DIDEROT, Denis. *Œuvres politiques* (ed. P. Vernière). Paris: Garnier.
Foram utilizadas as seguintes traduções:
DIDEROT, Denis. *A religiosa* (trad.: Antonio Bulhões e Miécio Tati; introd.: Henri Bénac). São Paulo: Círculo do Livro/Difel, s/d.
_____. Elogio a Richardson. In: *Diderot - Obras II*: Estética, poética e contos (trad.: J. Guinsburg). São Paulo: Perspectiva, 2000. p. 15-28.
_____. Ensaios sobre a pintura. In: *Diderot - Obras II*: Estética, poética e contos (trad.: J. Guinsburg). São Paulo: Perspectiva, 2000. p. 161-213.
_____. *O Sobrinho de Rameau* (trad.: Daniel Garroux). São Paulo: Editora Unesp, 2019.

Para os verbetes redigidos por Diderot para a Enciclopédia, foi utilizada a seguinte tradução:

DIDEROT, Denis; D'ALEMBERT, Jacques. L. *Enciclopédia, ou Dicionário razoado das ciências, das artes e dos ofícios* – 5 volumes (Org. ed. brasileira: Pedro. P. Pimenta e Maria G. de Souza). São Paulo: Editora Unesp, 2015.

LA BRUYÈRE. *Les caractères ou les mœurs de ce siècle* [1688]. Paris: GF-Flammarion, 1965. (Edição brasileira: *Os caracteres*. Trad.: Antonio Geraldo da Silva. São Paulo: Editora Escala, s/d).

LA FAYETTE, Mme. de. *Œuvres complètes* (Édition établie, présentée et annotée par Camille Esmein-Sarrazin). Paris: Gallimard, 2014.

Consultaram-se também duas edições separadas da obra de Mme. de La Fayette:
LA FAYETTE, Mme. de. *La Princesse de Clèves et d'autres romans* (ed. Bernard Pingaud). Paris: Galimmard, 1995 (primeira edição: 1972).
_____. *La Princesse de Clèves* (ed. Jean-Claude Laborrie). Paris: Larousse, 2004.

LA ROCHEFOUCAULD, François de. *Œuvres complètes* (Édition établie par L. Martin-Chauffier, revue et augmentée par J. Marchand). Paris: Gallimard, 1980 [1a. ed. 1964]. As referências feitas no corpo do texto reportam-se, em sua maioria, à obra de La Rochefoucauld, *Sentences et maximes de morale*. A primeira edição dessa obra é de 1665 (há uma edição holandesa, apócrifa, de 1664); a ela se seguiram quatro edições em vida: 1666, 1671, 1675 e 1678. Baseamo-nos nesta última, que também serve de referência à tradução brasileira de Leda Tenório da Motta (apresentação, tradução e notas): LA ROCHEFOUCAULD. *Máximas e reflexões*. Rio de Janeiro: Imago, 1994. As referências seguem o seguinte padrão: "La Rochefoucauld, 1980, M 44", onde "M 44" designa a numeração da máxima na edição das *Sentences et maximes de morale* (1678).

NICOLE, P. *Essais de morale, contenus en divers traités*. Paris: Guillaume Desprez, 1733. [Reimpressão fac-símile: Genebra: Ed. Slatkine, 1971].

PASCAL, B. *Œuvres complètes* (Présentation et notes de Louis Lafuma). Paris: Éditions du Seuil, 1963. Referências à obra *Pensées* seguem este modelo: "Pascal, 1963, LA 347/Br. 735", onde "LA" = numeração do pensamento na edição de Lafuma e Br. = numeração do pensamento na edição clássica de L. Brunschvicg (1904 ss.). Fornecemos a tradução da edição brasileira mais recente, que toma por base a edição de Lafuma: PASCAL, B. *Pensamentos* (trad.: Mario Laranjeira). São Paulo: Martins Fontes, 2005. Ocasionalmente, recorreu-se à tradução de Sergio Milliet, que segue a classificação de L. Brunschvicg: PASCAL, B. *Pensamentos*. São Paulo: Abril Cultural, 1979. (Col. Os Pensadores).

Referências feitas a outros textos de Pascal reunidos na edição de Lafuma (por ex., *Sur la conversion du pécheur; Écrits sur la grâce; Préface. Sur le Traité du vide*) são abreviadas no corpo do texto da seguinte maneira: "Pascal, 1963", seguido da abreviatura do escrito e do número da página. Para *Trois discours sur la condition des Grands*, que também figura na edição das obras completas feita por Lafuma, fornecemos adicionalmente a referência à edição brasileira:

PASCAL, B. *Pensamentos sobre a política* (trad.: P. Neves). São Paulo: Martins Fontes, 1994.

RACINE, J. *Œuvres complètes* – vol. I (Édition présentée, établie et annotée par Georges Forestier). Col. Pléiade. Paris: Gallimard, 1999. Referências a essa obra feitas no corpo do texto seguem este modelo: J. Racine, 1999 e a paginação da referida edição. Em um bom número de ocasiões, foi indicada a numeração dos versos ("vv."). Utilizou-se, para *Fedra*, tradução de Millôr Fernandes em: RACINE, J. *Fedra*. Porto Alegre: L&PM Editores, 1986.

ROUSSEAU, Jean-Jacques. *Œuvres complètes* - vol. I - *Confessions - autres textes biographiques*. Col. Pléiade. Paris: Gallimard, 1976. Abreviatura: OC, I, nº da página.

_____. *Œuvres complètes* - vol. III: *Du Contrat social - Écrits politiques*. Col. Pléiade. Paris: Gallimard, 1996. Abreviatura: OC, III, nº da página.

_____. *Œuvres complètes* - vol. IV: *Émile - Education - Morale - Botanique*. Col. Pléiade. Paris: Gallimard, 1969. Abreviatura: OC, III, nº da página.

_____. *Œuvres complètes* - vol. V: *Écrits sur la musique, la langue et le théâtre*. Col. Pléiade. Paris: Gallimard, 1995. Abreviatura: OC, III, nº da página.

Além da edição da Pléiade, foram utilizadas também as seguintes edições:

ROUSSEAU, Jean-Jacques. *Œuvres complètes* Vol. 1: *Œuvres autobiographiques* (Préf. de J. Fabre; présentation et notes de M. Launay). Paris: Éditions du Seuil, 1967.

_____. *Discours sur l'économie politique* (dir. B. Bernardi). Paris: Vrin, 2004.

_____. *Affaires de corse* (dir. C. Litwin e ed. J. Swenson). Paris: Vrin, 2018.

As traduções das obras de Rousseau que foram utilizadas são as seguintes:

ROUSSEAU, Jean-Jacques. *Considerações sobre o governo da Polônia e sua reforma projetada* (apres. e trad. de Luiz Roberto Salinas Fortes). São Paulo: Brasiliense, 1982.

_____. *Devaneios de um caminhante solitário* (trad.: Fúlvia Moretto). Brasília: UnB, 1995.

_____. *Ensaio sobre a origem das línguas* (apres. de Bento Prado Jr.; trad. de Fúlvia Moretto). Campinas: Editora da Unicamp, 1998.

_____. *Carta a Christophe de Beaumont e outros escritos sobre a religião e a moral* (org. e apres. de José Oscar de Almeida Marques). São

Paulo: Estação Liberdade, 2005. Inclui: "Cartas a Malesherbes", "Carta a Beaumont" "Carta ao Sr. de Voltaire (1756)", "Cartas morais", "Carta ao Sr. de Franquières (1769)", "Fragmentos sobre Deus e sobre a Revelação" e "Carta Pastoral de Christophe de Beaumont Arcebispo de Paris".

_____. *Escritos sobre a política e as artes* (org. de Pedro P. Pimenta e apres. de Franklin de Mattos). São Paulo: Ubu/UnB, 2020. Das traduções utilizadas aqui, inclui: *Discurso sobre as ciências e as artes* (trad.: Maria das Graças de Souza); *Discurso sobre a origem e os fundamentos da desigualdade entre os homens* (trad.: Iracema G. Soares e Maria C. R. Nagle); *Do contrato social ou princípios do direito político* (trad.: Ciro L. Borges Jr. e Thiago Vargas).

TOCQUEVILLE, Alexis de. *L'ancien régime et la Révolution*. Paris: GF-Flammarion (trad.: *O Antigo Regime a Revolução*, por Yvonnne Jean). 2. ed. Brasília: Editora da UnB, 1988.

_____. *Œuvres complètes* – III. Paris: Gallimard (ed. Pléiade), 2004.

VOLTAIRE. *Les œuvres complètes de Voltaire* (ed. Theodore Besterman [then by W. H. Barber]). Genève: Institut et musée Voltaire; puis Oxford: The Voltaire Foundation, 1968 [em diante]. No corpo do texto, as referências à edição da Voltaire Foundation trazem o título do texto, verbete ou carta citada entre colchetes, o número do volume e a paginação. Referências à correspondência comportam a letra D, que indica o número de classificação da carta nesta edição.

Também foram consultadas as seguintes edições críticas:
VOLTAIRE. *Œuvres historiques* (ed. R. Pomeau). Paris: Gallimard (col. Pléiade), 1987.

_____. *Lettres philosophiques* (ed. O. Ferret & A. McKenna). Paris: Classiques Garnier, 2019.

Para as traduções de Voltaire:
VOLTAIRE. *Contos* (trad.: Mario Quintana). São Paulo: Editora Abril, 1972.
_____. *Cartas filosóficas*. In: *Voltaire* (Coleção Os Pensadores) (trad.: Marilena de Souza Chaui). São Paulo: Abril Cultural, 1978.

Demais referências bibliográficas

ADDISON, Joseph. *The spectator*. 1711 (set.). Edição on-line disponível no Projeto Gutenberg: http://gutenberg.org. Consultado em 17 de julho de 2018.

ALLEN, Christopher. *Le grand siècle de la peinture française*. Paris: Thames & Hudson, 2004.

ANDERMAN, Barbara. La notion de peinture de genre à l'époque de Watteau. In: *Watteau et la fête galante* (*Musée des Beaux-Arts de Valenciennes*). Paris: Éditions de la Réunion des musées nationaux, 2004. p. 29-43.

ARANTES, Paulo E. *Sentimento da dialética na experiência intelectual brasileira*. São Paulo: Paz e Terra, 1992.

_____. *Ressentimento da dialética*. São Paulo: Paz e Terra, 1996.

ARISTÓTELES. *Poética* (trad.: J. Bruna). São Paulo: Cultrix, 1997.

AUERBACH, Erich. *Mimesis*: a representação da realidade na literatura ocidental. São Paulo: Perspectiva, 1987.

BALIBAR, Étienne. Le renversement de l'individualisme possessif. In: GUINERET, H.; MILANESE, A. (eds.). *La propriété*: le propre, l'appropriation. Paris: Ellipses, 2004. p. 9-30.

BALIBAR, Étienne. *La proposition de l'égaliberté*. Paris: Presses Universitaires de France, 2010.

BARROS, Alberto R. A matriz inglesa. In: BIGNOTTO, N. (org.). *Matrizes do republicanismo*. Belo Horizonte: Editora UFMG, 2013. p. 127-174.

BARROS, Alberto R. *Republicanismo inglês*: uma teoria da liberdade. São Paulo: Discurso Editorial, 2015.

BAYLE, Colin. La peinture de genre en France au XVIIIème siècle. In: BAYLE, C. et al. (org.). *Au temps de Watteau, Chardin et Fragonard. Chefs-d'œuvre de la peinture de genre en France*. Yale University Press: New Haven et Londres, 2003. p. 2-39.

BÉNICHOU, Paul. [1. ed. 1948]. *Morales du grand siècle*. Paris: Gallimard, 1997.

BERNARDI, Bruno. "Introduction" a J.-J. Rousseau, *Discours sur l'économie politique*. Paris: Vrin, 2002. p. 7-36.

_____. *Le principe de l'obligation*. Paris: Vrin/EHESS, 2007.

_____. Combattre les préjugés, fixer les principes. In: ROUSSEAU, J.-J. *Affaires de Corse* (dir. C. Litwin e ed. J. Swenson). Paris: Vrin, 2018. p. 197-209.

BEYSSADE, Jean-Marie. *Descartes au fil de l'ordre*. Paris: Presses Universitaires de France, 2001.

BIZIOU, Michäel. *Adam Smith et l'origine du libéralisme*. Paris: Presses Universitaires de France, 2003.

BIGNOTTO, Newton. *As aventuras da virtude*: as ideias republicanas na França do século XVIII. São Paulo: Cia. das Letras, 2010.

BIGNOTTO, Newton. A matriz inglesa. In: BIGNOTTO, N. (org.). *Matrizes do republicanismo*. Belo Horizonte: Editora UFMG, 2013. p. 175-229.

BIRCHAL, Telma S. *O Eu nos Ensaios de Montaigne*. Belo Horizonte: Editora UFMG, 2007.

BOSSUET, Jacques-Bénigne. *Discours sur l'histoire universelle* (ed. J. Truchet). Paris: Garnier-Flammarion, 1966.

BOURDIN, Jean-Claude. *Les matérialistes au XVIIIe siècle*. Paris: Payot, 1996.

_____. Matérialisme et scepticisme chez Diderot. In: *Recherche sur Diderot et l'Encyclopédie*, v. 1, n. 26, p. 85-97, 1999.

BURKE, Edmund. *Reflexões sobre a Revolução em França* (trad.: R. A. Faria, D. F. S. Pinto, C. L. R. Moura). Brasília: Ed. UnB, 1982.

BURKE, Peter. *A fabricação do rei*: a construção da imagem pública de Luís XIV (trad.: M. L. Borges). Rio de Janeiro: Zahar Editores, 1992.

_____. *As fortunas d'*O cortesão (trad.: A. Hattnher). São Paulo: Editora Unesp, 1997.

BUSSON-MARTELLO, Pascale. Passions et raisons chez Saint-Evremond. In: MACKENNA, A.; MOREAU, P. F. (eds.). *Libertinage et philosophie au XVIIe siècle* – vol. 4. Saint-Étienne: Publications de l'Université de Saint-Étienne, 2000. p. 199-208.

CALORI, François. "Le système rustique": démographie, agriculture et forme du gouvernement. In: ROUSSEAU, J.-J. *Affaires de Corse* (dir. C. Litwin, ed. J. Swenson). Paris: Vrin, 2018. p. 211-218.

CARRIER, Hubert. *La presse de la Fronde (1648-1653)*: les mazarinades. Vol. 1. Genève: Droz, 1989.

_____. *Le labyrinthe de l'État*: essai sur le débat politique en France au temps de la Fronde. Paris: Champion, 2004.

CHARLES-DAUBERT, Françoise. "Le libertinage érudit" et le problème du conservatisme politique. In: MECHOULAN, H. (org.). *L'état baroque* – 1610-1652. Paris: Presses Universitaires de France, 1985. p. 179-202.

CHAUMEIX, Abraham-Joseph. *Préjugés légitimes contre l'Encyclopédie et essai de réfutation de ce dictionnaire* - II. Bruxelles: Hérissant, 1758-1759.

CHOUILLET, Jacques. *La formation des idées esthétiques de Diderot*. Paris: Armand Colin, 1973.

CONSARELI, Bruna. Absolutisme, individualisme et utopie au Grand Siècle. In: MCKENNA, A.; MOREAU, P.-F. (eds). *Libertinage et philosophie au XVIIe siècle* – 6. Saint-Étienne, 2002. p. 139-150.

CORNETTE, Joël. *Absolutisme et lumières (1652-1783)*. Paris: Hachette, 2005.

COSANDEY, Fanny; DESCIMON, Robert. *L'absolutisme en France*: histoire et historiographie. Paris: Editions de Seuil, 2002.

COUTY, D. *Le Neveu de Rameau*: Diderot (analyse et critique). Paris: Hatier, 1972.

CRÉBILLON FILS. *Les égarements du cœur et de l'esprit* [1736-1738]. Paris: Gallimard, 2005.

CRÉTOIS, Pierre. *Le renversement de l'individualisme possessif*. Paris: Garnier, 2014.

CUÉNIN-LIEBER, Mariette. *Corneille et le monologue*: une interrogation sur le héros. Tübingen: Gunter Narr Verlag, 2002.

DARMON, Jean-Charles. *Philosophie du divertissement*: le jardin imparfait des modernes. Paris: Desjonquères, 2009.

DEFOE, Daniel. *Moll Flanders* (trad: D. M. Garschagen & L. Froés). São Paulo: Cosac Naify, 2014.

DELON, Michel. *Diderot cul par-dessus tête*. Paris: Albin Michel, 2013.

DONVILLE, Louise Godard de. L'invention du libertin en 1623 et ses conséquences sur la lecture des textes. In: MCKENNA A.; MOREAU P.-F. (eds.). *Libertinage et philosophie au XVIIe siècle - 6 - Libertins et esprits forts du XVIIe siècle: quels modes de lecture?* Saint-Étienne: Publications de l'Université de Saint-Étienne, 2002. p. 9-17.

DOUBROVSKY, Serge. *Corneille et la dialectique de l'héros*. Paris: Gallimard, 1982.

DUFLO, Colas. *Diderot philosophe*. Paris: Honoré Champion, 2013a.

_____. *Les aventures de Sophie*: la philosophie dans le roman au XVIIIe siècle. Paris: CNRS Éditions, 2013b.

EHRARD, Antoinette; EHRARD, Jean. Diderot et Greuze: questions sur L'Accordée du village. *Recherches sur Diderot et l'Encyclopédie*, v. 49, 2014. p. 31-53.

EHRARD, Jean. *L'idée de nature en France à l'aube des lumières*. Paris: Flammarion, 1970.

EIDELBERG, Martin et al. *Watteau et la fête galante*. Valenciennes: Réunion de Musée Nationaux, 2004.

ELIAS, Norbert. *A sociedade de corte* (trad.: P. Süssekind). Rio de Janeiro: Jorge Zahar Editor, 2001.

ESCOLA, Marc. *Nouvelles galantes du XVIIe siècle*. Paris: GF-Flammarion, 2004.

FALABRETTI, Ericson. A linguística de Rousseau: a estrutura aberta e a potência criadora da linguagem. *Analytica*, v. 15, n. 2, p. 147-198, 2011.

FASSÒ, Guido. *Storia della filosofia del diritto II*: *L'età moderna*. Roma/Bari: Laterza, 2001.

FÉLIBIEN, André. *Entretiens sur les vies et les ouvrages des plus excellents peintres anciens et modernes* – I e II. (intr. de R. Démoris). Paris: Les Belles Lettres, 2007.

FIGUEIREDO, Vinicius. Diderot e as mulheres: um debate do século XVIII. *Discurso*, v. 45, n. 1, p. 95-118, 2015.

FONSECA, Eduardo G. *Vícios privados, benefícios públicos*: a ética na riqueza das nações. São Paulo: Cia. das Letras, 1993.

FORTES, Luiz R. S. *Rousseau*: da teoria à prática. São Paulo: Ática, 1976.

_____. *Paradoxo do espetáculo*: política e poética em Rousseau. São Paulo: Fapesp/Discurso Editorial, 1997.

FOUCAULT, Michel. *História da loucura na idade clássica* (trad.: J. Teixeira Coelho Neto). São Paulo: Perspectiva, 1999.

FUMAROLI, Marc. Les abeilles et les araignées. In: LECOQ, A.-M. (org.). *La querelles des anciens et des modernes*. Paris: Gallimard, 2001. p. 7-218.

FURET, François; OZOUF, Mona. *Dicionário crítico da Revolução Francesa* (trad.: Henrique de A. Mesquita). Rio de Janeiro: Nova Fronteira, 1989.

GAEHTGENS, Barbara. La peinture de genre française. Genèse d'une théorie dans le contexte européen. In: BAYLE, Colin B. (org.). *Au temps de Watteau, Chardin et Fragonard*: chefs-d'œuvre de la peinture de genre en France. New Haven et Londres: Yale University Press, 2003. p. 40-59.

GARROUX, Daniel. *O jogo dos espelhos móveis*: uma interpretação de O Sobrinho de Rameau, de Diderot. São Paulo. Tese (Doutorado em Letras), Universidade de São Paulo, 2018.

GIANNOTTI, José A. *Trabalho e reflexão*: ensaios para uma dialética da sociabilidade. São Paulo: Brasiliense, 1983.

GOGGI, Gianluigi. *De l'Encyclopédie à l'éloquence républicaine*. Paris: Honoré Champion, 2013.
GOLDMANN, Lucien. *Le Dieu caché*. Paris: Gallimard, 1956.
GOMBRICH, Ernst. *A história da arte* (trad.: A. Cabral). Rio de Janeiro: Guanabara, 1988.
GOUHIER, Henri. *L'antihumanisme au XVIIe siècle*. Paris: Vrin, 1987.
_____. *Blaise Pascal*: conversão e apologética (trad.: E. M. Itozaku e H. Santiago). São Paulo: Discurso Editorial, 2005.
GOUVERNEUR, Sophie. Samuel Sorbière, ou la réhabilitation libertine des passions. In: MACKENNA, A.; MOREAU, P.-F. (eds.). *Libertinage et philosophie au XVIIe siècle* – vol. 4. Saint-Étienne: Publications de l'Université de Saint-Étienne, 2000. p. 183-197.
GOYARD-FABRE, Simone. *Les principes philosophiques du droit politique moderne*. Paris: Presses Universitaires de France, 1997.
GRACIÁN, Baltasar. *Le Héros* (trad.: J. de Courbeville). Paris: Éditions Gerard Lebovici, 1989.
GRENET, André; JODRY, Claude. *La littérature de sentiment au XVIIIe siècle – I*: les conquêtes de la sensibilité. Paris: Masson et Cie, 1971.
GROS, Jean-Michel. Pierre Bayle et la République des Lettres. In: MACKENNA, A.; MOREAU, P.-F. (eds.). *Libertinage et philosophie au XVIIème siècle* – vol. 6. Saint-Étienne: Publications de l'Université de Saint-Étienne, 2002. p. 131-138.
GUENANCIA, Pierre. *Descartes et l'ordre politique*. Paris: Presses Universitaires de France, 1983.
_____. *Lire Descartes*. Paris: Gallimard, 2000.
HABERMAS, Jürgen. *Der philosophische diskurs der moderne*. Frankfurt am Main: Suhrkamp, 1985 (trad.: L. S. Repa e R. Nascimento: *O discurso filosófico da modernidade*. São Paulo, Martins Fontes, 2002).
HEGEL, Georg W. F. *Fenomenologia do espírito* (trad.: Paulo Menezes). Petrópolis: Vozes; Bragança Paulista: USF, 2002.
HIMMELFARB, Gertrude. *Os caminhos para a modernidade*: os iluminismos britânico, francês e americano. São Paulo: É Realizações, 2007.

HIRSCHMAN, Albert. *The passions and the interests*: political arguments for the capitalism before its triumph. Princeton: Princeton University Press, 1977.

HOBBES, Thomas. *Leviathan* (Great Books vol. 23). Chicago: The University of Chicago. Chicago, 1978. [Edição brasileira: *Leviatã* (trad.: J. P. Monteiro e M. B. N. da Silva). São Paulo: Martins Fontes, 2008.]

HYDE, Melissa. *Making up the rococo*: françois boucher and his critics. Los Angeles: Getty Publications, 2006.

HYPPOLITE, Jean. *Genèse et structure de la Phénoménologie de l'esprit de Hegel* - tome II. Paris: Aubier, 1956.

JOLLET, Etienne. *Watteau*: les fêtes galantes. Herscher, 1994.

KANT, Immanuel. *Crítica da razão pura* (trad.: Fernando C. Mattos). Petrópolis: Vozes, 2012.

_____. *Cursos de antropologia*: a faculdade de conhecer (excertos) (*Menschenkund*). (sel., trad. e notas: M. Suzuki). São Paulo: Clandestina, 2017.

_____. *Observações sobre o sentimento do belo e do sublime* (trad.: V. de Figueiredo). São Paulo: Editora Clandestina, 2018.

KENNEDY, George A. *classical rhetoric & its christian and secular tradition from ancient to modern times*. Chapel Hill/London: The University of North Carolina Press, 1999.

KIRCHNER, Thomas. *Les reines de perses au pied d'Alexandre de Charles Le Brun*: tableau-manifeste de l'art française du XVIIème siècle (trad. francesa: A. Virrey-Wallon). Paris: Éditions de la Maison de Sciences de l'Homme, 2013.

KLEY, Dale K. van Kley. V. *Les origines religieuses de la Révolution Française*. Paris: Éditions du Seuil, 2002.

KOSELLECK, Reinhart. *Crítica e crise* (trad.: Luciana V.-B. Castelo-Branco). Rio de Janeiro: Eduerj/Contraponto, 1999.

LA FONT DE SAINT-YENNE, Étienne. *Réflexions sur quelques causes de l'état présent de la peinture en France*: avec un examen des principaux Ouvrages exposés au Louvre le mois d'Août 1746. La Haye: Jean Neaulme, 1747.

LANDIM FILHO, Raul. *Evidência e verdade no sistema cartesiano*. São Paulo: Loyola, 1992.

LANSON, Gustave. *Histoire de la littérature française*. Paris: Librairie Hachette, 1970.

LE BRUN, Charles. *Méthode pour apprendre à dessiner les passions*. Amsterdã: F. van der Plaats (ed. de 1702 por Georg Olms Verlag: Hildesheim/Zürich/New York), 1982.

LEBRUN, Gérard. *Pascal* (trad.: Luiz R. Salinas Fortes). São Paulo: Brasiliense, 1983.

_____. *O que é poder* (trad.: R. J. Ribeiro e S. L. Ribeiro). São Paulo: Brasiliense, 1984.

LEFEBVRE, Georges. *1789*: o surgimento da revolução francesa (trad.: C. Schilling). São Paulo: Paz e Terra, 1989.

LEITE, Rafael de A. e V. Rousseau e Mandeville: entre o luxo e a árvore oca. *Dois Pontos*, v. 16, n. 1, p. 102-118, 2019.

LEPAPE, Pierre. *Voltaire*: nascimento dos intelectuais no século das Luzes (trad.: Mario Pontes). Rio de Janeiro: Jorge Zahar Editor, 1995.

LEVEY, Michael. *Du rococo à la révolution* [1966] (trad. francesa: M. Cohen). Paris: Thames & Hudson, 1989.

_____. *Pintura e escultura na França*: 1700-1789. Cosac & Naify, 1998.

LIMONGI, Maria. I. *O homem excêntrico*: paixões e virtudes em Thomas Hobbes. São Paulo: Editora Loyola, 2009.

LOCKE, John. *Discourses*: translated from *Nicole's Essays, by John Locke, with important Variations from the Original French* (ed. Thomas Hancock). London: Harvey and Darton, 1828.

MACPHERSON, Crawford B. *La théorie politique de l'individualisme possessif*. Paris: Folio, 2004.

MANDEVILLE, Bernard. *A fábula das abelhas ou Vícios privados, benefícios públicos* (trad.: Bruno C. Simões). São Paulo: Editora Unesp, 2017.

MANDEVILLE, Bernard. Investigação sobre a origem da virtude moral. In: *A fábula das abelhas ou Vícios privados, benefícios públicos*. São Paulo: Editora Unesp, 2017.

MARIETTE, Pierre J. *Abecedario de Pierre Jean Mariette sur les arts et les artistes*: tome VI. Paris: J. B. Doumolin, 1862.

MARIVAUX, Pierre de. *Théâtre Complet* – I (org. H. Coulet et M. Gilot). Paris: Gallimard, 1993.

MATTOS, Fernando. C. *Nietzsche*: perspectivismo e democracia. São Paulo: Saraiva, 2013.

MATTOS, Franklin de. A dramaturgia do quadro (Ensaio sobre O filho natural, de Diderot). *Discurso*, n. 26, p. 93-112, 1996.

_____. *O filósofo e o comediante*: ensaios sobre literatura e filosofia na Ilustração. Belo Horizonte: Editora UFMG, 2001.

_____. *A cadeia secreta*: Diderot e o romance filosófico. São Paulo: Cosac & Naify, 2004.

McKENNA, Antony. *De Pascal a Voltaire*: le rôle des pensées de Pascal dans l'histoire des idées entre 1670 et 1734 (2 vols.). Oxford: The Voltaire Foundation, 1990.

_____. La politique libertine à la lumière des Pensées de Pascal. *Littératures classiques*, 2004/3, n. 55, p. 77-91, 2004.

MELON, J.-F. *Essai politique sur le commerce*. Paris: Institut Coppet, 1734-2017.

MERLEAU-PONTY, Maurice. *Fenomenologia da percepção*. Trad.: Carlos A. Ribeiro de Moura. São Paulo: Martins Fontes, 1999.

MICHELET, Jules. *Histoire de la Révolution française* – tome I. Paris: Gallimard, 1987.

MITFORD, Nancy. *Madame de Pompadour*. Paris: Tallandier, 2010.

MONGRÉDIEN, Georges. *Recueil des textes et des documents du XVIIe siècle relatifs à Corneille*. Paris: CNRS, 1972.

MONZANI, Luiz R. Desejo e prazer na idade moderna. Curitiba: Champagnat/PUCPR (2. ed. revista), 2011.

MOSCATELI, Renato. *Rousseau frente ao legado de Montesquieu*. Porto Alegre: EDIPUCRS, 2010.

MOURA, Carlos A. R. *Racionalidade e crise*: estudos de história da filosofia moderna e contemporânea. São Paulo/Curitiba: Editora da UFPR & Discurso Editorial, 2001.

NASCIMENTO, Luís F. S. *Shaftesbury e a ideia de formação de um caráter moderno*. São Paulo: Alameda, 2009.

NASCIMENTO, Milton M. O contrato social: entre a escala e o programa. *Discurso*, n. 17, p. 119-130, 1988.

NIETZSCHE, Friedrich. *Sämtliche Werke. Kritische Studienausgabe* (ed. G. Colli e M. Montinari). Berlim-Munique: Walter de Gruyter, 1988.

_____. *Além do bem e do mal* (trad.: Paulo C. Souza). São Paulo: Companhia das Letras, 2012.

NOVAES, Moacyr. As trajetórias de Agostinho. *Cult*, n. 64, p. 22-26, 2002.

OLIVA, Luís. C. *As marcas do sacrifício*: um estudo sobre a possibilidade da História de Pascal. São Paulo: Humanitas/Fapesp, 2004.

_____. Antecedentes filosóficos e teológicos do conceito pascaliano de natureza humana. *Kriterion*, Belo Horizonte, n. 114, p. 367-408, dez. 2006.

_____. Amor próprio e imaginação em Pascal. *Cadernos espinosanos*, n. 42, p. 59-75, jan.-jun. 2020.

OLIVEIRA, Camila L. *Ceticismo e reminiscência em Pascal*. Dissertação (Mestrado em Filosofia) - Departamento de Filosofia da PUC-Rio, Rio de Janeiro, 2016.

OLIVO, Gilles. "Nós geramos átomos em lugar da realidade das coisas": Pascal e o a-teísmo do infinito. *Kriterion*, n. 114, p. 409-422, 2006.

PAGANINI, Gianni. Bonheur, passions, et intérêts: l'héritage des libertins. In: MECHOULAN, H.; CORNETTE, J. (ed.). *L'état classique*. Paris: Vrin, 2010. p. 71-92.

PILES, Roger de. *Cours de peinture par principes* [1708]. Réimpression, préface par J. Thuillier, Paris: Gallimard, 1989.

PIMENTA, Pedro P. *A imaginação crítica*: Hume no século das Luzes. Rio de Janeiro: Beco do Azougue, 2013.

PINTARD, René. *Le libertinage érudit*: dans la première moitié du XVIIe siècle. Genève/Paris: Slatkine, 1983.

PIVA, Paulo J. O acerto de contas de Diderot com o ceticismo. *Trans/Form/Ação*, São Paulo, v. 31, n. 2, p. 79-95, 2008.

PONDÉ, L. F. *Conhecimento na desgraça*: ensaio de epistemologia

pascalina. São Paulo: Edusp, 2004.
PORTICH, Ana. *A arte do ator entre os séculos XVI e XVIII*: da commedia del'arte ao paradoxo sobre o comediante. São Paulo: Perspectiva, 2008.
PRADO JR., Bento. *A retórica de Rousseau*. São Paulo: Editora Unesp, 2018.
PRIGENT, Michel. *Le héros et l'État dans la tragédie de Pierre Corneille*. Paris: PUF, 2008.
PUJOL, Stéphane. Vers une crise du droit naturel? *Cultura* [on-line], v. 34, n. 15, 2015, posto on-line no dia 16 de julho de 2016. Disponível em: http//journals.openedition/org.cultura/2454.
ROCHA, Ethel. M. *Indiferença de Deus e o mundo dos humanos segundo Descartes*. Curitiba: Kotter Editorial, 2016.
ROSANVALLON, Pierre. *La société des égaux*. Paris: Points, 2013.
SAINT-BEUVE. Charles A. *Port-Royal* – tome I. Paris: Gallimard, 1953.
SARTRE, Jean-Paul. *Situações I* (trad.: C. Prado). São Paulo: Cosac & Naify, 2005.
SCHERER, Jacques. *La dramaturgie classique en France*. Saint-Genouph: Librairie Nizet, 2001.
SCHILLER, Friedrich. *Intriga e amor*: uma tragédia burguesa em cinco atos (trad.: M. L. Frungillo). Curitiba: Editora da UFPR, 2005.
SENECA. *Da felicidade* (trad.: Lucia Sá Rebello). Porto Alegre: L&PM, 2009.
SHAKESPEARE, William. *A tragédia de Hamlet* (trad., introd. e notas: P. E. S. Ramos). São Paulo: Secretaria do Estado da Cultura, 1965.
SKINNER, Quentin. *La liberté avant le libéralisme* (trad.: M. Zagha). Paris: Seuil, 2000.
_____. *Visions politiques - 1*: sur la méthode. Paris: Droz, 2018.
SMITH, Adam. *The essays of Adam Smith*. London: Alex Murray & Son, 1869.
SOUZA, Maria das Graças. *Natureza e Ilustração*: sobre o materialismo de Diderot. São Paulo: Editora Unesp, 2002.
_____. Diderot leitor de Sêneca: o filósofo e o tirano. *Discurso*, n. 45, p. 67-77, 2015.

SPECTOR, Céline. *Rousseau et la critique de l'économie politique*. Bordeaux: Press Universitaires de Bordeaux, 2017.

SPITZ, Jean-Fabien. *L'amour de l'égalité*: essai sur l critique de l'égalitarisme républicain en France 1770-1830. Paris: Éditions de l'École des hautes études en sciences sociales, Vrin, 2000.

STAROBINSKI, Jean. *1789*: os emblemas da razão (trad.: M. L. Machado). São Paulo: Companhia das Letras, 1989.

STEGMANN, André. *L'héroïsme cornélien*: genèse et signification. Paris: Armand Colin, 1968.

STONE, Lawrence. *Causas da Revolução Inglesa*: 1529-1642 (trad.: M. Florenzano). Bauru: Edusc, 2000.

SUZUKI, Márcio. *A forma e o sentimento do mundo*: jogo, humor e arte de viver na filosofia do século XVIII. São Paulo: Editora 34, 2014.

SYPHER, W. *Do rococó ao cubismo* (trad.: M. H. P. Martins). São Paulo: Perspectiva, 1980.

SZONDI, Peter. *Teoria do drama burguês* (trad.: L. S. Repa. São Paulo: Cosac & Naify, 2004.

TALMON, J. L. *Les origines de la démocratie totalitaire*. Paris: Calmann-Lévy, 1966.

TEIXEIRA, Lívio. *Ensaio sobre a moral de Descartes*. São Paulo: Brasiliense, 1990.

THOMPSON, Edward. P. *As peculiaridades dos ingleses e outros artigos* (trad.: A. Fortes e A. L. Negro). Campinas: Ed. da Unicamp, 2014.

THUILLIER, Jacques. *La peinture française au XVIIe siècle*. Dijon: Éditions Faton, 2014.

TOCCHINI, G. *Su Greuze e Rousseau*: politica delle élite, romanzo e committenza d'arte nella tarda età dei Lumi. Pisa: Edizioni della Normale, 2016.

TORRES, João C. B. *Figuras do Estado moderno*: representação política no Ocidente. São Paulo: Brasiliense, 1989.

TORRES FILHO, Rubens R. *Ensaios de filosofia ilustrada*. São Paulo: Brasiliense, 1987.

VARGAS, T. *Trabalho e ócio*: um estudo sobre a antropologia de Rousseau. São Paulo: Alameda, 2018.

VARTANIAN, A. Erotisme et philosophie chez Diderot. In: *Cahiérs de l'Association internationale des études françaises* (CAIEF), n. 13, p. 367-390, 1961.

VASCONCELOS, Sandra. *Dez lições sobre o romance inglês do século XVIII*. São Paulo: Boitempo, 2002.

_____. *A formação do romance inglês*. São Paulo: Hucitec, 2007.

WAIZBORT. Leopoldo. Erich Auerbach e a condição humana. In: ALMEIDA, J. de; BADER, W. *O pensamento alemão no século XX* – vol. 2. São Paulo: Cosac Naify, 2012. p. 175-217.

WALDRON, Jeremy. *Dignity, rank and rights*. Oxford University Press, 2012.

WATT, Ian. *A ascensão do romance* (trad.: H. Feist). São Paulo: Companhia das Letras, 1990.

WEBER, Max. *A ética protestante e o "espírito" do capitalismo* (trad.: José M. de Macedo). São Paulo: Companhia das Letras, 2006.

WIND, Edward. *Hume and the heroic portrait*: studies in eighteenth--century imagery. Oxford: Oxford University Press, 1986.

WOOTTON, David (org.). *Divine right and democracy*. London: Penguin, 1986.

YOLTON, John. S. *John Locke as translator*: three of the essays of pierre nicole in french and english. Oxford: Voltaire Foundation/ Liverpool University Press, 2000.

ZYSBERG, A. *La monarchie des Lumières*: 1715-1786. Paris: Éditions du Seuil, 2002.

Sobre o autor

Vinicius de Figueiredo, professor e ensaísta, nasceu em São Paulo em 1965. Após passar a infância no Rio, voltou para sua cidade natal. Fez o ensino médio no colégio Sagarana e, em 1984, ingressou no curso de Filosofia da Universidade de São Paulo (USP). Fez mestrado e doutorado sobre Immanuel Kant. Integrou o Grupo de Formações de Quadros do Cebrap, onde em seguida se tornou assistente de pesquisa de José A. Giannotti. Em 1993, tornou-se professor do Departamento de Filosofia da Universidade Federal do Paraná (UFPR). Foi editor da revista *Dois Pontos*, presidente da Associação Nacional de Filosofia (2011-2012) e coordenador da área de Filosofia na Capes (2014-2017). Traduziu as *Observações sobre o sentimento do belo e do sublime*, de Kant (Papirus, 1999 e Editora Clandestina, 2018). É autor de *Quatro figuras da aparência* (Lido, 1995) e de *Kant: crítica da razão pura* (2005). Coordenou e foi coautor de *Filosofia: temas e percursos* (Berlendis, 2013). Entre 2018 e 2019, foi professor visitante em Paris X/Nanterre e na PUC-Rio. Atualmente, é coordenador dos Estudos de Filosofia Moderna e Contemporânea (CNPq/UFPR), bolsista do CNPq e professor dos programas de pós-graduação da UFPR e da Universidade Federal do ABC (UFABC). Leciona nas áreas de filosofia moderna, estética, ética e política.

Imagens

Fig. 1
Nicolas Poussin, "Paisagem com Orfeu e Eurídice" (1648). Óleo sobre tela. 124 x 200 cm. Musée du Louvre, Paris.

Fig. 2
Thomas Gainsborough,
"Johann Christian Bach" (1776).
Óleo sobre tela. Museo Civico
Archeologico, Bologna.

Fig. 3
Antoine Watteau, "Peregrinação à Citera" (1717). Óleo sobre tela. 129 x 194 cm. Musée du Louvre, Paris.

Fig. 4
Charles Le Brun, "A família de Dario aos pés de Alexandre" (c. 1660). Óleo sobre tela. 164 x 260 cm. Musée National du Château, Versailles.

Fig. 5
Charles Le Brun, "Expressões das paixões da alma" (c. 1670). Giz preto. 200 x 250 mm. Musée du Louvre, Paris.

Fig. 6
Antoine Watteau, "A perspectiva"
(c.1717/1718). Óleo sobre tela.
46,7 x 55,3 cm. Museum of Fine
Arts, Boston (MA).

Fig. 7
Antoine Watteau, "A porta de Valenciennes" (1710/1711). Óleo sobre tela. 32 x 41 cm. The Frick Collection, New York.

Fig. 8
Antoine Watteau, "Comediantes italianos" (c. 1720). Óleo sobre tela. 63,8 x 76,2 cm. National Gallery of Art, Washington DC.

Fig. 9
Antoine Watteau. "Pierrot" ou "Gilles" (1718-1720). Óleo sobre tela. 184,5 x 149,5 cm. Musée du Louvre, Paris.

Fig. 10
Jean-Baptiste-Simeon Chardin, "A governanta" (1739). Óleo sobre tela. 47 x 38 cm. National Gallery of Canada, Ottawa.

Fig. 11
François Boucher, "Rinaldo et Armida" (1734). Óleo sobre tela. 135 x 170 cm. Musée du Louvre, Paris.

Fig. 12
Jean-Baptiste Greuze, "A prometida da vila" (1761). Óleo sobre tela. 92 x 117 cm. Musée du Louvre, Paris.

Fig. 13
Jean-Baptiste Greuze, "A Piedade filial" (1763). 115 x 146 cm. Museu Hermitage, São Petersburgo.

1ª EDIÇÃO [2021]

Esta obra foi composta em Freight Text e Neue Haas Grotesk
sobre papel Pólen Soft 80 g/m² para a Relicário Edições.